互联网反垄断的难题及其解决

王中美 著

Internet Antitrust: Difficulties and Solutions

上海社会科学院出版社
SHANGHAI ACADEMY OF SOCIAL SCIENCES PRESS

图书在版编目(CIP)数据

互联网反垄断的难题及其解决/王中美著.—上海：
上海社会科学院出版社,2019
ISBN 978 - 7 - 5520 - 2538 - 5

Ⅰ.①互… Ⅱ.①王… Ⅲ.①互联网络—高技术产业—反垄断法—研究—中国 Ⅳ.①D922.294.4

中国版本图书馆 CIP 数据核字(2019)第 036011 号

互联网反垄断的难题及其解决

著　　者：王中美
责任编辑：应韶荃
封面设计：周清华
出版发行：上海社会科学院出版社
　　　　　上海顺昌路 622 号　邮编 200025
　　　　　电话总机 021 - 63315900　销售热线 021 - 53063735
　　　　　http://www.sassp.org.cn　E-mail：sassp@sass.org.cn
排　　版：南京展望文化发展有限公司
印　　刷：上海新文印刷厂
开　　本：710×1010 毫米　1/16 开
印　　张：15.25
字　　数：259 千字
版　　次：2019 年 4 月第 1 版　2019 年 4 月第 1 次印刷

ISBN 978 - 7 - 5520 - 2538 - 5/D·528　　　　定价：78.00 元

版权所有　　翻印必究

前　言

　　反垄断的脚步往往紧随垄断地位的形成和垄断化的进程。当某个产业的竞争如一盘散沙时，这个产业尚不会引起反垄断机构的兴趣；当垄断格局逐渐形成，垄断者不断扩张时，政府介入的必要性就凸显出来。AT&T 在 1911 年遭受美国政府的反垄断调查，是在它开展电话业务 26 年后；IBM 则在其获得打卡机专利 47 年后，才面临第一次反垄断起诉。相对而言，互联网产业从无到有，再到形成垄断格局，并引起各国反垄断机构的注意，成为反垄断调查的主要对象之一，只有 20 多年的时间，速度远超传统产业。

　　在互联网产业中，创新和动态竞争是根本性的特点。与传统市场相比，互联网市场表现出对复杂的技术溢出、网络效应、规模经济、标准化和兼容性的依赖，这对反垄断执法提出了许多新的挑战。互联网经济的这些特点，也使得限制竞争行为难以被发现，或者难以恰当地被矫正。如果执法者和管理者固执地用静止的眼光来看待互联网市场，那么他们就可能忽略潜在竞争，或者因为干预而妨碍了正在发生的创新。这是本书第一章试图说明的背景情况。

　　由于新经济在本地区的迅猛发展，20 世纪 90 年代以后，特别是自 1995 年互联网商业兴起，美欧反垄断主管部门和私人部门频繁地发起了一系列反对新经济垄断的调查和指控。美欧因此也积累了丰富的实践经验。在确定新经济案件中的相关市场、垄断地位、垄断行为和救济等方面，美欧的执法和司法实践都有许多灵活的安排，比如更多地关注潜在竞争、网络效应、锁定效应和兼容互联等问题。尽管如此，其法律适用的许多界限一直未被有效地厘清，创新和反垄断的关系仍然是有争议的命题。

　　以互联网企业为代表的新经济，影响着很大范围的消费者，超出地理、性别、语言、种族的许多限制，关系到一个国家和地区未来的竞争力。由于它们的创新和高科技特点，对它们的反垄断总是引起关于价值、限度、方式等方面

的激烈争论。除此之外，其竞争形式有许多技术因素和全新特点，为传统的反垄断法带来许多新的适用难题。"反垄断的自相矛盾"问题在互联网行业体现得最为明显，互联网反垄断案件也常常因此引起争议。本书第二章将谈及反垄断的历史之争。

为了进一步说明互联网产业出现的反垄断难题，本书撷选了包括搜索引擎、网上购物、即时通信、App平台和基础网络等几个典型的细分市场加以分析并通过具体案例加以说明，有欧美的，也有中国的。基于这些案例所暴露的具体问题与执法难点，本书在第三、四、五、六章将归类出互联网反垄断的四大关键性问题。

这四大关键性问题，包括：(1) 平台市场的界定；(2) 基于关联性的市场支配地位的确认；(3) 具有杠杆特点的滥用支配地位行为的认定；(4) 建立弹性多元的执行与救济。对这四大关键性问题的分析分列在第三章至第六章，分析基础充分借鉴了欧美的经验，也考虑中国现有法律依据和判例解释。

互联网的相关产品市场很多是平台市场，即双面或多面市场，免费端与收费端之间的联系以及替代性都是需要以创新方法加以界定的问题。互联网企业市场份额的计算则应纳入营业额、利润、流量、点击率、稳定用户数等多个指标，又因为动态竞争变化太快而需灵活认定市场支配地位。互联网的主要限制行为类型是滥用市场垄断地位，普遍会利用多个产品市场之间的杠杆作用，在掠夺性定价、捆绑、独占交易、垄断高价等方面都有特殊之处，往往采用高技术手段加以掩饰。为了及时发现和纠正这些隐蔽的、复杂的和创新的限制竞争行为，必须鼓励互联网反垄断中的私人救济，同时也要采取更弹性多元的救济手段，比如准入救济等。

本书最后的第七章将落到中国的实践，分析问题和提供对策。与欧美等发达国家相比，反垄断执法经验本来不足的国家，如中国，在面对迅猛发展的互联网市场时，则更显得游移不定，招架乏力。但是留给中国的时间窗口可能比欧美还要少，因为中国互联网市场垄断格局的出现仅花了不到5年的时间，其背后与政府的产业支持和偏向有密切关系。在中国已经出现的一些反垄断民事诉讼，对互联网产业显示出极大的兴趣。但不论是从民事诉讼，还是从行政执法案例所反映的情况来看，中国对反垄断的现有立法和执法，都还是较为初步的，较之欧美更粗糙，需要极大改进。

在传统反垄断的逻辑基础上，如何引入一些新的标准和角度来确认互联网企业的限制竞争行为并加以恰当的干预和救济,是本书围绕阐述并试图解决的主要理论与实践难题。本书提出的基本观点是:互联网反垄断的首要准则应当是"灵活、宽容的标准和全面、动态的考量"。这意味着,在立法、执法和司法中都要考虑反垄断的价值问题。

首先,考虑到互联网产业的动态竞争问题,除非是持续一段合理时间以上的垄断行为,否则原则上应当不加干预;其次,考虑到网络效应、平台市场和免费的特点,对垄断地位的考量和滥用行为的确认,都应采用更综合、灵活和纵向衡量的标准;再者,对限制竞争的影响的评价,应当采取更动态的视角,允许效率抗辩;然后,在执法和司法效率上,要求高效、节约与克制;最后,应当纳入更多元的救济手段,鼓励信息披露和多方监督。

国家社科基金后期资助项目
出版说明

　　后期资助项目是国家社科基金设立的一类重要项目,旨在鼓励广大社科研究者潜心治学,扶持基础研究的优秀成果。它是经过严格评审,从接近完成的科研成果中遴选立项的。为扩大后期资助项目的影响,更好地推动学术发展,促进成果转化,全国哲学社会科学规划办公室按照"统一标识、统一版式、符合主题、封面各异"的总体要求,组织出版国家社科基金后期资助项目成果。

全国哲学社会科学工作办公室

目 录

第一章 互联网产业的动态竞争与垄断特点 / 1
　　第一节　互联网产业的简要历史与发展 / 1
　　第二节　互联网产业的新经济特点分析 / 3
　　第三节　互联网产业的动态竞争与垄断惯性 / 5

第二章 互联网产业的反垄断难题 / 10
　　第一节　反垄断的历史之争 / 10
　　第二节　搜索引擎——以谷歌搜索歧视案为例 / 21
　　第三节　网上购物——以亚马逊电子书案为例 / 30
　　第四节　即时通信——以奇虎360诉腾讯案为例 / 38
　　第五节　App平台——以苹果App商店案为例 / 47

第三章 以平台为特点的市场界定 / 53
　　第一节　互联网相关市场界定的困难 / 53
　　第二节　双面或多面市场 / 56
　　第三节　替代性复杂的产品市场 / 61

第四章 基于关联性的垄断地位认定 / 66
　　第一节　垄断地位的确认 / 66
　　第二节　必要设施原则的运用 / 77

第五章 以杠杆为特征的垄断行为 / 102
　　第一节　互联网垄断行为的特殊性 / 102
　　第二节　延伸市场垄断力：垄断杠杆 / 112
　　第三节　平台市场的捆绑销售 / 121
　　第四节　标准的垄断性定价和拒绝交易 / 137

第六章 弹性多元的执行与救济 / 154

第一节 关于执行与救济的争议 / 154

第二节 公共执行机构分立的问题：以滥用垄断地位为例 / 163

第三节 民事诉讼的难题：就互联网案件 / 169

第四节 多元救济的可能 / 189

第七章 结论及对中国的个案建议 / 211

第一节 价值问题：反垄断在新经济中的限度 / 211

第二节 操作问题：互联网反垄断的具体困难 / 215

第三节 中国个案的特殊情况 / 217

第四节 对中国的个案建议 / 220

参考文献 / 227

第一章　互联网产业的动态竞争与垄断特点

[导读]互联网技术是近七十年来发展迅猛的新生事物,它对生产、生活都带来了颠覆性的影响。互联网产业是以互联网技术为基本手段的信息服务行业。在经历过前期的非理性繁荣后,互联网产业逐渐发展出稳定的营利和发展模式。相较传统行业,互联网垄断格局的出现要快得多,具有突出的网络效应和锁定效应,反映出一种典型的垄断惯性。因此,在主要发达国家,互联网产业已经成为反垄断的重点对象。在中国,在政府发展信息产业的方针和政策下,互联网产业在近三十年的成长引人瞩目。值得注意的是,目前为止中国主要互联网垄断公司的地位十分稳固,并且没有受到反垄断公共执行的挑战。

第一节　互联网产业的简要历史与发展

一般意义上的互联网(Internet),指的是以有线或无线方式连接起来的庞大计算机网络,它们之间的交互操作以一系列的通用协议为基础。其中,最重要的一个系统是万维网,它建立在统一的超文本链接上,从而能将图像、声音和文字进行一体传输和分享。本书所称"互联网产业",包括作为物理存在的互联网本身及依赖这个网络的所有产品和服务。

根据中国互联网络信息中心的定义,互联网企业指通过 Internet 技术,从事互联网运行服务、应用服务、信息服务、网络产品和网络信息资源的开发、生产以及其他与互联网有关的科研、教育、服务等活动的企业的总称。一般意义上,可把互联网企业分为两类:(1)互联网服务提供商(ISP),以通信运营商为代表,主要提供网络连接服务以及以网络连接为基础的增值业务,如 AT&T、Orange、中国电信、中国移动等。(2)互联网内容提供商(ICSP),是向用户传播其自身创造的互联网信息或作为用户信息交流的平台,如从事网络媒体业务的雅虎、新浪、网易;提供搜索服务的谷歌、百度;提供社区交流服务的 Facebook、Twitter；提供电子商务服务的亚马逊、淘宝、京东商城等。①

互联网技术的关键创新被认为发生于 20 世纪 60 年代，最初是出于美国军队连接数个实验室大型计算机的需要，之后该连接技术被几所知名大学发扬和完善。② 万维网技术的关键创新则是在 1989 年，当时的欧洲粒子物理研究所提出了一个分类互联网信息的协议。这个协议基于超文本链接，1991 年后称为万维网(World Wide Web)，并成为今天最重要的互联网信息传播系统。

由于最开始互联网是由政府投资，所以它最初仅限于研究部门、学校和政府部门内部使用，相关界面也不适合商用或民用。大约 20 世纪 90 年代中期，Mosaic 浏览器的发明，使得页面简单直接，普通用户也能轻松浏览网页，这之后互联网的商业形态才迅速发展起来。独立的商业网络开始发展起来，从一个商业站点可以直接发送信息到另一个商业站点，不再需要经过政府投资和管理的网络中枢，因此速度和隐私都有了很好的保证。

网络经济这个崭新的商业形态一度激起了太多投机的热情，盲目扩张和抢夺市场份额成为市场主体的主要目标，而非长期发展，因此被称为"非理性繁荣"。2000 年 3 月，以技术股为主的 NASDAQ(纳斯达克综合指数)攀升到 5048，网络经济泡沫达到最高点。之后迅速崩盘，网络经济泡沫的崩溃在 2000 年 3 月到 2002 年 10 月间抹去了技术公司约 5 万亿美元的市值。③ dot‐Com 公司一家接一家地关门倒闭，市场重新洗盘整合。④ 只有少部分 dot‐Com 公司，如 Amazon、eBay 等最后生存下来。

但此次互联网泡沫以后，整个行业反而因此发展出更稳固的新的商业模式。互联网企业开始寻找任何利润点。尽管依然维持免费或低价的服务以吸引最大规模的客户，但维持客户规模不再只是为了吸引投资，也是为了集聚广告商，通过广告营收维持企业存续。另一方面，服务方式更加多样，不断取代或补充传统服务，如电话、多媒体和购物等，对传统线下商业造成了巨大的威胁。⑤

---

① 黄人杰：《我国互联网企业的国际竞争力研究》，《经济纵横》2015 年第 4 期。
② See David C. Mowery & Timothy Simcoe, "Is the Internet a U.S. Invention? — An Economic and Technological History of Computer Networking", *Research Policy*, Vol. 31, 2002, pp.1369, 1371 - 1376.
③ 孟涛：《复杂性科学视角下我国创业资本系统特性研究》，《金融发展研究》2011 年第 6 期。
④ See, e.g., Suzanne Mcgee, "New Economy Sours on Venture Capitalists", *WALL Street. Journal*. Jan. 2, 2001, at R.6; "Easy.com easy.gone", *Economist*, June 16, 2001.
⑤ See Reply All Blogs, "Is 'Web 2.0' Another Bubble?", WSJ.com, Dec.27, 2006, At www.wsj.com/articles/SB116679843912957776.

到2005年以后,随着蜂窝网络或移动网络的普及,以及智能手机的不断推陈出新,并拥有迅速增长的用户群,移动网络成为互联网企业争夺的另一个重要战场。[①] 由于手机价格相对低于个人电脑,这就有助于互联网产业继续向一些发展中国家和欠发达国家覆盖。由于创新仍然在不断进行,包括了媒介更新、内容更新、服务更新,可以预见,互联网技术的进一步发展将对全球经济带来更大的影响。

总的来说,20世纪90年代以来,随着技术的发展与融合,信息技术革命的影响已由纯科技领域向商业应用、市场竞争以及影响人们的生活、行为模式和习惯等各领域全面延伸。互联网产业最大的特点是不断的自我革新,其技术发展迅猛,产业模式不断更新,创新能力成为竞争力的最重要的指标。可以说,今天互联网产业的面貌与10年以前,甚至5年以前都差别巨大。

第二节　互联网产业的新经济特点分析

互联网产业最能反映"新经济"的特点。"新经济(New Economy)"是相对于"旧经济"而提出的概念。这种经济形式中,大量的投资集中于知识产权的创造,技术创新将带来显著的规模效应、市场集中和垄断地位,企业之间的竞争专注于"撒手锏(killer)"产品、服务和要素的创造,而不是像旧经济那样专注于价格和产出之间的竞争。

美国学界和商界在20世纪末提出"新经济"的概念。[②] 这个时期,大量具有信息技术特征的企业崛起,并迅速占领市场主导地位;而传统的制造业、电话通信、零售等企业在面对这种以技术优势为主的激烈竞争时显得措手不及。举例来说,在1970—1985年期间美国前20名的垄断企业中,只有5家(IBM、通用电力、BP阿姆科、爱克森美孚和可口可乐)在2000年时仍在此列,其他都跌出榜单,有些甚至已倒闭。事实上,2000年时前20名的榜单中,过半数的企业(包括微软、思科、甲骨文和EMC等)在1970年时甚至还不存在。人们当年认为遥遥领先的行业主导者如AT&T和通用汽车

---

① Darren Waters, "Why the Future is in Your Hands", BBC News, Feb. 18, 2008, At http://news.bbc.co.uk/2/hi/technology/7250465.stm.

② 最开始,"新经济"用来特指美国在20世纪90年代中后期经历的以技术为特征的黄金发展时期;后来,该词被更广泛地运用于描述特定的一种经济形态,它具有与以往传统经济完全不同的特点,它也代表着直到今天仍然在延续和演变的一种经济现象。

等都跌出榜单,而勉强幸免于残酷的创新竞争的老牌科技企业 IBM,市场份额也大大缩水。①

于是,2000 年榜单中的许多新企业被认为是"新经济"的代表者:它们的成功与知识产权创造相联系,这种成功又因为随时受到创新威胁变得十分脆弱,它们的研发投入远远高于传统经济企业(普遍高于 10%)。②"新经济"企业虽然大多数确实来自信息技术产业,但信息技术产业存在由来已久,电话电报等都被认为是信息技术产业,所以人们更愿意用"新经济"来特指那些 20 世纪 90 年代出现的具有动态竞争特点的计算机软件、硬件、智能通信、互联网相关等企业。

具体来说,"新经济"具有以下共同特征:

(1) 边际成本低和固定成本高。"新经济"企业一般在前期需要巨额投入在开发产品或建造物理的或虚拟的网络上,但是进入生产或提供服务阶段边际成本很低,这意味着生产或销售越多,收益越大。

(2) 劳动和智力密集型。与传统制造业 15% 的劳动力成本相较,新经济企业的劳动力占生产成本的比例很大,像软件开发企业的劳动力成本高达 30%,编程服务企业更是达到 48%。③ 而且新经济劳动力的平均受教育水平远远高于传统经济。

(3) 网络与系统效应。许多新经济产业,特别是那些基于计算机软件、电子通信、互联网等的产业,都具有明显的网络效应。例如,微软的视窗系统是在英特尔兼容硬件上运行,直到今天视窗仍然是运用最广泛的操作系统,其他软件商都只好接受英特尔和视窗标准并确保自身软件与之兼容,以此才能获得最大范围的消费者。

(4) "创新赢家通吃"模式。④ 典型的例子如互联网企业,通过在某一产品市场上已达到的系统效应,特别是利用已经获得的用户群和筹集到的资金,更容易扩张到新的领域。

(5) 市场主导者获得高利润。新经济的边际生产成本很低,一旦取得市场主导地位,那么不断扩大的市场份额本身就意味着利润的扩大;另外,定价

---

①②③ 依据 FactSet Research Systems, Inc, CompuStat Monthly Database(2001)的数据。From David S. Evans & Richard Schmalensee, *Some Economic Aspects of Analysis in Dynamically Competitive Industries*, National Bureau of Economic Research, Working Paper 8268, Cambridge, MA 02138, May 2001.

④ S. E. Margolis and S. J. Liebowitz, "Causes and Consequences of Market Leadership in Application Software", in Stephen E. Margolis and S. J. Liebowitz, eds. *Winners, Losers, & Microsoft: Competition and Antitrust in High Technology*, Oakland: Independent Institute, 1999.

策略多是以需求和承受力为基础,而不只是为了弥补成本,因此利润空间可能远远大于传统制造业。

值得注意的是,新经济的这些特点决定了企业有强烈的追求垄断地位和超额利润的意图,卡位竞争、先发优势和平台扩张都是新经济企业最重要的竞争策略。但是,由于创新竞争十分激烈,模仿大量发生,而进入和转换成本都很小,新经济的垄断地位较之传统企业往往只能稳定一段时间,垄断者仍然很容易被更好的产品提供者取代。因此,经济学家将新经济所有这些共同特征综合起来,提出其本质上体现为一种"动态竞争(dynamic competition)"。[1]

第三节　互联网产业的动态竞争与垄断惯性

动态竞争与传统的稳定竞争存在根本区别。仅从垄断的角度来看,首先,动态竞争的必要条件,是对某一时期内显著市场权力的合理预期。这意味着,如果动态竞争是健康的,那么短期市场权力的存在是正常的,而且并不是市场失灵(market failure)。其次,在新经济中对市场权力的合理预期包括了高出成本许多的定价能力。这种高利润的追逐是与该行业高风险的研发投入相对应的,因此也是常态。再次,在新经济中很少存在稳定的竞争,这些行业的绩效基本上是由动态竞争的强度或活力决定,而不是按照传统的市场组织与竞争理论所谓的由市场结构、行为决定。

在新经济行业中,创新和动态竞争是其决定性的特点。与传统市场相比,高新技术与互联网行业表现出对复杂的技术溢出、网络效应、规模经济、标准化和兼容性的依赖,这对反垄断执法提出了许多新的挑战。新经济的这些特点,使得限制竞争行为难以被发现,或者难以恰当地被矫正。如果执法者和管理者固执地用静止的眼光来看待现有市场,那么他们就可能忽略潜在竞争,或者因为干预而妨碍了正在发生的创新。

作为新经济的代表性产业,互联网产业的"动态竞争"特点体现得特别明显。而这种动态竞争又是与"垄断惯性"相伴而生的。所谓互联网产业的"垄断惯性",指的是企业总是不断寻求垄断地位和扩大垄断地位的行为特点。

---

[1] J. Gregory Sidak & David J. Teece,"Dynamics Competition in Antitrust Law",*Journal of Competition Law & Economics*,Vol.5,2009,p.581.

这种垄断惯性与19世纪末20世纪初的垄断有一定的相似性,都是基于规模效应。当年美国大型的铁路、石油、钢铁和电话公司倚仗基础网络和巨额投入形成了寡头垄断的局面,也是《谢尔曼法》出台的背景之一。现在的互联网产业同样以跨越地理界限、扩张迅速、拥有最广泛的用户群为诉求,越大越强成为主要特点。

这是个巨大的市场,同时也在孕育除金融、能源、汽车、大型零售类企业之外市值最大的垄断企业。在2013年《财富》杂志公布的世界500强公司中,三星、苹果、AT&T、IBM、惠普等都是排名前100位的公司,而且利润率非常高,远远高出那些能源、汽车和零售企业。即使纯粹的互联网内容提供商的市值也动辄上百亿美元,却并不从事任何物质生产,完全突破了传统服务业规模。而且从各个细分产品或地理市场来看,都只有一家或数家最大的企业,这些大企业的市场份额往往过半,如谷歌在欧洲市场具有90%以上的份额。

那么既然垄断特别突出,是否要反垄断呢? 新经济的动态竞争特点实际上承认了垄断和试图垄断行为存在的合理性,因此令传统的反垄断执法十分尴尬或力有不逮。按照传统的反垄断理论,集中的市场结构和高利润的定价权力,都意味着对消费者权益的损害,都是应当破除的。但是在新经济中,某一时间点上所体现的这样的垄断特征,是这些行业的常态,强行干预可能是逆市场规律而行。更重要的是,在这些行业中垄断是与创新的动力相伴相生的,创新能弥补高利润对消费者权益的损害,这也是熊彼特为新经济中的垄断强烈辩护的理由[1]。

芝加哥学派的另一代表人物波斯纳则进一步质疑:负责反垄断执法的政府官员是否能有效地处理新经济的技术信息,是否能恰当地判断新经济产业的实际情况和竞争强度。因为新经济的高科技特点太突出,这对政府和法院来说都意味着高昂的学习成本。[2] 所以,熊彼特和波斯纳都反对在新经济中滥用反垄断,或者说,应当尽可能地不加干预。

互联网突出地反映了新经济的反垄断难题。互联网的特点是研发投入巨大、技术变化快速而且具有破坏性,即符合熊彼特提出的"创造性破坏(creative destruction)",因此企业不断追求垄断地位,又总是处在来自新的竞争者挑战的压力下。在特定的一段时期内,可以清晰地分辨出少数几个主导

---

[1] 约瑟夫·熊彼特:《资本主义、社会主义与民主》,吴良健译,商务印书馆2004年版,第151—177页。

[2] Richard A. Posner, *Antitrust in the New Economy*, John M. Olin Law & Economics Working Paper No.106, The Law School, The University of Chicago, September 2001.

表1-1 2016年全球市值最高的29家互联网企业

营收排名		公司名	行业	营收（十亿美元）	财政年度	雇员	市值（十亿美元）	总部所在地
1	美国	Amazon	E-commerce	$135.99	2016	268 908	$545.0	Seattle, WA, USA
2	美国	Alphabet Inc.	Search	$90.27	2016	61 814	$634.68	Mountain View, California, USA
3	中国	JD.com	E-commerce	$37.5	2016	122 105	$42.46	Beijing, China
4	美国	Facebook	Social	$27.64	2016	12 691	$332.1	Menlo Park, CA, USA
5	中国	Tencent	Social	$21.90	2016	25 517	$194.4	Shenzhen, Guangdong, China
6	中国	Alibaba	E-commerce	$15.69	2016	26 000	$204.8	Hangzhou, Zhejiang, China
7	美国	Priceline Group	Travel	$10.74	2016	15 500	$63.83	Norwalk, CT, USA
8	中国	Baidu	Search	$10.16	2016	41 467	$62.27	Beijing, China
9	美国	eBay	E-commerce	$8.98	2016	34 600	$26.98	San Jose, CA, USA
10	美国	Netflix	Entertainment	$8.83	2016	3 500	$41.89	Los Gatos, CA, USA
11	美国	Expedia, Inc.	Travel	$8.77	2016	18 000	$16.61	Bellevue, Washington, USA
12	美国	Salesforce.com	Cloud computing	$8.39	2017	25 187	$47.89	San Francisco, CA, USA
13	美国	Uber	E-commerce	$6.5	2016	6 800	$68	San Francisco, CA, USA
14	日本	Rakuten	E-commerce	$6.3	2015	12 981	$13.06	Tokyo, Japan

续表

营收排名		公 司 名	行 业	营收（十亿美元）	财政年度	雇员	市值（十亿美元）	总部所在地
15	西班牙	ODIGEO	Travel	$4.9	2015	1 700	$0.22	Barcelona, Spain
16	中国	NetEase	Social	$3.63	2015	12 919	$22.65	Guangzhou, Guangdong, China
17	巴西	B2W	E-commerce	$3.29	2016	2 677	$3.1	Rio de Janeiro, Brazil
18	德国	Zalando	E-commerce	$3.28	2015	10 000	$8.7	Berlin, Germany
19	美国	Groupon	E-commerce	$3.1	2015	10 000	$1.96	Chicago, Illinois, USA
20	瑞典	Spotify	Entertainment	$3.1	2016	3 000	$8	Stockholm, Sweden
21	美国	Twitter	Social	$2.22	2015	3 638	$10.20	San Francisco, CA, USA
22	韩国	Naver Corporation	Search	$2.2	2013	2 501	$16.15	Seoul, South Korea
23	荷兰	Cimpress	Mass Customization	$1.78	2016	8 000	$2.7	Venlo, Netherlands
24	美国	Airbnb	Travel	$1.7	2016	3 100	$31	San Francisco, California, USA
25	印度	Flipkart	E-Commerce	$1.7	2015	35 000	$9.39	Bangalore, Karnataka, India
26	美国	Workday	Cloud Computing	$1.56	2017	6 900	$20.94	Pleasanton, California, USA
27	美国	TripAdvisor	Travel	$1.5	2015	2 793	$8.55	Needham, Massachusetts, USA
28	英国	ASOS.com	E-Commerce	$1.40	2014	7 500	$4.8	London, UK
29	俄罗斯	Yandex	Search	$1.3	2016	6 271	$6.5	Moscow, Russia

资料来源：*Statista*, Retrieved 7 May 2017.

者；但从更长的时间来看，这些主导者的更迭速度要远远高于旧经济。

垄断力（monopolistic power）是美国反托拉斯法上的用语，在欧洲更多地被称为市场支配地位。波斯纳这样描述："没有垄断力的企业不能把竞争者排挤出市场……"，而"（垄断企业）是能够通过改变其出售产品的数量而改变其产品的市场销售价格的销售者"。[①] 简单来说，垄断力就是不受其他企业竞争的压力，而能通过一己的产量变化影响市场定价的能力。

在微软的世纪审判前后的那个时期，大型机和操作系统的垄断力来自强有力的网络效应。例如，能够运行的应用程序越多，吸引的用户也就越多，从而反过来促使程序开发人员为其编写更多的应用程序。而在微处理器领域，由于投资巨大且持续，只有规模最大的企业才负担独立建厂的开销，也因此实力更强，优势更为明显。

到互联网企业崛起的时期，谷歌等搜索和在线广告服务也有着类似的特性：企业的市场份额越大，对广告主的吸引力也就越强，从而拥有更多的资金来建立更为强大的数据处理中心。新进企业很难插足并打破现有的格局。即使是反垄断执法打压了一定的新领域扩张机会，在原有领域的垄断力也很难破除，除非出现技术革新。这是互联网发展到现有阶段的一个新特点，与最初的散沙式的市场结构相比，现在互联网产业的集中度很高。

20世纪90年代，微软因为将IE浏览器、媒体播放器等与视窗（Windows）操作系统捆绑，而在欧美韩遭到反垄断调查和惩罚。尽管这起诉讼对微软的经营和创新能力造成一定的抑制，但是并未撼动微软在操作系统上的垄断力量。只有当计算能力逐渐向网络转移，即所谓的"云计算（Cloud Computing）"技术出现，移动终端正在逐步取代PC端，微软的垄断力才受到真正削弱。

由于市值大、利润高、垄断突出，近二十年来，在互联网经济发展最快的美国和欧洲，互联网经济的代表企业不断成为反垄断调查的重要对象。以互联网企业为代表的新经济，往往影响着很大范围的消费者，也代表着一个国家未来的竞争力。由于它们的创新和高科技特点，对它们的反垄断总是引起关于价值、限度、方式等方面的激烈争论。[②] 除此之外，其竞争形式有许多技术因素和全新特点，为传统的反垄断法带来许多新的适用难题。[③]

[①] 理查德·A.波斯纳：《反托拉斯法》（第2版），孙秋宁译，中国政法大学出版社2003年版，第227页和第9页。

[②] See Richard B. McKenzie, *Trust on Trial: How the Microsoft Case is Reframing the Rules of Competition*, Cambridge, MA: Perseus Books, 2000.

[③] Peter T. Barbur and Jonathan J. Clarke, "Antitrust Standing and the New Economy", *The National Law Journal*, November 28, 2011.

第二章　互联网产业的反垄断难题

[导读] 互联网产业的垄断，具有与传统产业不同的模式特点。"马歇尔难题"在互联网产业也是存在的，其演绎的形式呈现出"动态竞争"的特点。在新兴的互联网细分市场，竞争总是异常激烈，但很快会形成垄断格局；即使垄断在一定时期内是稳定的，垄断者却总是不断受到潜在竞争和技术革新的挑战，因此市场仍然保持着动态的活力。芝加哥学派的代表人物伯克提出"反托拉斯悖论"，再次阐述了在创新环境下，学界对反托拉斯必要性的怀疑。从学界到政府、法院，争论从未停止，对互联网产业是否有必要反垄断，以及如何反垄断，有许多的分歧和不一致。反映在具体的案例中，争论的焦点常常集中在：具体的案件中反垄断是否有必要？在虚拟经济里，相关市场如何确定？在动态竞争条件下，垄断地位如何确认？怎样发现和定性相关的垄断行为？反垄断执法和救济如何才能矫正垄断行为又不会破坏创新的动力？这些就是本书提出的"反垄断难题"。本章为了说明这些难题，撷选了数个细分市场的知名案例，以进一步展现出互联网反垄断之"难"。

第一节　反垄断的历史之争

一、产业垄断与反垄断的基本模式

1890年《谢尔曼法》在美国的诞生绝非偶然。按照美国经济史学家的分析[1]，当时在美国石油、铁路等网络型行业通过兼并与收购产生了巨型的垄断企业，在包括棉籽油、糖、火柴等行业又普遍存在托拉斯，小企业深感存活困难，这与美国文化中的平等精神直接冲突，因此当时出现了大规模的抗议、

---

[1] 杰里米·阿塔克等：《新美国经济史：从殖民地时期到1940年》，中译本下册，中国社会科学出版社2000年版，第457—484页。

游行、社会辩论和媒体关注,终于促成了以反对托拉斯为特指的《谢尔曼法》的通过。有人评论,《谢尔曼法》最初体现的就是这种美式"平民主义(populist)"。①

但有关《谢尔曼法》的立法资料却表明,《谢尔曼法》并不是"平民主义"②的立法。"促成这一立法的领导性人物不是来自受害者一方,而是来自保守的、亲商业的共和党。"③"拟订法律文本的第 51 届国会参议院是历史上最保守、最代表大商业阶级利益的一届参议院,被称为'百万富翁俱乐部'。很难设想这样的国会会决定对托拉斯等组织进行严厉的打击。"④更合理的解释是,国会试图采取主动行为缓和矛盾,避免出现更极端的政治反应。⑤ 但即使这样,这部法律最初也确实是"平民主义"的胜利。

公众对托拉斯和其他垄断组织的强烈不满与其说基于经济理性,不如说是出于社会道德、公平和责任的标准,出于对一些经济巨头拥有足以控制社会的权力的担心,以及由于经济结构急剧变化带来惊慌和失望的心理。⑥ 实际上,现代化工业大生产和各种复杂的经济组织,对当时国会的议员来说都是新生事物,他们不具备理解市场运作的知识,对如何反垄断也只有模糊的认识。⑦ 对反托拉斯法后来在美国的发展和演绎,经济学家们热情参与并提供理论依据,功不可没。

早在《谢尔曼法》发布第一年,马歇尔在其名著《经济学原理》⑧中就已提出"马歇尔冲突(Marshall's Paradox)"的概念:"自由竞争会导致生产规模扩大,形成规模经济,提高产品的市场占有率,又不可避免地造成市场垄断,垄断发展到一定程度又必然阻止竞争,扼杀企业活力,造成资源的不合理配置。因此社会面临一种难题:如何求得市场竞争和规模经济之间的有效、合理的

---

① 臧旭恒:《从哈佛学派、芝加哥学派到后芝加哥学派》,《东岳论坛》2007 年第 1 期,第 16 页。Populist 也有翻译成"民粹主义"。
② 从农民和小工商业者的利益出发反对经济权力集中的思想可以被称为"平民主义"。Giuliano Amato, *Antitrust and The Bounds of Power*, Oxford: Hart Publishing, 1997, p.97.
③ 郭跃:《美国反垄断法价值取向的历史演变》,《美国研究》2005 年第 1 期。
④ William Letwin, *Law and Economic Policy in America: The Evolution of the Sherman Antitrust Act*, New York: Random House, 1965, p.53.
⑤ Dudley H. Chapman, *Molting Time for Antitrust: Marker Realities, Economic Fallacies, and European Innovations*, New York: Praeger Publishers, 1991, p.49.
⑥ 郭跃:《美国反垄断法价值取向的历史演变》,《美国研究》2005 年第 1 期。
⑦ Dudley H. Chapman, *Molting Time for Antitrust: Marker Realities, Economic Fallacies and European Innovations*, New York: Praeger Publishers, 1991, p.53.
⑧ Alfred Marshall, *Principles of Economics* (1st edition), London: Macmillan and Co., Ltd, 1890.

均衡,获得最大的生产效率。"①

"马歇尔冲突"一直是产业经济学的重要争论命题。马歇尔当时把市场结构分成自由竞争和完全垄断两个极端,之后被张伯伦和罗宾逊的发现纠正为还包括不完全竞争与寡头垄断等中间形态。在这些中间形态中,垄断与竞争是并存的,而不是极端的谁替代谁的问题,这也是现代经济中最常见的市场形态。之后不管是哈佛学派还是芝加哥学派,都没有完全突破对这些中间形态的分析和解读的范畴。"马歇尔冲突"也成为反垄断经济学中纠葛百年的一个问题。

在产业组织理论占据经济学主导地位后,哈佛学派的观点极大地影响了美国联邦贸易委员会、司法部的执法和法院的司法态度。哈佛学派特别关注市场规模、结构和价格与利润之间的关系,并通过一系列实证检验的论文,说服政府对具有垄断结构的市场加大干预。② 这个观点与大萧条时候的凯恩斯主义契合,因此在20世纪30年代开始流行。因为资本主义社会经历数次危机,这种支持并强调政府干预的观点在全世界得到了接受,第二次世界大战以后,欧洲各国和日本都开始制定和实施竞争与反垄断政策。

哈佛学派影响下的典型个案是对AT&T公司的拆分。但是也正是因为这个在历史上达到顶峰的强行拆分案例,反托拉斯执法获得了褒贬不一的评价。因为把AT&T强行拆为分营本地和长途的数家公司,首先剥夺了消费者习惯已久的一站式服务,其次价格不降反涨,从效果上来看,这样的反托拉斯帮助了AT&T的竞争者,而不是真的提升了消费者福利。AT&T拆分案也体现了哈佛学派所坚持的"民主的经济体系的设定,这种民主的经济体系被认为应促进多元主义、机会、自治和免于剥削的自由"③。美国反垄断法倡导竞争的时候,"实际上也是在倡导一种关于民主的和自由的政治理念",④但在经济上的效果确实难以服众。

到20世纪70年代,对反托拉斯的质疑日趋高涨,与哈佛学派观点相左的芝加哥学派渐占上风。其代表观点是1978年罗伯特·博克(Robert Bork)提出的"反托拉斯的悖论",这个观点其实并没有完全脱离"马歇尔冲突"的范围,或者说它就是对"马歇尔冲突"在反托拉斯语境下的现代表述。芝加哥学

---

① 梁军:《中小企业劣势之源及产业组织方式选择》,《生产力研究》2007年第8期。
② 克伍克·怀特:《反托拉斯革命》,林平、臧旭恒等译,经济科学出版社2007年版,中译本序言。
③ 郭跃:《美国反垄断法价值取向的历史演变》,《美国研究》2005年第3期。
④ Eleanor Fox and Lawrence A. Sullivan, "Antitrust Retrospective and Prospective: Where Are We Coming From? Where Are We Going?" *New York University Law Review*, Vol. 61, 1987, pp.936-952.

派就反托拉斯提出的主要观点是：应当尽可能地减少对市场的干预，并且充分考虑垄断可能具有的效率。

当时美欧等国进入经济全面"滞胀"的困难时期，凯恩斯主义的负作用被全面反思，这也是"芝加哥学派"开始流行的重要历史背景。相对而言，芝加哥学派承认垄断存在的必然性，并为规模经济和垄断者的创新能力辩护。20世纪80年代鲍莫尔提出"可竞争市场（contestable）"学说。这个学说是对产业组织理论的进一步创新和延展，证明了非完全竞争市场结构下可以存在约束和效率。

可竞争市场是指"来自潜在进入者的压力，对现有厂商的行为施加了很强约束的那些市场。在这个市场上，不存在严重的进入障碍。可竞争市场分析的基本收获之一，是使我们认识到垄断并不必然导致福利损失。可竞争市场理论证明，在一定的假定条件下，可维持性与拉姆齐最优①相一致"。② 这个理论对西方国家管制政策的制定和管制实践产生了重要的影响，不仅促使美国司法部、联邦通信委员会、联邦贸易委员会在制定政策和实施管制时承认潜在竞争的重要作用，而且对英国、瑞典等国的铁路改革也起到了直接的指导作用。③

在芝加哥学派的影响下，美国社会在20世纪80年代经历了自由放任的一段时期，包括大规模的解除管制和减税运动。对于规模和效率的推崇也促成了一大批跨国企业的形成，兼并与收购活动达到了一个新的高潮。事实上，由于全球化的推进，美国也开始更多地关注本国企业在国际上的竞争力问题。在这样的民族主义政策导向下，扶持而不是打压本国的市场领先者，成为普遍的观念。

在1977年判决的"西尔维尼亚案"④之后，效率分析越来越多地进入法院的考虑范畴内，法官开始避免仅以中小竞争者的损失为依据来论证反托拉斯的必要性。反垄断法实践不再只重视技术论证，还越来越多地考虑反垄断的目标。这个目标在现代的解读越来越倾向于援引经济学提供的关于竞争与效率的理论依据，不再将政治与社会目的混淆进来。

现在，效率分析已经成为美国反托拉斯实践中最重要的一项衡量指标，而芝加哥学派作为新自由主义经济学一派的影响如此之大，⑤可以说根本性

---

① 拉姆齐模型在确定性的条件下，分析最优经济增长，推导满足最优路径的跨时条件，阐述了动态非货币均衡模型中的消费和资本积累原理。拉姆齐最优是一种动态最优。
②③ 朱彤：《可竞争市场理论述评》，《教学与研究》2000年第11期，第63页。
④ Continental T. V. Inc. et al. v. GTE Sylvania, Inc., 433 U.S. 36(1977).
⑤ 20世纪90年代，有八名芝加哥学派的成员获得诺贝尔经济学奖，就是对这个论断的最好说明。

地重塑了反托拉斯法的基调。波斯纳这样概括:"所有专门从事反垄断法工作的人,无论是立法者、检察官、法官、学者或评论家不仅都同意反垄断法的唯一目标应该是促进经济福利,而且还同意那些用来决定特定的商业行为是否和这个目标一致的经济学基本原则。"①

直到今天,哈佛学派对分散的市场结构的维护,芝加哥学派对规模经济和效率分析的推崇,尽管意见相左,却都在影响美国反托拉斯法的立法、执法与司法,同时也都无法令所有人信服地解决"马歇尔冲突"问题。法律实践本身还是呈现出左右摇摆的状态。当产业高度集中,外部经济环境也不好,社会普遍感觉没有公平竞争机会时,那么反托拉斯的行动就会比较活跃,而如果产业正处于成长期,具有国际竞争力的企业还未充分长成,反托拉斯的行动则相对克制。

反垄断的脚步往往跟随垄断力攫取和垄断化的进程。当竞争如一盘散沙时,这个产业不会引起反垄断的兴趣,但是当垄断格局形成,垄断者不断扩张时,政府介入的必要性就凸显出来。AT&T 在 1911 年遭受反垄断调查,是其开展电话业务 26 年后;IBM 则在其获得打卡机专利 47 年后面临第一次反垄断起诉。

从第二次工业革命以后,大多数产业的兴起几乎都遵循着相似的模式。一开始新产业会吸引很多的企业进入,接着会产生少数一些获得规模经济或管理成功的胜利者。比如汽车产业,1885 年卡尔·奔驰发明了第一辆汽车,在 1908 年时美国有 253 家汽车公司相互竞争,但是到 1960 年只有四家独大——通用汽车、福特、克莱斯勒和美孚。这种寡头垄断的格局历经数十年没有再被打破。

与传统产业相比较,尽管才发展了 20 年,互联网产业在垄断与反垄断上的路径几乎是相似的,但是速度更快。在美国和欧洲,越来越多的反垄断调查针对互联网巨头,往往涉案金额巨大。从 1998 年的微软案开始,时至今日的谷歌案、YELP 案、苹果三星案等,互联网巨头们已经不可避免地进入反垄断执法机关的视野。它们对消费者的影响如此之深远,新经济已经成为反垄断的重头领域。② 当然,经历过十多年的调整,对互联网与反垄断的两难命题,也正在不断地寻求和总结出更恰当实用的解决方案。

---

① Richard A. Posner, *Antitrust Law*, Chicago: The University of Chicago Press, 2001, at Preface. 转引自郭跃:《美国反垄断法价值取向的历史演变》,《美国研究》2005 年第 3 期。
② Albert A. Foer, "E-Commerce Meets Antitrust: A Primer", *Journal of Public Policy & Marketing*, Vol.20, No.1, 2001, pp.51 – 103.

二、芝加哥学派提出的"反托拉斯的悖论"

反垄断所基于的竞争与垄断的逻辑一直以来备受争议,比较有代表性的观点是罗伯特·博克在1978年提出的"反托拉斯的悖论"。① 博克的学说其实很简单:反托拉斯一意维护竞争,认为只有竞争才能推动创新、降低价格和提高质量;但是经过这样的竞争必然也有企业获得垄断地位,因为其具有更大的创新能力或更高的效率,但这样的市场垄断地位又是反托拉斯法所反对的。博克称这样的反托拉斯法是"与自己为战的政策(a policy at war with itself)":它名义上是为了提升竞争,但却从桌上拿走了竞争最大的奖励——"市场主导地位"。

博克认为"反托拉斯的唯一合法目的是消费者福利的最大化"②。这个概念应当解释为对某一垄断力量的摧毁所获得的收益应当能够抵消对效率造成的损失,而经济学提供了衡量收益和效率规模的工具。③ 但是在反垄断实践中,这种经济学理念并未得到遵守,可能也无法有效遵守。作为芝加哥学派的代表人物,博克批评大多数的法官与律师完全忽略了反托拉斯的经济学理据,而陷入对垄断者非理性的仇视和绞杀中。④

博克毫不客气地指出美国反托拉斯行动中有四种倾向:(1)偏离政治程序(political processes),而朝向法庭的政治选择(political choice by courts);(2)偏离自由市场(free market),而朝向管制市场(regulated markets);(3)关注部分群体福利(group welfare),而忽视整体福利(general welfare);(4)偏离自由的理念与对价值的权衡,而追求结果的公平(equality of outcome),或补偿地位(reward according to status)。

博克提出的这四个倾向,如果用浅显一点的文字来解释,即应当约束个别法庭的行为,因为其中有政治倾向,而这种政治上的偏好应当放在政治程序而不是司法程序中解决;⑤应当尽量减少对市场的干预,包括减少反托拉斯行动;应当考虑到整体经济的长远利益和效率,而不是部分消费者的选择

---

① Robert Bork, *The Antitrust Paradox: A Policy at War with Itself*, New York: The Free Press, 1978. 博克的这本书在美国超过150个反托拉斯案例中被援引,可见影响之大。
② Robert Bork, *The Antitrust Paradox: A Policy at War with Itself*, New York: The Free Press, 1978, p.7.
③ Id. At p.79.
④ Id. At p.408.
⑤ 博克提出,在一个以民主为前提的社会中,法院不能在没有任何限定的条件下比较不同人的利益。在不同价值之间进行权衡和选择的决定,应该由立法机关来做出。法院作为宪法和法理的解释者应当自觉遵守司法权和立法权之间的界限。Id. at 72-95.

权等群体福利;不能在个案中为了体现所谓的社会公平,而补偿小企业、弱势竞争者或所谓的消费者群体。

当然,芝加哥学派的这些观点并未得到普遍的接受,仍然有很多反对声音质疑这些关于"自由"、"市场"和"效率"的概念的解释。事实上,哈佛学派和芝加哥学派的争论从里根时代起就从未停止。批评者提出来,博克所谓的"经济自由"显然不只是反对监管,而是完全不顾社会民主和公平。① 批评者毫不客气地抨击像博克这样的芝加派学派学者会持这样的观点,究其根本是不惜为大公司、垄断巨头们的利益团体代言。②

芝加哥学派对于经济学理念和逻辑的过分推崇也受到抨击。在法律实践中,经济学分析总是有太多的不确定性,并且依赖于数据的充分和准确,往往相当晦涩,也不太能与实际案例很好契合。瑟蒙德·阿诺德(Thurmond Arnold)曾这么评价:"经济科学的社会原罪在于强加规则自以为能整理复杂的现实。法律科学的社会原罪在于无法合乎逻辑地创造一套复杂的规则。"③

哈佛学派坚持,反托拉斯法的最大目标不是"消费者福利最大化"这样完全出自经济学概念的晦涩定义,而应当是"维护竞争(maintenance of competition)"。在早期的一些案例中,联邦最高法院也表达了相似的观点。④ 如果设定为"维护竞争",那么显然市场结构、竞争者的数量、规模、竞争力和市场绩效等,都是比较直观且较易衡量的标准。以"消费者福利最大化"为依据提出的效率抗辩和基于经济学分析手段的比较和衡量,对法官和律师来说则是太难以驾驭的范畴。⑤

关于反托拉斯法的目标和尺度的争议,实际上源于哈佛学派与芝加哥学派关于市场、主体、行为等研究视角和侧重点的不同。哈佛学派是产业经济学的主要流派,注重产业结构、市场集中度、进入障碍和产品差别性等指标,它强调垄断力量与一定的市场结构存在关联,把结构、行为和绩效的关系作为研究重点。他们因此提出,竞争政策的根本是维持更分散和更具有竞争性

---

① Paul H. Brietzke, "Robert Bork, The Antitrust Paradox: A Policy at War with Itself", *Valparaiso University Law Review*, Vol.13, No.2, Winter 1979, pp.403, 404.
② Id. At p.405.
③ Thurmond Arnold, "The Symbols of Government", in M. & F. Cohen eds, *Readings in Jurisprudence and Legal Philosophy*, Beard Books, 1951, pp.836, 837.
④ See United States v. Philadelphia National Bank, 374 U.S. 321, 338 (1963); Northern Pac. R. R. v. United States, 356 U.S. 1, 4 (1958); Standard Oil Co. of N. J. v. United States, 221 U. S. 1 (1911).
⑤ Paul H. Brietzke, "Robert Bork, The Antitrust Paradox: A Policy at War with Itself", *Valparaiso University Law Review*, Vol.13, No.2, Winter 1979, pp.408-410.

的市场结构,在这样的结构下,企业的行为会更多地呈现出竞争而不是垄断的状态,市场绩效也更优。

有学者甚至认为,反垄断法不是作为一项增进国民总财富的工具来设计的,增加资源配置的效率从来都不是反垄断法的常规,也不是反垄断法执法的先决条件,经济效率只不过是反垄断的副产品。① 但是,如前所述,效率分析仍然得到了反托拉斯实践的普遍接受。芝加哥学派几乎掌握了在美国所有重要执法部门的话语权。流行的观点是,垄断只要不是非法"垄断化"的结果,那就没有问题。

美国联邦最高法院将垄断力界定为控制价格或排除竞争的能力,一般可依其所占市场份额确定是否具有垄断地位。尽管 50% 以上的市场份额毫无疑问地证明垄断存在,在很多情况下更小的份额也可能因为市场的分散度而实际上具有垄断力量。②

与欧洲的判例不同,美国反托拉斯法更关注垄断化(monopolizing)的过程,即具有垄断力的企业故意取得或维持其垄断力的行为。例如,利用自身在某一市场上的垄断力捆绑产品以创造在另一市场上的垄断力,这就是故意取得垄断力;用短期低价竞销或排他交易安排的方式排挤新进入者或设置市场壁垒,则是用限制竞争的方法维持其垄断力。

简单来说,如果垄断力是通过卓越的技术、优良的产品、自然的优势、经济上或技术上的效率、商业上的敏锐等因素而取得的,那么垄断本身不再被认为是违法的。但是如果这种垄断力是通过损害竞争者、排除潜在的竞争对手等行为取得的,或者是依靠限制竞争的手段维持的,才会受到反托拉斯法的追究。③

这个反托拉斯的通识在互联网产业却不那么容易贯彻。复杂的后台算法(algorithms)将意图(intent)和效果(effect)都掩藏在成千上万的数据码里。事实上,反托拉斯案件一直是消耗资源、执法成本最高的案件类型之一,其很大的原因就是对于经济行为往往有太多不同的解释。④ 在面对新经济的行为和结构时,反垄断执法机构发现了更大的困惑和论证的困难,无论是"消费

---

① Eleanor Fox and Lawrence A. Sullivan, "Antitrust Retrospective and Prospective: Where Are We Coming From? Where Are We Going?" *New York University Law Review*, Vol. 61, 1987, pp. 936 – 953. 转引自郭跃:《美国反垄断法价值取向的历史演变》,《美国研究》2005 年第 3 期。
② 参见王中美:《竞争规则的国际协调》,人民出版社 2005 年,第一章第一节。
③ 参见王中美:《反价格垄断与保护消费者》,《文汇报》"时评"栏目,2011 年 2 月 10 日。
④ See Jonathan Zittrain, "The Un-Microsoft Un-Remedy: Law Can Prevent the Problem that It Can't Patch Later", *Connecticut Law Review*, Vol. 31, 1999, pp. 1361 – 1362.

者福利"、"竞争"还是"效率",都存在很多技术问题。简单来说,新经济的执法几乎无法摆脱"反托拉斯的悖论"问题,因此极难做出令人普遍信服的成功判决。

三、互联网产业提出的反垄断难题

实际上,在反垄断执行力度最大的美国和欧洲,微软、IBM、英特尔和谷歌等一批互联网巨头近年纷纷遭遇了反垄断诉讼,这一系列事件绝非偶然,而是与新经济的特性紧密相连,短期内仍将居于高峰。令人关注的是,过去针对硬件和软件制造商的反垄断执法,近年来更多地指向互联网线上服务企业。尽管细分市场有所变化,这两类企业所依赖的垄断力都一定程度地来自网络效应。在新经济中体现的网络效应如此强大,同时又没有体现为基础设施的不可替代性,因此也对"垄断力"、"垄断结构"、"效率"等反托拉斯传统概念的界定提出了巨大的挑战。

微软案的判决至今令人记忆犹新,以至于该案十年后有很多反垄断领域的专家试图对其再次评述。[①] 这场世纪大裁判,尽管当时被认为是对微软网开一面,微软因此避免了被拆分的命运,但其元气亦有损伤。那一时期对微软的普遍的舆论批评,一定程度上阻碍了微软向其他领域(特别是互联网应用领域)的扩张,包括搜索引擎市场,这可能是谷歌从当时迅速崛起的原因之一。

当微软今天无复当年强大时,一些美国经济学家强烈抨击执法者对新科技的无知,使他们扼杀了一个本来能进入许多新领域的潜在竞争者,这个潜在竞争者可能对新科技带来不一般的活力,并最终裨益于消费者。[②] 事实上,微软将视窗操作系统免费捆绑浏览器 IE 的做法,就被认为是直接给惠于消费者,但不利于竞争者。另外,假设没有对微软长达数年的反垄断诉讼,动态竞争的特点也会使得微软巨额投资进入更多的领域,成为很多产品上的强有力的竞争者,这对整个产业的推动都是有好处的。[③]

虽然对反垄断的执行不能阻碍技术的进步这一点基本已达成共识,但是对于如何运用反垄断政策,甚至对于具体如何培育创新的命题,都没有共识和定论。依据熊彼特的理论,具有托拉斯之嫌的协同行为可能避免重复和浪

[①] E.g. Nicholas Economides and Ioannis Lianos, "A Critical Appraisal of Remedies in the E. U. Microsoft Cases", *Columbia Business Law Review*, Vol.2, 2010, pp.346-420.

[②] 以芝加哥学派反对最为激烈。See David B. Kopel, *Antitrust after Microsoft: The Obsolescence of Antitrust in the Digital Era*, The Heartland Institute, 2001.

[③] 参见王中美:《新经济的动态竞争与反垄断之两难命题》,《行政与法》2014 年第 9 期。

费,分享资源,更有利于创新的实现。① 一些学者提出,过于激进的反垄断执法可能会阻碍竞争,②另外一些学者则担心竞争的减少会相应限制了技术进步所需的敌对(rivalry)。③ 这个命题在过去二十年是对高科技企业反垄断执法最为纠结的一个命题,并且还可能继续纠结下去。

简单来说,与对传统行业的反垄断不同,对互联网反垄断可能面临的新命题包括:(1)速度。互联网产业的动态竞争对反垄断调查和处罚的速度都提出很大挑战,如果还是按过去长达数年的调查速度,其对维护市场竞争的意义会随着时间不断丧失。④(2)复杂性。几乎所有的互联网领先企业都经营着多面平台,而且不断扩张和创新其业务范围,这使得相关市场的界定、违法行为的确认和合适的救济都更为复杂。(3)互联性。互联网经济是密切互联的,因此既相互依赖也容易冲突,许多企业与企业之间的关系、产品与产品之间的关系都不只是简单的上下游或同层竞争关系。⑤

与传统的反垄断案件不同,互联网反垄断案件所涉企业的商业模式复杂而多样,因此需要主管部门花费相当多的时间去厘清和归类这些商业模式。冗长的调查跟不上日新月异的互联网发展和竞争态势,这又导致了许多调查结果公布时,已经没有太大的实际意义,对企业的威慑力和对竞争的矫正效果都十分有限。而且,因为不能控制执法时效和节奏,对互联网企业的调查也往往引起很多争议。⑥

---

① OECD, Application of Competition Policy to High Tech Markets 9, OCDE/GD(97)44 (1996), available at http://www.oecd.org/competition/abuse/1920091.pdf.
② See, e.g., Hruska, "A Broad Market Approach to Antitrust Product Market Definition in Innovative Industries", *Yale Law Journal*, Vol. 102, 1992, pp. 305, 310 – 311; Jorde & Teece, "Innovation and Cooperation: Implications for Competition and Antitrust", *Journal of Economic Perspectives*, Vol. 4, 1990, pp. 75, 91; Clapes, "Blinded by the Light: Antitrust Analysis of Computer Industry Alliances", *Antitrust Law Journal*, Vol. 61, 1993, p. 899.
③ See, e.g., Kattan, "Antitrust Analysis of Technology Joint Ventures: Allocative Efficiency and the Rewards of Innovation", *Antitrust Law Jornal*, Vol. 61, 1993, pp. 937, 968 – 971.其中提到:一个高度集中的市场结构因为会削弱在竞争中取胜的可能性而阻碍竞争(a highly concentrated market structure may "inhibit innovation by undercutting the drive to prevail in the competitive race"); Brodley, "Antitrust Law and Innovation Competition," *Journal of Economic Perspectives*, Vol. 4, 1990, pp. 97, 99 其中提到:创新中太少的敌手与太多的敌手一样糟糕(too little rivalry in innovation may be as bad as too much)。
④ 美国政府 1998 年开始的对微软的诉讼持续了两年半,而在此期间,互联网网速提升了几百倍,硬盘存储能力在一年内即可翻一倍不止,而个人电脑的价格急降,普及率也迅速提高。
⑤ David S. Evans, "Antitrust Issues Raised by the Emerging Global Internet Economy", Northwestern University Law Review Colloquy, Vol. 102, 2008, p. 306. 转引自郭跃:《美国反垄断法价值取向的历史演变》,《美国研究》2005 年第 3 期。
⑥ Id. pp. 285 – 287. 转引自郭跃:《美国反垄断法价值取向的历史演变》,《美国研究》2005 年第 3 期。

执行反垄断政策面临的一个重大挑战是,与不断加快的技术革新和知识产权的赋予与保护之间存在矛盾。"一方面,技术革新通过加快侵蚀支配性企业的市场地位可以减少反垄断执行;另一方面,专利和版权可以作为阻碍市场进入的重要手段,这种法律赋予的垄断权的滥用又越来越多地引起反垄断的关注。"①反垄断法复杂的司法程序,"使得案件的审理和结论都比市场慢半拍。如何解决'技术时间'和'司法时间'之间的脱节问题,似乎是将来反垄断法面临的核心挑战之一"。②

由于新经济在本地区的迅猛发展,从20世纪90年代以后,特别是1995年互联网商业兴起,美欧反托拉斯主管部门和私人部门频繁地发起了一系列反对新经济垄断的调查和指控。美欧因此也积累了丰富的实践经验。例如,对于苹果限制其MP3下载其他音乐商店的音乐,同时限制其他音乐播放器下载苹果商店的音乐的排他行为,欧洲许多国家曾裁定违法。③ 美国联邦贸易委员会在2007年时审查谷歌对DoubleClick的兼并,虽然最终放行,但也明确表达了此后将密切关注网上广告市场。在这些案件中,都出现了关于平台唯一性、创新激励、竞争机会、渠道整合等问题的争论。

时至今日,为了解决动态竞争对互联网反垄断带来的难题,美欧等先行国家在确定互联网案件中的相关市场、垄断地位、垄断行为和救济方法等方面,都发展出许多灵活的安排,比如更多地关注潜在竞争、网络效应、锁定效应和兼容互联等问题。尽管如此,反垄断执法的界限一直并未被有效地厘清,在各国的实践中,即使是对同一对象的同一行为,不同的执法机构都可能得出完全相左的结论,创新和反垄断仍然是有争议的命题。

相较而言,反垄断执法经验本来不足的国家,如中国,在面对迅猛发展的互联网市场时,更显得游移不定,招架乏力。但是留给中国的时间窗口可能比欧美还要少,因为中国互联网市场从全面发展到出现垄断格局仅花了不到5年的时间,而且几个大企业的垄断地位的持续至少已维持了十余年。这背后与政府的产业支持和偏向有密切关系。在中国已经出现的一些反垄断民事诉讼,对互联网产业显现出极大的兴趣,但现有的判例和法律则被认为还未能有效处理复杂的互联网反垄断案件,需要极大改进。

为了说明互联网产业出现的反垄断难题,笔者在本章后几节将撷选包括搜索引擎、网上购物、即时通信、App平台和基础网络等几个典型的细分市场以

---

①② 罗伯特·利坦、卡尔·夏皮罗:《90年代美国政府的反托拉斯政策》,《比较》2003年第8期。

③ Helena Spongenberg, "Apple's iTunes Risks EU Backlash After Norway Ruling", EU Observer, Jan. 25, 2007, http://euobserver.com/871/23334.

及垄断者的相关案例加以说明,有欧美的,也有中国的。针对这些案例所暴露的具体问题与难点,本书随后第三、四、五、六章将归类出互联网反垄断的四大关键性问题,并予以分析,这些分析将充分借鉴欧美的经验,并考虑中国现有法律依据和判例解释。在此基础上第七章将归纳结论,并提出针对中国的个案建议。

第二节 搜索引擎——以谷歌搜索歧视案为例

谷歌常被认为是新经济的代表企业。这家1998年从搜索引擎单个产品开始起家的小公司,通过一系列卓有成效的研发、并购和合作活动,迅速成长为涵盖多个领域拥有多项产品的互联网行业领先者。除了搜索这个核心产品外,Google 的线上软件服务包括云硬盘、Gmail、Orkut、Google Buzz 以及 Google+ 在内的存储、邮件、社交服务等。Google 的产品同时也以应用软件的形式进入用户桌面,例如 Google Chrome 网页浏览器、Picasa 图片整理与编辑软件、Google Talk 即时通信工具等。另外,Google 还进行了移动设备的 Android 操作系统以及上网本的 Google Chrome OS 操作系统的开发。

2010年开始在美国和欧盟发起的对谷歌的指控,主要针对其本地搜索功能。谷歌被指控操纵其搜索结果,不让其对手产品出现在搜索结果的前位,却优先安排自己的产品以获得更多的点击率,如谷歌购物(Google Shopping)、谷歌地点(Google Places)、YouTube 等。这项指控同时由美国联邦贸易委员会(FTC)和欧共体委员会(ECC)分头进行调查。当时,谷歌在美国搜索引擎市场的份额占到60%以上,在欧洲更是高达90%以上。

一、美国对谷歌的反托拉斯调查

很多人认为谷歌案与15年前的微软案具有相似之处。二者都是高科技领域的领先者,都试图以某一产品的优势来捆绑推进对另一产品市场的占领。也有人认为二者截然不同。因为它们的产品完全不同:谷歌的服务是免费的,只是通过广告来支撑,所以是典型的双边市场;而微软作为系统软件提供商,是向消费者收费的,是单边市场。[1]

---

[1] Robert H. Bork & J. Gregory Sidak, "What Does The Chicago School Teach About Internet Search and the Antitrust Treatment of Google", *Journal of Competition Law & Economics*, Vol.8, No.4, 2012, pp.663 - 700.

反垄断专家们基本上都认为谷歌今天的做法和微软是一样的。新的安卓四点系列(Android 4-point series)的每一屏上都有谷歌工具栏,无法移除,而且安卓系统的使用者不能改用其他的搜索引擎,这点比当年微软捆绑 IE 更恶劣。谷歌通过利用它在搜索引擎上的优势,扩张社交功能等本地服务功能,极大地威胁到该领域诸如 Facebook、Twitter 和 TripAdvisor 等竞争者。

可能是出于对微软案的反省,也可能是由于正处于金融危机时期,反垄断态度往往特别宽松,在这次对谷歌的调查中,FTC 的态度是十分谨慎的。2012 年尽管经过全面调查已准备了 100 多页的备忘录,FTC 却最终停止调查,并仅以 4 页纸的篇幅讨论了谷歌的搜索歧视(search bias)问题。这其中并未涉及任何未来能被援引的依据和标准,比如:在现有反托拉斯法下什么样的搜索歧视会被判定违法,如何测试,第三方是否可挑战调查员基于谷歌所提供的数据的分析结论,等等。①

2013 年 1 月,在谷歌与 FTC 的和解协议中,FTC 确认并未有足够的证据证明谷歌在其搜索引擎设置上存在歧视,使自己的产品更优先;谷歌承诺不会不当处理或屏蔽对手的网址;谷歌同意其他网站(如饭店、旅游等)可以选择不被纳入谷歌的纵向搜索(vertical search services)②,但并不因此影响它们在谷歌核心搜索引擎中的排位;谷歌将给予在线广告主更多的灵活性,在自己的广告平台 AdWords 和与之竞争的广告平台上促成竞争;谷歌承诺竞争者可以获得摩托罗拉基于无线产业标准的专利。③

评论者认为④,FTC 完全可以要求谷歌更大程度的承诺,现在的这些不充分的承诺应当被视为谷歌的一次胜利,因为它已经避免了陷入漫长的反垄断诉争可能带来的经济与名誉上的损失。这次和解被认为受到芝加哥学派的强大影响,同时也有可能有政治考虑在内(尽管 FTC 严词否认)。

FTC 并未就该调解协议申请许可令(consent decree)⑤,这种做法非常罕

---

① Statement of the Federal Trade Commission Regarding Google's Search Practices, In the Matter of Google Inc., FTC File Number 111 - 0163 (Jan.3, 2013), https://www.ftc.gov/system/files/documents/public_statements/295971/130103googlesearchstmtofcomm.pdf.

②③ 纵向搜索,又被称为深度优先搜索,是搜索算法中较为特殊的一种,注重对分枝的深度挖掘,因此常被作为细分搜索中的推荐结果。谷歌的纵向搜索可以直接呈现相关网站的内容,却避开了链接和跳转到该网站,因此其他网站对此非常不满,要求自己网站内容不被纳入谷歌的纵向搜索。

④ Shepard Goldfein and James Keyte, "EU and Google: Study in Divergence for Antitrust Enforcement", New York Law Journal, Vol.253(90), 12 May 2015.

⑤ "U.S. ends long Google probe with only mild reprimand", Reuters, Washington, Jan. 3, 2013. 许可令须由法院签发,未申请许可令意味着该调解协议并没有强制执行力。

见,也引起了反对者的普遍批评。① FTC辩解道,他们相信谷歌会主动履行协议,如果谷歌没有做到,他们随时会重启调查。在经过长达20个月的调查后,对FTC仅4页纸提供的决定的依据和相关信息,不仅媒体,而且大多数学者都表示无法接受。② 显然,与20世纪90年代末美国司法部对微软的扫荡性诉讼态度完全不同,谷歌受到了非常宽容的对待。

二、欧盟对谷歌的竞争调查

2010年11月,欧委会宣布将对谷歌在互联网搜索服务中存在的滥用垄断地位行为启动正式调查程序。③ 欧委会将谷歌的搜索服务区分为两类:一是非付费的搜索结果,即被称为"自然的(natural)"、"天然的(organic)"或"基于算法的(algorithmic)"搜索结果;二是付费的搜索结果,支付了广告费用的发布商可以在谷歌搜索结果页面上置顶或紧靠自然搜索结果,这被称为"付费的搜索结果(paid research results)"或"赞助链接(sponsored links)"。

欧委会提出将重点调查谷歌是否存在人为地在自然搜索结果中降低其竞争对手的排名,以及对自己的纵向搜索服务给予特殊待遇④,这些服务包括比较购物服务等。欧委会还关注谷歌对广告主的限制做法,谷歌可能对来自竞争对手的纵向搜索服务的赞助链接降低其"质量评分(Quality Score)",而质量评分是影响广告主向谷歌支付费用标准的一项重要因素,通过操纵质量评分谷歌可能对竞争对手在谷歌网站张贴赞助链接的索价更高。

同时,对于谷歌广告平台的排他要求,欧委会也表示关注。谷歌要求所有广告主在广告合同中遵守排他条款,即禁止广告主和代理机构使用那些能够对比结果并将广告主的数据从一个广告平台转移到另外一个广告平台的第三方工具,这限制了广告主从谷歌AdWords转移到微软AdCenter或其他第三方软件。谷歌宣称这是为了维护谷歌广告服务的一致性。

欧委会担心谷歌可能从垂直搜索竞争者处直接拷贝一些原创性的内容

---

① Miranda Miller, "The Google/Microsoft Comparison: Industry Reaction to Antitrust Debate", January 13, 2012, http://searchenginewatch.com/article/2137563/The-GoogleMicrosoft-Comparison-Industry-Reaction-to-Antitrust-Debate.

② Frank Pasquale, "Paradoxes of Digital Antitrust: Why the FTC Failed to Explain Its Inaction on Search Bias", Harvard Journal of Law & Technology Occasional Paper Series 11-12 (July 2103), http://jolt.law.harvard.edu/antitrust/articles/Pasquale.pdf.

③ "Antitrust: Commission Probes Allegations of Antitrust Violations by Google", Brussels, November 30, 2010, http://europa.eu/rapid/press-release_IP-10-1624_en.htm.

④ 纵向搜索是专门针对具体主题的搜索,比如专门针对餐厅的搜索,又称为特定搜索(specialized search)。纵向搜索的算法与一般搜索(general search)存在较大区别,其排名有较大的主动干预成分。

(比如用户评价),并未经许可将这些内容用在自己的产品中。欧盟委员会认为此类行为可能会影响比如旅游网站或者餐厅评价网站进行原创性内容投资的积极性。事实上,这种类似于谷歌图书、谷歌地图的"强行抓取(scratching)"(又称为"机器人爬虫")不仅涉及不正当竞争,还可能涉及欧洲人最反感的知识产权侵权问题。

2012年7月,当时的欧委会竞争事务专员Joaquin Almunia在一次访谈中称欧盟委员会和谷歌将就和解问题进行第一次技术性会面。很快谷歌妥协,向欧盟竞争监管委员会请求和解。此后,欧委会一方面表示倾向于与谷歌快速达成承诺方案,以应对互联网产业的迅猛变化,[①]另一方面又因各种原因迟迟未能与谷歌达成有效方案。

2013年4月,在欧委会表示将发布正式反对声明(statement of objection)的压力[②]下,谷歌向欧盟递交了一份包含一系列承诺的和解建议[③]。其内容包括:在其拥有所有权的所有内容上标注"谷歌"以避免与其搜索到的链接内容混淆;优先显示至少三家以上非谷歌所有或相关的结果;允许网站自主选择不进入谷歌纵向搜索(如谷歌本地、谷歌新闻等)的结果清单,同时又能保留在谷歌的主要目录里而不会受到惩罚。

欧委会将这份承诺交付"市场测试(market test)",即由市场各方面加以评论,结果反馈非常负面(very negative feedback)。由于谷歌的方案不能得到大多数竞争对手的接受,欧委会又要求谷歌两度修改其和解建议。谷歌也分别于2013年底和2014年初再次提交和解建议,欧委会将这些建议继续听取竞争对手和业务反应,反馈依然非常不好。尽管谷歌的方案受到大多数竞争对手的夹击(他们认为这种形式上的变化不能带来竞争格局根本性的改变),但是考虑到美国方面(FTC)的决定,以及互联网市场动态竞争的特点,

---

[①] Joaquin Almunia, "Statement on the Google Investigation", Brussels, 5 February 2014, http://europa.eu/rapid/press-release_SPEECH-14-93_en.htm.

[②] 欧盟的反垄断调查程序与美国最大的不同在于:欧盟委员会的决定是具有执行力的,如果当事人不服,可以向欧洲法院申诉;美国联邦贸易委员会和司法部的决定是不具有执行力的,他们必须将案件起诉至法院,由法院做出裁决。所以欧委会一般是欧洲竞争案件中的被告,而美国FTC和DJ则往往是初审中的原告。在本案中,欧委会在2012年5月底作出声明表示了对谷歌行为的四点关注,认为谷歌存在滥用垄断地位的违法行为,并要求谷歌提出调解协议方案。See "Statement of VP Almunia on the Google antitrust investigation", SPEECH/12/372, Brussels, May 21, 2012, http://europa.eu/rapid/press-release_SPEECH-12-372_en.htm.

[③] Greg Sterling, "EU Goes Public with Google Antitrust Proposals, 'Market Test' FAQs", http://searchengineland.com/eu-goes-public-with-google-antitrust-proposals-market-test-156867.

欧委会仍在考虑最终接受和解而暂时不予处罚。①

之后,由于法德两国部长及欧洲最有影响的电信和媒体集团的激烈反对②,这份和解协议的草案最终未能通过,欧委会继续对谷歌的反垄断调查。以欧洲和各国出版商的联合声明为例,他们提出:谷歌对其付费链接的区别标志很小,据统计只有0.1%的用户才会注意;谷歌所承诺的各种改变都对其根本性的歧视和滥用行为不能构成实质约束;必须要求谷歌确实能做到非歧视、不抓取内容、不限制转换和平台竞争等。③

2015年4月15日,欧委会发布对谷歌的正式反对声明(formal statement of objection),认为它存在违反《欧盟运行条约》(TFEU)第102条的滥用市场垄断地位的行为,具体表现为在纵向搜索服务中偏向自己的产品,歧视竞争者的产品。另外,欧委会还发起了对谷歌另一项滥用行为的正式调查,针对其是否存在将其安卓操作系统与谷歌应用软件捆绑销售的问题。尽管表示出与美国同行截然不同的强硬态度,欧盟现任竞争事务专员Margrethe Vestager也指出:"值得澄清的是,我们不想干预谷歌的设计选择或算法原理。"④

欧委会的声明指出,欧委会的初步结论(preliminary conclusions)是,从2002年开始,谷歌在提供比较购物服务方面就非常活跃,消费者使用这种服务可以搜索线上购物网点中的相关产品,并可以比较不同卖家的价格。这种服务最先命名为"Froogle",后更名为"谷歌产品搜索",现名为"谷歌购物"。在谷歌占有垄断地位的一般搜索(占到欧盟市场的90%以上份额)中,谷歌总是将自己的这种服务产品居首。但是实际上,在比较购物服务领域,谷歌有大量的竞争者,谷歌购物的排名并不靠前。这意味着谷歌滥用自己在一般搜索(general search)市场上的垄断地位,来帮助在比较购物搜索市场上的竞争优势,损害了消费者利益,也会阻碍创新。⑤

---

① J. Almunia, "Statement on the Google Investigation", Feb. 4, 2014, http://europa.eu/rapid/press-release_SPEECH-14-93_en.pdf.
② Loek Essers, "Google Rival Slams EU Commission over Antitrust Settlement Proposals", July 23, 2014, http://www.pcworld.com/article/2457300/google-rival-slams-eu-commission-over-antitrust-settlement-proposals.html.
③ For e.g., "Press Publishers' Response to Google's Third Commitments Proposal", September 4, 2014, http://www.magazinemedia.eu/wp-content/uploads/14-09-04-Publishers-Response-on-Third-Set-of-Commitments.pdf.
④⑤ European Commission, Antitrust: Commission Sends Statement of Objections to Google on Comparison Shopping Service, Brussels, 15 April 2015, http://europa.eu/rapid/press-release_IP-15-4780_en.htm.

更具体的初步结论包括这样几点①：(1) 从 2008 年开始，谷歌系统性地将自己的比较购物服务优先排序和展示在其一般搜索结果的页面上，而不论其是否应得此地位(irrespective of its merits)。(2) 谷歌对其他比较购物服务加诸"惩罚规则(system of penalties)"，即在规定的算法下如果发现这些服务存在某些欺骗或不正当竞争行为，将降低其在谷歌一般搜索结果页面中的排序。但是谷歌并未对自己的比较购物服务适用这个惩罚规则。(3) 谷歌最早的比较购物服务"Froogle"当时并未有这些特殊待遇，其营运情况就十分糟糕。(4) "谷歌产品搜索"和"谷歌购物"则享有谷歌系统性的特殊照顾和扶持，因此增长很快，这显然损害了竞争对手的合法竞争利益。(5) 谷歌的行为对消费者和创新都有负面影响。这意味着用户并不一定能看到与其要求最相关的搜索结果，竞争对手的创新动力也会因此减少，因为他们知道无论产品多好，都不可能享受到谷歌产品同样的优先待遇。

欧委会的初步结论声明并不是最后的调查结果。谷歌仍可以在十周内对欧委会的反对声明作出反应，既可以要求对目前这个初步结论的口头听证，也可以提出向欧委会提出进一步的抗辩理由和证据，还可以提出主动调解的承诺和条件。同时欧委会也表示，对于谷歌在其他特定搜索服务(specialized search services)中的歧视和滥用行为，仍在积极调查中。另外，欧委会也没有放弃对谷歌的"爬虫(scraping)"做法(即拷贝竞争对手的网页内容)、广告排他性及对广告发布者的限制等行为的调查。

有别于前任竞争事务专员 Joaquín Almunia 对于谷歌搜索结果页面布局和对竞争对手的产品与服务的展示问题的关注，现任竞争事务专员似乎意在就针对谷歌的种种申诉达成一项更全面的解决方案，这个解决方案应当具有长期性和普适性。她再三强调关键是要杜绝谷歌对于竞争对手的排挤和歧视，而不是算法透明度和页面设计等暂时性问题。②

有趣的是，针对欧委会对谷歌损害比较购物网站竞争的初步认定，另一大型比较购物网站 eBay 站出来表示支持谷歌提出的一些依据。③ 谷歌曾强

---

① European Commission, Antitrust: Commission Sends Statement of Objections to Google on Comparison Shopping Service, Brussels, 15 April 2015, http://europa.eu/rapid/press-release_IP-15-4780_en.htm.

② "Why the Google Antitrust Case is a 'Step in the Negotiation Process'", May 1, 2015, http://knowledge.wharton.upenn.edu/article/why-the-google-antitrust-case-is-a-step-in-the-negotiation-process/.

③ Richard Waters and Alex Barker, "Ebay Chief's comments add weight to Google's Brussels Case", *Financial Times*, April 26, 2015, http://www.ft.com/cms/s/0/1320594a-ec01-11e4-8604-00144feab7de.html#axzz3b9bOYCUe.

调其在网上购物领域面临亚马逊、eBay 等公司的激烈竞争。不过,亚马逊和 eBay 既可以看作零售商,也可以看作在线购物平台,因为它们既有商品库存,又提供了平台让消费者从其他众多厂商那里购买商品。① 这与谷歌购物的商业模式还是存在较大区别的。

2017 年 6 月 27 日,欧盟委员会宣布对谷歌处以 24.2 亿欧元的罚款,该项处罚仅针对谷歌的纵向搜索歧视问题。"欧盟委员会认为,谷歌进入购物比价市场后,利用其在网上搜索领域的主导地位,操纵搜索结果,不公平地把客户引向自己的购物服务……欧盟委员会称,谷歌必须在 90 天内结束相关行为,否则将面临最高可达谷歌母公司全球平均日成交额 5% 的罚款。"②

欧委会对谷歌的另两项调查,即安卓系统和搜索广告问题,仍在进行中。③ 截至 2017 年 11 月,另一项针对 AdWords 广告服务的调查接近尾声,欧委会宣称预计罚款数额也将达到数十亿美元。针对安卓系统的反垄断调查结论的公布则可能推迟到 2018 年。至此,欧委会以截然不同于美国同行的严厉态度,基本全面否定了谷歌的三种突出的垄断行为。

三、美欧对谷歌反垄断调查的比较与评价

有人认为谷歌在欧盟遭遇的诉讼,集中体现了美国科技巨头在国际市场面临的挑战,尤其是在美国国家安全局前雇员爱德华·斯诺登(Edward Snowden)曝光"棱镜门"之后。沃巴赫指出,在"棱镜门"曝光后,欧洲的一些政党对美国科技公司的担忧有所加强——他们担心这些企业会与美国政府联合部署监控项目。④ 奥巴马总统也曾公开警告欧盟不要因为商业利益驱动做出针对美国科技公司的决定。美国的媒体也善于从政治层面去挖掘谷歌反垄断背后的"欧洲保护主义"。⑤

另一方面,这些案件后面来自竞争对手的推动不容忽视。据《纽约时报》报道,微软的确是首批向欧盟投诉谷歌的企业之一,同时投诉谷歌的行业游

---

① 华尔街日报:《谷歌反垄断案凸显比较购物网站的没落》,凤凰科技 2015 年 4 月 27 日,http://tech.ifeng.com/a/20150417/41058418_0.shtml。
② 刘峣:《谷歌遭重罚警示了谁》,《人民日报海外版》2017 年 7 月 5 日。
③ 2015 年 4 月,欧盟指控谷歌 Google Shopping 服务反垄断。2016 年 4 月,欧盟又指控谷歌在欧洲移动市场滥用了其主导地位,给 Android 设备制造商和网络运营商设置了不公平的限制。7 月,欧盟又指控谷歌 AdWords 存在垄断行为。
④ 《谷歌反垄断诉讼背后那些事儿》,腾讯科技,http://tech.qq.com/a/20150510/006690.htm。
⑤ Shepard Goldfein and James Keyte, "EU and Google: Study in Divergence for Antitrust Enforcement", *New York Law Journal*, Vol.253(90), May 12, 2015.

说组织Icomp也获得了微软的资助。① 除此之外，TripAdvisor、Yelp、Expedia以及一家法国搜索引擎和部分德国出版商也在首批投诉谷歌的企业之列。②有趣的是，作为对谷歌最活跃的控诉方的微软和谷歌都是美国公司，却向欧盟寻求反垄断支持。具有跨境特点的互联网，使得所谓的国家商业利益或保护主义，似乎都变得复杂。

由于新任欧盟竞争专员明显活跃的态度，安卓系统的捆绑问题可能会使得谷歌在最希望扩展的移动平台领域受到打击。苹果则是在2016年因为在爱尔兰税款欠交指控被欧委会裁定补缴145亿欧元的税款。尽管谷歌案延宕5年，中间欧洲和美国的执法官员都有换任，但欧盟委员会反垄断的态度明显趋严。

据《华尔街日报》分析，欧盟委员会提出正式反对声明的直接原因是欧洲几家比较购物网站的没落。Nextag、Twenga、Visual Meta等欧洲比价购物网站已经向欧盟委员会投诉了谷歌，认为是谷歌在线搜索的歧视和偏袒导致了其无法有效与"谷歌购物"竞争。比价购物网站声称，谷歌在搜索结果中让自家服务占据了如此重要的位置，吸引了购物者的注意力，以至于他们不再点击跳转向其他购物网站的免费链接。这些网站还表示，谷歌持续调整搜索算法，使得比价购物网站在搜索结果中的排名靠后，影响了他们的营收。③

在线搜索分析公司Searchmetrics的数据显示，从2013年到2015年初，Nextag、Ciao等在德国运营的知名比价购物网站的有效搜索能见度平均下降了91%，而谷歌购物的搜索能见度增长了10倍以上。搜索能见度衡量的是网站能够从搜索引擎获取流量的可能性。随着流量的下滑，Nextag的营收也相应下滑，这使得他们难以维持其比价购物服务，无法对新项目进行投资。流量的下滑也意味着更少的商家愿意将他们的商品放到Nextag上进行比较，这导致消费者可比对的商品变少，访问量降低，进一步导致网站流量下滑。④

从市场来看，欧洲的网购市场与美国存在很大差异。"跨州网购在美国非常普遍，但出于种种原因，欧盟各国之间的跨境网购却并未普及。据《经济学人》报道，只有15%的欧盟消费者会通过互联网渠道进行跨境购

---

① Danny Hakim, "Microsoft, Once an Antitrust Target, Is Now Google's Regulatory Scold", *N. Y. Times*, April 15, 2015, http://www.nytimes.com/2015/04/16/technology/microsoft-once-an-antitrust-target-is-now-googles-regulatory-scold.html?_r=0.

②③④ 《谷歌反垄断诉讼背后那些事儿》，腾讯科技，http://tech.qq.com/a/20150510/006690.htm。

物、税制差异等官僚障碍仍是阻碍欧洲跨境网购的关键原因。"[1]基于欧洲目前互联网产业的基础欠缺,实力不强,谷歌以及美国其他互联网企业在欧洲市场的竞争力仍然短期之内不会受到实质挑战,欧委会的打压也不会立见成效。[2]

另外,欧洲的执法与司法情况又与美国有所不同。根据欧盟第1/2003号条例第7条做出的传统禁止决定(prohibition decision)对欧盟各成员国的法院具有约束力,但是一项根据欧盟第1/2003号条例第9条做出的基于承诺的和解协议(commitment decision)则没有这样的约束力。[3] 因此谷歌的竞争对手们都强烈反对欧委会仅以一项和解协议结案。必须注意的是,在反垄断调查延宕的这五年间,谷歌仍然在扩张其自有产品的市场份额。

谷歌的垄断地位已经得到美国FTC与欧委会的一致认定,但是这种垄断地位的建立是依据它在一般搜索引擎市场上的份额,可能忽视了谷歌在一些纵向搜索服务上面临的竞争压力。关于谷歌提出的其在比价购物服务方面还遭受来自eBay和亚马逊的激烈竞争的依据,欧委会并未接受。由于谷歌作为网上平台具有多产品、双面市场的特点,它与微软当年滥用操纵系统垄断地位的捆绑行为之间又存在很大区别。关于双面市场的特殊性和界定难题,本书将在第三章中再予详述。

对于谷歌是否构成滥用垄断地位,FTC没有最终结论,欧委会则给予明确认定。在欧委会的声明[4]中,谷歌的滥用垄断地位行为被认为至少包括以下几方面:(1) 将谷歌自己所有的内容提供商Maps、YouTube、Mobile的结果在搜索结果中排名优先;(2) 谷歌的"human raters"工具在分配质量评分(quality scores)上十分模糊和神秘,有意地将一些竞争者的排名拉低;(3) 谷歌直接复制其他纵向搜索服务的内容(即所谓的"爬虫"),并使用在其产品中,而未经对方授权;(4) 谷歌与其合作伙伴签署的广告协议,是将合作伙伴

---

[1] 《谷歌反垄断诉讼背后那些事儿》,腾讯科技,http://tech.qq.com/a/20150510/006690.htm.

[2] "Why the Google Antitrust Case is a 'Step in the Negotiation Process'", May 1, 2015, http://knowledge.wharton.upenn.edu/article/why-the-google-antitrust-case-is-a-step-in-the-negotiation-process/.

[3] 第9条要求这样的决定应当基于"欧委会不再有行动的基础的结论"。即要求所有承诺应当能消除当时所定四项竞争关注的所有疑虑,并能有效消除限制竞争效果。

[4] See Statement of VP Almunia on the Google antitrust investigation, SPEECH/12/372, Brussels, 21 May 2012, http://europa.eu/rapid/press-release_SPEECH-12-372_en.htm; and Antitrust: Commission Sends Statement of Objections to Google on Comparison Shopping Service, Brussels, 15 April 2015, http://europa.eu/rapid/press-release_IP-15-4780_en.htm.

的广告直接显示在搜索结果页上的特别方框里,可能歧视非合作伙伴的产品;(5)谷歌开发的软件排除了其自有的广告平台 AdWords 与其他搜索广告平台之间的无缝转接。[①]

谷歌案还有一个关键性的问题是:如果确认存在反垄断行为,如何惩罚或要求其改造才是恰当的?谷歌在美国和欧洲所提供的调解承诺的重要内容,就是明确标明自己的产品以供消费者辨识,允许纵向搜索的竞争者不选择进入其搜索目录。这实际上是提供给两边市场——消费者和竞争者以选择,以消除其在搜索引擎上的竞争优势的影响。

但是,也有很多竞争者认为这根本不会对谷歌的竞争优势造成任何实质性的影响。[②] 对于庞大的谷歌帝国,其各式武器之间的互用互借,技术方案近似迷宫。业内专家认为,最终大概只有通过整个行业的技术革新才能瓦解谷歌现在的垄断地位,而不是反垄断,正如时至今天微软所经历的盛衰。但必须指出的是,如果没有当日反垄断的重创,微软或许会在其他产品市场有更大的发展。所以,反垄断的影响仍然是很大的。

第三节 网上购物——以亚马逊电子书案为例

一、图书业零售价格维持惯例的起源

图书行业是一个非常特殊的行业,它在历史上就长期存在零售价格维持做法(resale price maintainance),并被认为是一种行业惯例。以欧盟为例,2002 年时,15 个国家里有 10 个国家国内图书业都采取固定价格。[③] 而且这种做法是得到政府支持的,因为政府认为有必要鼓励阅读和生产更多有质量的读物。[④]

依照图书业习惯的定价做法,出版商不仅能决定每本书出售给零售商的

[①] 关于广告平台的切换问题,欧委会与谷歌单独达成了一项和解协议,谷歌承诺的内容与 FTC 和解协议类似。

[②] Urs Gasser, "Regulating Search Engines: Taking Stock and Looking Ahead", *Yale Journal of Law & Technology*, Vol.9, 2006, pp.203–208.

[③] 只有比利时、芬兰、爱尔兰、瑞典和英国的图书价格是自由的。在芬兰和瑞典的图书上,出版商甚至不能印制价格。比利时曾经在 2003 年有动议要求也在图书业实施固定价格,未获立法通过。

[④] 目前为止,欧盟竞争委员会只禁止跨国的图书贸易上的纵向固定价格,但不禁止各国国内采用。

价格，还限定了零售商卖每本图书的价格，这就是零售价格维持，即对零售环节也限定价格。但是，出版商给予不同零售商的折让实际上是有区别的，这样即使图书价格不能竞争，但每个零售商的利润幅度可以是不同的。因此，如果出版商给予的折让越大，零售商越有动力去推销该图书。从这点来看，出版商之间的竞争也是存在的。如果零售商一次性采购更多的图书，也能拿到更多的折扣。因此，零售商之间也有一定的竞争。

维护图书业零售价格维持做法的人提出，图书是一种固定成本很高边际成本却很低的商品，而且图书每本都是特殊的智慧产品，尽管可能内容有相似的，因此出版商必须拥有零售环节的定价权才能补偿固定成本投入。但这样的理由并不能完全令人信服，因为其他商品也有具备这些特点的，但并不采用零售价格维持。

出版商们提出的维护零售价格维持的很有力的另一个依据是，只有保护出版商的定价权，他们才可能有足够的空间去补贴出版那些销量不大、小众的但是高水准的书籍，这些书籍作为人类文明的重要成果之一，也应当有机会面世。这些书籍的成本可能要高于售价，也无法通过销量来回收成本，它必须从其他畅销书的利润中获得补贴。

但是在现实中，零售价格维持的弊端也是明显的。它保护了没有效率的零售商，使得零售环节的竞争动力有所削弱。它使得出版商和零售商们都更愿意出版和销售销量大的畅销书，所以这些书总是占据每年的出版计划和最醒目的柜台。它所宣称的可以交叉补贴帮助小众书出版的说辞，其实并没有改善这些小众书的处境。

所以，尽管欧洲大部分国家仍然维持了图书业的固定价格做法，但包括美国、英国在内的其他国家的图书业基本已经放弃这样的做法，很大的原因也是反垄断法上对零售价格维持的严厉态度。21世纪以后，图书行业的传统营运模式受到网络销售和电子出版物的巨大挑战，即使是欧洲的固定价格做法也受到冲击。

网络平台使得图书销售环节的成本大大降低，图书销售网络不再像过去那么重要，无效率的实体书店看来可能首先会被淘汰出局；电子出版物大大降低了出版环节的成本，图书的利润空间更大了。图书业平静的竞争局面被打破了，互联网技术的发展提供了多线竞争的可能性，这在美国体现得最为明显。

对于传统出版商和书店来说，最大的竞争压力来自网络零售商。这些超越国界的零售商们不再受制于一国本地的零售价格维持协议，而把折扣书出售到其他国家；最根本的优势是，它们没有实体店成本，建立图书数据库、购物平台和物流是它们的主要成本,它们可以比任何一家书店容量都要大,它们的搜索引擎还减少了顾客的信息检索成本。简单来说,出版商过去希望掌控的下游营销网,其权力逐渐转移至网络零售商。

二、亚马逊电子书案的缘由

在理论界与图书行业引起轩然大波的是 2010 年开始的 Macmillan 与亚马逊之争。Macmillan 是美国最大的出版商之一,它选择与苹果公司合作,授权其在 iPad 和苹果电子书商店上出售其拥有版权的电子书,这是一种代理模式,苹果分成,Macmillan 对书进行直接定价。同时,Macmillan 拒绝了亚马逊要求的传统批发模式,要求亚马逊也必须接受代理模式。Macmillan 宣称,根据这个模式,它给每个代理商 30% 的佣金,电子书必须按它的标价出售。

事实上,亚马逊在电子书方面的广告模式就是全部书最高都定价为 9.99 美元,但 Macmillan 的定价则是所谓的新书越贵模式,即最新出版的书定价最高,此后价格开始下调。与传统书不同,Macmillan 非常担心电子书在下载以后其流转难以控制,所以它认为新书高价是恰当的。亚马逊一开始就拒绝了这种代理模式,并立即从其网站上删去了 Macmillan 的所有电子书和纸质书,但随后又因为各方压力重新恢复了其网站上 Macmillan 的产品。

事情并未平息。2012 年 4 月,美国司法部决定起诉苹果和 5 家知名出版商,包括 Macmillan、Penguin 和 HaperCollins 等,指控他们在电子书上合谋定价,违反反托拉斯法。这场诉讼被认为是亚马逊的反击。司法部提出,这些出版商和苹果合谋迫使亚马逊放弃过去的批发模式,而必须接受代理模式,电子书的定价也从过去亚马逊的 9.99 美元上升到出版商所定的最典型的 14.99 美元,代理商则抽取 30% 的佣金。

很快,包括 HaperCollins 在内的 3 家出版商与政府达成妥协,允许包括亚马逊和其他网络零售商可以对电子书自行定价。但是,Macmillan 和 Penguin 决定不妥协,它们认为这是与拥有垄断地位的零售商亚马逊的战斗。事实上,亚马逊的 9.99 美元定价的竞争策略当时就是针对新的网络零售商,包括 iPad 的电子书店,想以价格优势排挤新竞争者。而出版商们认为它的做法直接影响了电子书的价格,会拉低消费者对价格的预期,也会影响到纸质书的销量。

这场美国大战具有一定的历史典型意义:(1) 电子书市场已经成为出版业争夺的新市场;(2) 得益于自由价格模式,亚马逊建立起零售市场上的优势地位,这个优势地位能对抗出版商;(3) 为了夺回正在失去的电子书市场,出版商们重新采用了零售价格维持,并与苹果(电子书零售环节的新竞争者)达成联盟;(4)营销策略仍然是出版商对电子书采用零售价格维持的主要理由;(5) Leegin 案以后,关于零售价格维持在反托拉斯法上的合理性问题,有更复杂的争论。

美国电子书市场的这场混战,揭示了行业最关心的两个反垄断问题:(1)如何重新划分产品市场?是否应当将电子书与纸质书划为同一产品市场?是否应把电子书单独作为一个产品市场?这直接关系到是出版商具有优势地位,还是亚马逊占据垄断。(2)代理商模式是不是就是反托拉斯法上所称的零售价格维持?这关系到代理模式与批发模式的本质区别,以及代理模式是否具有违法的高风险的问题。

出版商们坚持认为,电子书已经与纸质书在一个平台上竞争了,对于消费者来说二者的相互替代性很强,所以电子书与纸质书应当放在一个市场范畴里讨论,而亚马逊在这个综合的零售市场中占据优势地位。亚马逊则提出,图书行业的市场划分应当更细,比如小说文学类、教材类、学术类等,亚马逊只在小说文学类具有较大市场份额,教材类、学术类等仍然是出版商们的天下。必须承认的是,电子书目前的主流仍然是那些小说文学类或文艺类的,一般读者对教材类和学术类图书还是更倾向于选择纸质书。

出版商们从 2010 年开始就联合推行代理模式,他们认为这是保护传统书店和纸质书出版的一种办法。但是纸质书的销售和独立实体书店的数量并未因此而增加。那么,代理模式与营销策略之间的正相关关系是否能得到证明?前述传统营销策略理论认为,固定零售价格能保证产品的市场定位和档次,鼓励零售商采用更积极的促销手段。但是,网络销售模式已经颠覆了人们的搜索和购物习惯,特别是图书这种非个性化的产品,大概没有任何实体书店能够在信息提供方面与亚马逊的强大能力抗衡。

Macmillan 提出,在采用代理模式后,出版商在电子书市场的收益实际是下降了,相对于纸质书,电子书的成本更小,提价却使得销量下降,所以总体收益实际下降。但是,考虑到电子书对纸质书的替代性,出版商们认为从长远来看,必须平衡纸质书与电子书的价格,才能保障零售商推销纸质书的动力。这种代理模式可以抑制零售市场已经出现的垄断现象,有助于保护独立书店,也保证零售环节有更多的参与者。

出版商们提出,亚马逊对电子书的低价定价策略,是为了排挤包括苹果在内的电子书市场的新进入者,这种行为本身是垄断的掠夺性定价。出版商们的代理模式根据市场需求的变化调整价格,一般最急于看到该新书的读者也会为该新书支付更高的价格,这是合理的定价策略。

但是,电子书的成本仍然是一个很大的问题。如果亚马逊以未低于其从出版商获得电子书版权的价格出售电子书,那么几乎很难证明其有掠夺性定价①的动机。从目前各方对外公开的数据来看,即使亚马逊的 9.99 美元的定价也仍然是有利可图的,因此也不存在以低于成本的价格来竞争以摧毁竞争者的证据。

三、讼争焦点与判决关键

大部分反垄断法学家仍然认为,出版商们的代理模式就是零售价格维持,其争夺的就是利润空间,而不是其所宣称的纸质书的销量和电子书的定位。如果只从消费者利益来看,不得不购买更贵的书就是最直接的消费者损失。过去对零售价格维持适用"合理规则"时常援引的营销策略,即更好的零售服务可以提供更好的消费体验和减少搜索成本,在本案中也很难成为一种依据,因为亚马逊网络平台提供的是另一种消费模式。

营销管理学家们重新研究了网络销售平台的服务竞争问题。因为在代理模式下,价格竞争被取消了,那么各实体书店与网店之间只能在服务上进行竞争。包括 Kobo Books、Fictionwise 和 All Romance Online 等在内的其他网上书店提出,在电子书领域更值得关注的是移动平台的问题。如果没有价格优势,那么只能在"服务"上竞争,而网店服务就是靠技术支撑,靠平台取胜。拥有这样的受众广泛而且技术能不断更新的移动下载平台的只有亚马逊、苹果和 B&N。最后这些小的网上书店更是竞争不过这些集合网络技术优势的大零售商。讲白了,如果服务内容是广告、数据库、搜索和过滤工具、积分和奖励等,没有谁能竞争得过亚马逊的"服务"。

司法部的态度是比较明确的,它在与其他三家出版商达成的调解方案里,都是要求它们放弃电子书代理模式,恢复到以前的批发商模式,不再干预零售环节的定价。而不愿调解的 Macmillan、Peguin 和苹果公司如果败诉,可能要承担民事赔偿和停止电子书代理模式等后果,考虑到反托拉斯诉讼普遍耗时长、费用高,这三家公司如不能胜诉,必然损失惨重。本案的判决,将对电子书市场影响重大,而且也会影响包括欧洲在内其他国家的电子书营销模式。

美国联邦法院的态度仍是关键。尽管有 Leegin 案在先,使得零售价格

---

① 掠夺性定价是以排挤竞争对手为目的的故意行为,实施该行为的企业以低于成本价销售,会造成短期的利益损失,但是这样做的目的是吸引消费者,以此为代价挤走竞争对手,行为人在一定时间达到目的后,会提高销售价格,独占市场。

维持可以按合理规则进行抗辩,但本案的情形与 Leegin 案还是有很大区别的。首先,Leegin 是市场的新进入者,它实施零售价格固定是为了与大品牌知名厂商进行竞争,本案的三家被告则都是具有一定市场地位的企业。其次,Leegin 是为了品牌定位,不允许降价,其对消费者利益的影响是多重的,既可能减少搜索成本,实现某种价格偏好,也可能因为不允许价格竞争影响消费者收益;在本案中,电子书代理模式是硬生生地提高了价格,更贵的图书,特别是电子书,似乎也不是为了满足某种选择偏好,图书毕竟不是个性化的产品,消费者利益看来直接受损,而且实施近两年,并未明显增加新竞争者。最后,网络营销与传统营销完全不同,法院必须在本案中重新研究如果不能在价格上竞争,那么所谓的零售者的服务竞争将体现在哪些方面,代理模式宣称的将保留和引进更多的竞争者的说法是否能成立。

对于 Macmillan 等来说,它们可以切入并用以说服法院的有以下关键两点:

(1) 代理模式不是一种纵向固定价格。显然,代理是销售模式的一种,相当于出版商通过代理商的店面或平台直接销售产品,代理商从中抽取佣金,这种情况下出版商定价应当是合理的。但是,出版商们必须证明代理是双方接受的,而不是零售商没有其他的选择下的接受。证明强迫式的代理并非纵向固定价格,是很困难的。

(2) 代理模式对整体图书市场(包括纸质书与电子书)的发展是有裨益的。正如前文所述,出版商们可能提到,保持文化多样性,就要求电子书价格上不能竞价,否则那些销量低的受众少的特型书就很可能被电子书市场放弃;出版商们也提到,避免价格竞争,是为了保护已经受到大型零售商挤压的独立书店等,这些书店的存在对于消费者的选择权是有意义的;出版商们还提到,电子书的竞价,阻碍了新企业的进入,构成了进入壁垒。

在案件过程中,许多评论家认为 Macmillan 等的前景并不乐观。与欧洲不同,美国对反垄断的执着,体现为一种更形式主义的追求。明显的固定价格,一直是美国执法机构坚决反对的。即使在 Leegin 案以后,尽管在美国联邦法院系统内已经接受了更灵活的态度,但在州法院系统仍有许多州对零售价格维持十分严厉。

在权衡利弊后,Macmillan 和 Peguin 最后也与司法部达成和解,接受与其他三家出版商一样的条件,解除与苹果和其他零售商的电子书代理合同,不再签订任何以代理为条件的协议,不再干预电子书零售价格的设定。根据公开报道,在和解协议生效以后,电子书的平均价格从 11 美元多降到了近 6 美元,消费者被认为大大受益。

但是,与五大出版商签订代理协定的苹果仍然不屈服,坚持认为其行为完全是为了应对亚马逊的强势竞争。2013年7月,美国曼哈顿地区联邦法院对本案作出初裁,①认定包括苹果与几大出版商关于电子书的价格维持协议涉及合谋定价,违反了反托拉斯法。在判决前,五大出版商都最终与司法部达成和解,取消电子书纵向定价规则。②因此这场官司最终变成了苹果与司法部的诉讼。法官的态度非常严厉,随后禁止苹果在5年内与美国五大主要出版商签署电子书协议,并指定一名监管官来监督苹果对判决的执行。③

苹果的诉讼历程还没有结束。2014年年底美国地方法官批准了苹果公司就电子书案支付4.5亿美元一事的和解协议,协议批准了苹果继续对此案件进行上诉,如若苹果上诉失败,那么该公司将支付给2 300万消费者多达4亿美元的赔偿金。如若上诉法院推翻了科特的判决并要求她重新再审,那么苹果可能需要向消费者支付5 000万美金的罚款,同时向律师支付2 000万美金的费用。但是苹果坚称自己2010年进入电子书市场时与各大出版商的协议,是对亚马逊垄断行为的破除,是有益的,初裁判决因此是错误的。④

2015年6月30日,美国第二上诉巡回法庭裁定,支持曼哈顿地方法院之前的裁决,苹果与五家出版商合谋抬高电子书价格的行为违反了反垄断法。此外,上诉法庭还表示,曼哈顿地方法院对苹果下达禁令以防再犯也是适当的做法。美国第二上诉巡回法庭法官德布拉·安·利文斯顿(Debra Ann Livingston)称,苹果与出版商的固定价格协议是一种简单粗暴的运营方法,使同谋者利润共享;这是一种价格操纵行为,给消费者造成损害。

四、评 价

图书是一种特殊的产品,其采用零售价格维持的理由,除了营销策略上自称为避免"免费搭车"和鼓励更优服务等以外,也常常以图书的交叉补贴和公共利益为据。但这些理由在网络销售情境下都受到了挑战。网店提供的

---

① United States v. Apple, Inc. et al., S.D.N.Y 2012, No.12-cv-2826.
② 在紧随司法部指控的民事集团诉讼中,以出版商垄断要价为依据,33个州的消费者从此案所涉五大出版商获赔金额共计1.66亿美元。至此,出版商们在电子书价格维持一事上全线败北。
③ 由于本案的初审法官和监管官都过于活跃,喜欢媒体发言和曝光,也让业界和学界对他们多有批评。2015年3月,苹果对监管官的称职问题提起独立听证,指责该监管官干预过多,并与司法部私下联系。而且对于要支付给该监管官一小时1 100美元的费用,苹果也多有微词。
④ "E-Book Antitrust Monitors Says Apple Cooperation Has 'Sharply Declined'", Reuters, 17 April 2015, http://recode.net/2015/04/17/e-book-antitrust-monitor-says-apple-cooperation-has-sharply-declined/.

搜索服务和订购方便都减少了消费者的信息成本,很难说网店搭了实体书店的"便车"。而电子书因为成本很低,其定价也很难以公共利益等来佐证。所以,今天的网络销售模式,不仅挑战了传统图书营销的模式,也使得零售价格维持难以为继。

实际上,出版商与亚马逊为首的网络零售商已经在跨界竞争了。所以,司法部诉 Macmillan 案可能只是一个起点。可以预测的是,如果 Macmillan 等在此案中败诉,他们应当希望也能将亚马逊捆绑在反托拉斯的祭台上。这意味着,对于亚马逊的定价策略,是否有滥用垄断地位的嫌疑;以及如何判断什么才是电子书的合理价格和利润空间;实体书店的倒闭到底有多少是因为垄断的影响,等等问题,仍将在未来数年,不断被争论和提请讼争。

人们也关心本案所反映出来的新经济时代的一些重要问题:(1)网络销售与实体销售混业竞争的时候,如何保证二者处在同一公平平台?(2)如果产业链的控制中心正在从生产端往销售端转移时,未来到底是谁能逼迫谁妥协?(3)当电子产品全面替代实物产品时,未来的竞争核心是内容还是服务?(4)当网络平台完全颠覆过去的购物习惯,如何判断是足够多的竞争者,还是足够低的价格,在福利提高上更为理想?

在今天的中国,尽管《反垄断法》已经实施七年多,但除并购审查外,其他反垄断案例并不多,纵向价格垄断更少。2013 年年初发改委依《反垄断法》对茅台、五粮液的零售价格维持行为施以巨额罚款,引起国内对零售价格维持的合法性的广泛讨论。许多在国内普遍施行的零售定价行为其实都可以纳入违法价格垄断行为,只是从前未有法律依据或执法先例。显然,从白酒案后,反垄断风险将被更多地引入到企业的定价策略考虑中。

实际上,中国的网络销售近年来发展之迅猛,已经产生了许多线上、线下和混同价格竞争的问题,只是人们尚未从反垄断角度去关注。中国已经产生了许多具有市场主导地位的网络销售商,既有本土的,亦有外来的。亚马逊对本土实体书店扫荡式的影响,如果从反垄断的角度来看,也并不只是简单的消费模式和价格优势问题。

美国电子书案及其之前关于零售价格维持的先例和争论,可以给我们提供以下几点参鉴:(1)如果零售价格维持的上游厂商具有垄断优势地位,其依据优势地位对下游厂商的价格竞争加以干扰,应受反垄断法禁止;(2)企业内部的定价策略,包括其与子属和关联公司的联合定价策略,以及仅抽取佣金的代理模式,一般被认为是正当的;(3)如果产品具有差别性或高端定位或作为新进入者,其零售价格维持策略对下游市场价格的影响,应当依"合理规则"加以分析;(4)网络销售市场的消费者与实体门店的消费者已经发生混同,所以二者市场的混同在所难免,垄断地位的衡量应当从更广的市场范围去定义;(5)对于电子内容的产品的销售,网络销售商具有更大的竞争优势,这种优势来自服务、技术、网络与受众基础,相对来说,其定价策略也可能损害实体销售商(此时后者是弱势),反垄断执法者应当破除传统观念;(6)仍然有争议的是,保护线下的消费模式和消费习惯是否也属于反垄断法需要保护的社会利益?

第四节 即时通信——以奇虎360诉腾讯案为例

腾讯是中国最早的互联网即时通信软件开发商,现已成长为中国最大的互联网服务提供商之一,也是中国服务用户最多的互联网企业之一。[①] 在包括即时通信、新闻、门户网站、游戏等综合服务类别中,构成腾讯用户基础的仍是即时通信,其他产品多是在即时通信基础上的进一步延伸与拓展,仍然依靠的是腾讯 QQ 用户(现在则是微信用户)的网络黏性。

腾讯 QQ 垄断地位引起国内关注,起因为 2010 年开始的奇虎 360 与腾讯 QQ 之间的争端。因为在客户争夺上的激战,2012 年 4 月,奇虎 360 公司对腾讯滥用市场支配地位行为提起反垄断诉讼。2013 年 3 月 28 日广东省高级人民法院一审判定腾讯不具有市场支配地位,驳回了原告奇虎 360 公司的全部诉讼请求。之后奇虎 360 公司提起上诉,又被最高人民法院最终驳回。

本案在中国反垄断司法实践中具有里程碑的意义。本案诉讼标的高达 1.5 亿元,涉案企业是两家具有领先地位的互联网企业;审理法院涉及省级高院和最高院,而且是最高院审理的第一起反垄断案件;有许多创新的做法,比如,最高院在案件审理中采用了"经济学分析方法和引入专家证人制度,来自国内外的法律专家和经济学家向法庭提交专家证言并出庭做证,对今后法院审理此类案件提供了借鉴"。[②]

本案中,奇虎 360 公司的 360 安全卫士以许可消费者免费使用的方法,迅速占领杀毒软件市场。腾讯公司随后推出"QQ 医生"(后改名为"QQ 电脑管家"),也是一款杀毒软件。为了推广"QQ 医生",2010 年 2 月 12 日,腾讯要求

[①] 百度百科,https://baike.baidu.com/item/%E8%85%BE%E8%AE%AF。
[②] 芳菲青云:《从奇虎诉腾讯垄断纠纷上诉案看互联网反垄断执法》,《中国工商报》2014 年 10 月 29 日。

所有用户在进行 QQ 升级时默认捆绑"QQ 医生"。为了应对腾讯的做法,奇虎 360 公司针对性地推出了一款名为"360 扣扣保镖"的安全工具。奇虎 360 称该工具全面保护 QQ 用户的安全,包括阻止 QQ 查看用户隐私文件、防止木马盗取 QQ 以及给 QQ 加速、过滤广告等功能。腾讯公司遂于 2010 年 11 月 3 日发布《致广大 QQ 用户的一封信》,宣布所有装有奇虎 360 软件的客户电脑上将停止运行 QQ 软件,用户必须卸载奇虎 360 软件才可登录 QQ,强迫用户"二选一",导致大量用户被迫删除了奇虎 360 的软件,两公司强烈对抗。①

在工信部的调停下,腾讯公司恢复 QQ 兼容奇虎 360 软件,两公司分别向用户致歉。随后腾讯公司首先在广东提起对奇虎 360 的反不正当竞争诉讼,半年后奇虎 360 又提起诉腾讯公司滥用市场支配地位的反垄断诉讼。在反垄断案件中,奇虎 360 认为,腾讯公然滥用其市场支配地位,在 2010 年 11 月 3 日强迫 QQ 用户"二选一"的行为,是反垄断法中典型的限制交易行为,应依法承担停止违法行为并赔偿损失的民事责任。

广东高院于 2013 年 3 月 28 日判定,即时通信与微博、社交网络等构成强竞争和替代关系,由于互联网基本不计国界,地理市场应是全球市场。广东高院界定"综合性即时通信与文字、音频以及视频等单一的即时通信之间属于同一相关市场的商品集合,同时将 QQ 与社交网站、微博服务认定为属于同一相关市场的商品集合"。② 在全球市场里互联网社交平台竞争激烈,在包括即时通信、微博、博客、网络电话等在内的相关市场中,腾讯并不占有市场支配地位,因而也就不可能有滥用的情况,最终驳回原告奇虎 360 的全部诉讼请求。

在既已认定腾讯不存在市场支配地位之后,广东高院又非常奇怪地继续认定是否存在滥用市场支配地位行为。按照逻辑,既不存在市场支配地位,当然也就不存在滥用。但是,广东高院显然还是希望能继续分析腾讯强迫用户"二选一"的此类行为,是否可能属于滥用市场支配地位的行为。此类强迫用户"二选一",显然侵犯了消费者选择权,因此广东高院又认定该行为本身是违法的。广东高院判决的前后矛盾和奇怪的逻辑,一时引起了很大争议。

2014 年 10 月 16 日,最高人民法院对此案做出终审判决,驳回奇虎 360 的上诉,维持原判。③ 这是最高院审理的首个反垄断法案件,其判决也很快

---

① 李国敏:《中国互联网第一反垄断案"透明"开庭审理》,《科技日报》2013 年 11 月 27 日。
② 叶菁:《360 与腾讯垄断战起浓烟,竞争不能漠视消费者权益》,《通信信息报》2013 年 3 月 24 日。
③ 《奇虎公司与腾讯公司垄断纠纷上诉案判决书》,(2013)民三终字第 4 号,http://www.court.gov.cn/wenshu/xiangqing-7973.html。

在网上全文公布。最高院的此项判决引起了各界热议,此后也被广为研究、分析和援引,因为此前从未有如此详尽的法院对反垄断法具体条文的全面阐释。所以,这个案件具有里程碑意义,而且涉及最新最复杂的互联网反垄断领域,对以后的此类案件具有直接的指导与参鉴意义。

如果仅考虑垄断与反垄断问题,本案的关键点包括五点:(1) 本案的产品市场如何界定?(2) 本案的地理市场如何界定?(3) 腾讯是否具有垄断地位?(4) 腾讯的用户"二选一"策略是否属于滥用市场垄断地位?(5) 如果判定违法,如何进行恰当的救济?以下逐一分析之。

一、产品市场的界定

广东高院认为即时通信与社交网站、微博等属于高替代性的产品,因此可以划为同一产品市场。中国已有的反垄断立法和案例,在产品市场划分上并未有明确的方法。从现有实践来看,多是效仿美国采用的需求交叉弹性方法(cross-elasticity of demand)[①]或者假定垄断者测试(Hypothetical Monopolist Test),又称 SNNIP 测试[②]。

国务院反垄断委员会《关于相关市场界定的指南》第 7 条"界定相关市场的方法概述"中规定:"界定相关市场的方法不是唯一的。在反垄断执法实践中,根据实际情况,可能使用不同的方法。界定相关市场时,可以基于商品的特征、用途、价格等因素进行需求替代分析,必要时进行供给替代分析。在经营者竞争的市场范围不够清晰或不易确定时,可以按照'假定垄断者测试'的分析思路来界定相关市场。"

本案中,广东省高院采用了 SSNIP 测试。基本方法是:首先假设在某个产品市场上存在一家企业,该企业是该商品或该类商品的唯一供应者。当该企业对其商品进行一个"小幅,但是重要的,且非临时性的涨价(Small, but Significant and Not-transitory Increase in Price)"时,如果客户选择了其他商品,从而使其涨价变得无利可图,因而阻止了该假定垄断者的这种涨价行为,那么相关产品市场就应当纳入客户选择的替代性商品,[③]并且在此基础上再次重复进行上述测试,直到最终达到一个临界点,在这个临界点上客户没有

[①] 国务院反垄断委员会《关于相关市场界定的指南》第 4 条规定:"界定相关市场主要从需求者角度进行需求替代分析。当供给替代对经营者行为产生的竞争约束类似于需求替代时,也应考虑供给替代。"

[②] 最早是在美国司法部 1982 年的《企业合并指南》中提出的,1997 年《欧共体竞争法中界定相关市场的通告》也采用了这种方法界定相关市场。

[③] 如果涨价使假定垄断者无利可图,这说明其产品的替代品对这个垄断者构成了足够大的竞争压力,从而有必要将这些替代品纳入相关市场。

其他产品可选或选择其他产品不再能阻止假定垄断者的涨价行为。这个临界点通常就是划分相关产品市场的标准。① 这个测试中涉及的小幅涨价，一般以5%—10%作为常用幅度。

在互联网市场，这样的SSNIP测试很多情况下是无法适用的。以本案为例，目前各公司的即时通信软件都是免费的，消费者对价格不具任何敏感性，因此也无法准确测量其需求和供应的交叉弹性。在本案中，即时通信、微博和社交网络之间虽然功能相近，却并不是非此即彼的选择。事实上大多数用户同时使用这些软件，这些软件并不应划为同一产品市场。

从司法实践来看，某一产品市场的界定需要考虑到某一产品与其替代产品在用途和需求弹性上的可替代性和可替代程度。这样界定出来的市场范围一般较大，其下可能还可分为若干个从属市场。从属市场的界限可以从一些实际指标来界定，如行业内或公众对某一从属市场是独立的领域的普遍认同、产品的特殊特征与用途、特殊的生产工艺或设施、特殊的顾客群、特定的价格、对价格变化的敏感性以及特定的贩卖者等。从属市场的确定是判断一项纵向并购是否对某一商业造成限制竞争影响的前提。

在本案中，尽管即时通信、微博和社交网络都可能属于社交服务，但是三者之间具有独立性，功能并不能完全替代，应划分不同的从属产品市场。广东省高院在一审判决中，简单运用SSNIP测试，提出QQ一旦改变免费模式，用户都会转向包括微博、社交网络在内的可以提供页面即时通信功能的其他服务，因此判定三者属于同一产品市场。这个判决遭到很大质疑。

最高院在二审中推翻了广东省高院此违背常理的论断。最高院提出，首先，SSNIP在免费的互联网服务市场是无法适用的；②其次，取而代之的可以用质量等其他指标来代替价格，即采取"数量不大但有意义且并非短暂的质量下降（Small but Significant and Non-transitory Decrease in Quality, SSNDQ）的方法"进行分析，并且由于质量下降难以评估和获取相关数据，采用SSNDQ方法时可以进行定性分析而不是定量分析。

在判决中，最高院在确定电子邮件、短信是否属于相关产品市场以及界定相关地域市场时，就采用了SSNDQ方法，最后认定腾讯QQ的可替代产

---

① 王晓晔、张素伦：《SNNIP测试法运用于互联网行业的思考》，《法制日报》2013年9月18日B2。
② 最高院提出，当特定领域商品的市场均衡价格为零时，运用SSNIP方法尤为困难。在运用SSNIP方法时，通常需要确定适当的基准价格，假定5%—10%幅度的价格上涨，然后确定需求者的反应。在基准价格为零的情况下，如果假定5%—10%幅度的价格增长，增长后其价格仍为零；如果将价格从零提升到一个较小的正价格，则相当于价格增长幅度的无限增大，意味着商品特性或者经营模式发生较大变化，因而难以进行SSNIP测试。

品应当包括MSN、Skype、Line等即时通信服务,而不是Facebook、新浪微博、Twitter等以信息发布和互动为主的社交平台,更不包括其他电邮、音频、视频网站。

另外,对于腾讯提出的平台市场的诉称,最高院也做了相应厘清。最高院指出,腾讯提出应当以平台定义相关市场是不妥的,各平台的基础仍是其核心产品/服务,如腾讯的即时通信服务和360的互联网安全服务,平台的概念太泛化。本案应当重点考察腾讯是否将其在即时通信领域(即核心产品上)可能具有的支配地位延伸至了安全软件领域,而不宜将整个平台都纳入相关市场的范围,不然就会低估腾讯的实际市场力量。因此,本案相关产品市场仍然被认定为通信服务市场,而不是互联网应用平台。

二、地理市场问题

一般情况下,网络无界限,互联网的地理市场应当是全球市场。但是实际上,考虑到语言、本地信息内容和互联网管制,许多互联网企业的地理市场仍以一国或地方为界。例如,腾讯微信的使用者基本上就是中国国内用户,因为中文服务上的差距,国外同类软件很难参与中国国内的竞争。同样,国外用户中除了少部分留学生和华人外,也很少有外国人使用QQ。而除了淘宝、京东和亚马逊等拥有全国市场外,许多网上超市和网购的地方属性则非常明显,大众点评、拉手网等在不同地方的市场占有率也具有差异。

某一地理市场确定后,意味着该地理市场以外的供应商与市场内的供应商之间一般不存在直接竞争关系,而这种竞争的限制是来自地理方面的空间限制。广东省高院在一审中提出,因为网络无国界,腾讯的地理市场应当是全球市场。事实上,腾讯QQ的中文属性和用户圈,注定其主要受众为中国国内或海外华人,它与MSN、SKYPE等即时通信软件并不具有直接竞争关系。通过计算其全球份额来衡量其市场地位,是不合理的。广东高院的认定依据未免过于一刀切。

在最高院的二审判决中,纠正了关于地理市场的错误,提出本案所涉及的地理市场不应划分为全球市场,而应是中国市场。地理市场的界定仍然应当运用需求交叉弹性方法。显然在服务的可得性、产品定位、受众等方面,腾讯QQ的海外消费者很少。腾讯不能推广到海外,而境外供应商也不能有效渗透中国市场,二者之间地理市场的区分是明显的。

三、垄断地位的认定问题

由于将地理市场界定为全球,将产品市场界定为包括即时通信、微博、社交网络等所有附载社交功能的平台,这样界定的相关市场规模之大,几乎可以推翻任何第三方咨询公司关于腾讯市场份额的报告,因为几乎所有报告测量的都是腾讯在中国即时通信市场的份额。但是,广东省高院的一审判决就是据此驳回了奇虎360关于腾讯具有市场支配地位的诉称。

另一方面,广东省高院还提出,即使腾讯具有50%以上的市场份额,也不能仅凭市场份额一项认定其具有市场支配地位。事实上,腾讯不具有控制商品价格、数量或其他交易条件的能力,也不具备阻碍其他竞争者进入市场的能力,因此,只能提供免费服务的腾讯是不具有市场支配地位的。这个判决同样令外界感到匪夷所思,因为与客观事实完全相悖。按照这个逻辑,几乎没有互联网巨头能具有市场支配地位,因为它们的主营服务都是免费的,免费的就是无力的这种臆断,在互联网世界是说不通的。

如果本案的产品市场是即时通信市场,地理市场被认定为中国市场,那么腾讯的垄断地位是完全成立的。事实上,在要求用户"二选一"以后,绝大多数用户卸载了360安全卫士,而不是腾讯QQ,这就至少说明腾讯QQ是具有影响力和阻止新企业进入的能力的。

最高院显然认识到一审判决在这点上的荒唐性,但是并没有完全否定这个判断。最高院的判决书指出:"在被诉垄断行为前后,越来越多不同背景和技术的企业纷纷进入即时通信领域。特别是,移动即时通信发展迅猛,新的移动即时通信服务经营者不断进入,为即时通信产业带来了新的推动力。再次,即时通信领域的竞争呈现出创新竞争、动态竞争的显著特征。经营者为在市场竞争中站稳脚跟,需要在质量、服务、用户体验等方面持续创新,产品创新周期较短……最后,即时通信领域平台化竞争日趋白热化……可见,即时通信领域的竞争格局正在日渐多元化,创新较为活跃,正处于蓬勃发展时期,市场竞争比较充分。"①

最高院还提出,首先,由于即时通信领域的竞争具有高度创新、动态竞争的显著特征且用户对于服务质量、用户体验等极为敏感,因此,如果腾讯降低服务质量,则会有大量用户转而使用其他即时通信服务。其次,由于功能用途差异不明显,即时通信产品的替代性较高,即时通信服务经营者通常不敢轻易拒绝提供服务或者变更交易条件。因此,腾讯控制商品价格、质量、数量或者其他交易条件的能力较弱。②

---

①② 《奇虎公司与腾讯公司垄断纠纷上诉案判决书》,(2013)民三终字第4号,http://www.court.gov.cn/wenshu/xiangqing-7973.html。

事实上，从QQ软件集成的众多应用，涉足的领域以及在相应市场的占有率，比如游戏、视频、音乐等，恰恰说明了腾讯对交易条件的控制力非常强。至于价格控制，因为该领域的特殊性，免费本身就是该领域的上商业惯例，也就谈不上控制与否。在现实中，某一通信软件的用户群越大，就意味着基于此建立的社会网络越大，用户对该网络的依附性也越大。这种依附性是基于长期的使用习惯与平台本身的规模效应，与获取类似软件的难易以及成本高低并没有直接关系。[①]

在判决上，最高院摒弃了市场份额，同时有意地用其他互联网行业的特点来否决市场份额一项，许多理解存在偏差。最根本的问题是，判断逻辑存在重大问题。简单来说，就是以竞争充分，可能不需要反垄断为由，直接否定了市场支配地位的存在。这是将反垄断必要性或者说效率分析，过早地引入市场支配地位的判断环节，但在这个环节根本不需要考虑这个问题（在本书的第四章第一节会重点阐述这个问题）。

四、滥用行为的认定问题

滥用垄断地位，即"坏的"垄断，可能是为竞争者设置障碍，或破坏市场竞争条件的战略，这种垄断会导致对产出的限制，而不创造任何有价值的东西，所以是无效率的，应当予以禁止。在反垄断法的沿革中已经确认，单单具有垄断地位本身，不足以判定一项垄断是非法的。因此目前反垄断案件的焦点都集中在那些与行为有关的问题。

在本案中，腾讯之所以要求客户"二选一"，实际上是因为360安全卫士与腾讯QQ电脑管家形成了竞争关系，腾讯试图利用其在即时通信上的垄断地位，来影响在杀毒和桌面管理软件市场上的竞争。这个行为就其本身来说是典型的"滥用垄断地位"，不管其如何标榜合理性，那也都是从腾讯公司自身利益角度出发。

在本案中，广东高院提出因为腾讯和奇虎360的相关产品都是免费提供的，所以不存在滥用行为。奇虎360提出，即时通信软件的"价格"体现为观看广告的成本以及最终由广告主支付的广告费。这一点务必要厘清，免费与不谋求商业利益两者，是完全不同的。在互联网行业，许多免费软件或服务的提供只是针对入门用户，一旦要增加服务体验必然层层加码收费。另一方面，免费软件或平台其主要利润来源是广告投放和排序竞价，这是双面市场

[①] 李俊慧：《"3Q大战"最高院终审：互联网反垄断第一案留下哪些遗憾》，http://www.huxiu.com/article/44692/1.html。

的典型特征,不能因为其对消费者免费就认定其不盈利,继而排除任何行为存在垄断目的。

二审判决中,最高院认为,首先,本案没有可靠的证据表明被诉搭售行为使得被上诉人将其在即时通信市场上的领先地位延伸到安全软件市场。其次,QQ 即时通信软件与 QQ 管理软件(包括安全软件)打包安装具有一定的合理性。通过将 QQ 即时通信软件与 QQ 管理软件打包安装,实现 QQ 即时通信软件的功能整合,用户可以更好地管理 QQ 即时通信软件,保障账号安全,从而提高 QQ 即时通信软件的性能和价值。①

对于腾讯被诉的"二选一"行为,最高院没有就行为论行为,而是以"合理规则"特别分析这个行为对消费者的影响和对竞争的影响。最高院提出:"原则上,如果被诉经营者不具有市场支配地位,则无须对其是否滥用市场支配地位进行分析,可以直接认定其不构成反垄断法所禁止的滥用市场支配地位行为。不过,在相关市场边界较为模糊、被诉经营者是否具有市场支配地位不甚明确时,可以进一步分析被诉垄断行为对竞争的影响效果,以检验关于其是否具有市场支配地位的结论正确与否。此外,即使被诉经营者具有市场支配地位,判断其是否构成滥用市场支配地位,也需要综合评估该行为对消费者和竞争造成的消极效果和可能具有的积极效果,进而对该行为的合法性与否作出判断。"②这个论点在一定程度上采纳了芝加哥学派的观点。

有分析者提出③,最高院在分析腾讯"二选一"和"搭售"行为的效果时,仅着眼于两个行为是否已经实际产生了反竞争的效果,并没有考察其是否可能产生反竞争效果。这个分析角度与欧盟和美国似乎都存在差异。欧洲法院和欧盟执法机构对滥用行为可能产生的反竞争效果,特别是对相关市场可能产生的封锁效果都予以重点考察。④ 美国反托拉斯法的相关案例则表明,美国法院对滥用行为可能造成的损害和被诉企业排除限制竞争的意图均予

---

①② 《奇虎公司与腾讯公司垄断纠纷上诉案判决书》,(2013)民三终字第 4 号,http://www.court.gov.cn/wenshu/xiangqing-7973.html.
③ 宁宣凤等:《中国反垄断法诉讼试水互联网行业:奇虎诉腾讯滥用市场支配地位一案终审判决述评》,金杜律师事务所 China Law Insight,2014 年 11 月 12 日。
④ 欧盟《适用欧共体条约第 82 条执法重点指南》强调考察滥用行为的效果,而且针对基于价格的排他性行为一般适用"同样高效竞争者(equally efficient competitor)"测试,假设市场中存在与问题企业同样高效的竞争者,该竞争者是否会受到涉嫌违法行为所封锁。该测试在很大程度上也被欧洲法院所采纳(见以下案件号:Case C-62/86 AKZO v Commission,Case C-209/10 Post Danmark v Konkurrenceradet and Case C-280-08P Deutsche Telekom v Commission)。

以重点关注。① 最高人民法院在本案中采取这个分析角度,也许与案件的特殊情况有关:最高人民法院已经认定腾讯不具有市场支配地位,在这里相应认定腾讯的行为并未导致明显的反竞争效果,可用以佐证腾讯不具有支配地位的论断。

五、合理救济问题

救济(remedy)是互联网反垄断案件的重要问题。从本案来看,3Q 大战发生在 2010 年,一审花了一年时间,二审直接到了最高院。一场纠纷争论了快 4 年,两审诉讼则进行了 2 年,即使判决腾讯违法,也没有任何意义了。事实上,最有效的解决方案似乎还是工信部当日的调停。很多人认为奇虎 360 在事件发生一年多后发起这场诉讼,只是为了继续借 3Q 之争夺人眼球,是宣传手段,不是为了谋求对垄断行为造成损失的救济。奇虎在事发一年多起诉再上诉,已经达到了打击对手、扩大影响的效果。

在奇虎 360 的诉状中,除了要求腾讯停止限定 QQ 软件用户不得和原告交易、在 QQ 软件中捆绑搭售安全软件产品等行为外,只有赔偿 15 亿损失一项实质性要求。奇虎 360 起诉状上并未说明这笔损失金额的计算依据。考虑到奇虎 360 扣扣保镖也是免费提供,其损失应为广告或其他增值服务收入,这个具体数额的计算需要由奇虎 360 提供充分的财务依据,否则法院无法认定。

总的来看,3Q 大战反映出中国目前互联网企业反垄断执法的几大问题:一是互联网相关市场的认定较为复杂,没有统一的标准,产品之间的可替代性模糊,跨界竞争非常普遍;二是垄断地位的确认,关涉市场份额,但是目前国内没有测量市场份额的标准,一般情况下,客户数、流量或利润率都可以作为参数,但要由原告举证的话也存在困难;三是滥用行为的认定,腾讯坚称免费软件不存在捆绑用户,用户仍有充分的选择权,但互联网领域的黏着性和网络效应都是垄断力的表现,用户的实质选择权受到了垄断者限制,不应将免费作为豁免垄断行为的理由;四是救济问题,司法救济明显滞后,行业主管部门的干预不是规范的法治行为,应由反垄断执法机构加以干预,反垄断渠道仍须进一步畅通起来。

---

① 美国诉美国铝公司案(148 F. 2d 416)的判决指出:"美国铝公司的限制生产的行为,不可避免地影响价格或将要影响价格,因此可以认定违反了反托拉斯法第一条,并且不需要证明实际影响了价格,因为如果限制供应的协议一旦执行就会对价格有影响,和明示的价格限定同样是非法的。"

第五节　App 平台——以苹果 App 商店案为例

一、苹果 App 平台的营销模式

苹果的 App 商店一直被认为是一个成功的营销案例。苹果 App 商店一开始就设计为封闭渠道，与安卓的 App 商店相比，苹果具有以下特点：一是大多数应用程序需要付费下载；二是仍然通过原先 iTunes 渠道下载，保证封闭性，不能分享；三是所有上线 App 需要经过苹果的审查，以保证安全性和一定的技术标准。这种迥异于其他应用商店的做法，得到了"果粉"们的拥护，在移动应用普遍为免费下载的时代另行其道。

通过提供 App 平台，苹果从两方面获利：一是苹果从手机用户花在 App Store 的每 1 美元中抽成 30 美分；二是苹果公司还征收 iPhone 开发许可证的许可费用。个人需缴纳 99 美元的许可费，企业会员的售价则为 299 美元每年。考虑到苹果 App 下载次数和开发者数量在 2011 年即已突破 100 亿人次和 5 000 万大关，苹果在 App 上的利润非常可观。

App Store 是网络经济中的全新商业模式。由乔布斯提出的这个概念是建设开放共享的平台，鼓励所有应用开发者共用这个平台，并通过创新分享所得。简单来说，就是苹果提供平台，平台背后是数目可观并拥有相当消费实力的潜在用户；游戏和应用软件开发者们在这个平台上发布创新的软件，用户为下载软件付出的费用由苹果收取，并按 3∶7 向开发者们分成；下载量和软件的成功与失败都是由消费者选择决定，苹果本身不对单项应用产品做推荐和营销。

这个被称为开放模式的平台，却又被广泛批评为封闭。iPhone 使用封闭的 iOS 操作系统与 iTunes 紧密结合来执行安装、升级、备份、媒体同步、程序管理的工作，还有云端同步服务 Mobile Me。App Store 里所有 App 都需要经过苹果公司审核，而且都没有 Root 或 Administrator 权限。因为与其他系统不兼容，为 iPhone 开发的应用软件都是专用的。

苹果要求开发商只能使用经过苹果批准的编程语言来为 iOS 平台编写应用软件。这样的规定实际上就是禁止开发商使用第三方编程语言为 iPhone、iPad 和 iPod Touch 开发应用软件，从而保证那些应用软件不能轻易被包括 Android、Windows Mobile 和 Palm 的 Web OS 等在内的竞争对手平台所用。简单来说，如果开发商们能够在开放标准如 HTML 5 下编写应用软件，那么他们编写的应用软件就可以轻易地转变为其他移动平台兼容的应

用软件,这样苹果的竞争对手就可以提高自己的吸引力和竞争力。①

苹果还规定开发商不得将第三方分析工具插入应用软件,这样竞争对手的广告网络就不能在 iPhone OS 平台上发布广告了。与此同时,苹果推出了自己的应用程序内嵌(in-app)广告平台 iAd。② 与应用一样,广告商在这个广告平台上发布的广告因格式不兼容,也无法在其他平台上发布,只能为苹果专用。

苹果自诩经过严格的专项开发要求和上架商店前的程序审核,从官方 App Store 之外下载的程序基本上不会含有恶意软件,除非审核人员失误。苹果再三强调它的一系列排他行为,是出于对品牌和创新的保护。所以,从苹果的角度来看,它为审核、评级、排序和公共评论等提供的服务也足以支撑它从运营商营收中 30% 的抽成依据。

"通过全封闭的设计,苹果卖的是手机硬件+品牌;而与此类似,开放的谷歌 Android 系统售出的是广告,以免费的系统最终来带动广告收入。谷歌控制流通与销售,苹果则控制了内容本身,对所有第三方应用拥有绝对审批权。更重要的是,它控制了内容传递的系统(iTunes、App store)以及内容播放设备(iPod、iPhone、iPad)。"③

二、对苹果 App 商店反垄断的始末

在 2010 年时,全球排名前几位的阅读器提供商 Adobe 在美国对苹果的 App Store 提出反垄断指控,针对它的全封闭的不兼容特点。在 Adobe 提出控诉后,美国联邦贸易委员与欧盟委员会都开始对苹果展开反垄断调查。之后苹果宣布放宽软件开发商厂为 iOS 提供 App 的相关限制,这等于对 Adobe Flash 松绑,而 Adobe 也宣布恢复将 flash 移植到 iOS 相关工具的开发程序。苹果让步放宽限制的其实还有 google voice 相关 App。随后美国和欧盟停止了此项调查。

2011 年,苹果推出了 App Store 订阅服务,允许用户订阅应用商店内的杂志、报纸、视频及音乐等内容。价格和订阅期限由发行商来制定,支付处理则由苹果来执行,苹果将抽取营收的 30%。苹果的规定并不禁止内容提供商在自己的网站上销售数字内容,但苹果规定的支付形式可在苹果应用商店内完成,使得内容提供商的支付系统失去了吸引力。此外苹果还要求内容提

---

① ② 新浪科技:《〈连线〉:苹果或将成为移动领域的微软》,https://www.cnbeta.com/articles/tech/110404.htm。

③ C114 中国通信网:《苹果模式剖析:应用程序商店不盈利》,http://tech.163.com/10/1025/07/6JQUI5K6000915BE.html。

供商为应用商店制定的订阅价格必须和外部价格保持一致,以便于用户订阅。

这个订阅服务立即引起业界的强烈反响,苹果的抽成政策以及支付形式要求都被认为排除了内容提供商自身的系统和平台,是一种明显的滥用垄断地位行为。但是,在反垄断机构着手进行调查后,这样的垄断行为被认为很难定性。因为苹果当时在智能手机的市场份额不到20%,作为高端手机品牌,苹果一向以高利润低受众为营销方针。也有人提出,尽管苹果的受众人群比例小,但应计算其占据高端消费的市场份额,因为这些消费者愿为收费软件付费,所以苹果的影响力实际上在这部分人群中是很大的。

之后,美国加州的7位消费者提起了针对苹果的应用垄断的民事诉讼。原告代理律师认为,苹果的iSO系统是全封闭不兼容的,iPhone用户无法从其他地方,只能从苹果应用商店购买相关应用,如iPhone版《愤怒的小鸟》,苹果应用商店往往定价过高。苹果则反驳道,应用软件的价格是由应用开发商自行定价,用户自行决定是否购买,苹果没有干涉,只是从应用开发商利用苹果平台的销售收入中提成。苹果不认为存在违反反垄断法的行为。美国加州奥克兰地方法院法官伊温妮·罗杰斯(Yvonne Gonzalez Rogers)判定,苹果向应用开发商收取的提成,可能转嫁至用户,但并不是直接向用户收取,用户不具有反垄断法上的原告资格,因此驳回了原告的诉讼请求。[1]

另一起持续十年针对苹果应用的案件是对iTunes的反垄断诉讼。该诉讼案的原告方是在2006年到2009年间购买了iPod的个人和企业用户,指控苹果公司滥用垄断地位排除竞争对手,要求赔偿约3.5亿美元。[2] 原告方指称,苹果公司当时受到RealPlayer开发商Real Networks的竞争压力,RealPlayer作为在线音乐播放软件是兼容的,可以在iPod及其他音乐播放器上播放歌曲。为了排除RealPlayer的竞争,苹果公司以保护知识产权为由,进行了软件更新,限制了iPod只能播放通过iTunes购买或下载的音乐。[3]

这是一起集体诉讼,涉及版本较老的iPod。它们只能播放iTunes Store

---

[1] 关于本案的报道,参见 https://9to5mac.com/2013/03/06/apple-asks-judge-to-throw-out-app-monopoly-lawsuit-says-theres-nothing-illegal-about-a-closed-system/。

[2] 关于本案的报道,参见 http://www.cnet.com/news/apples-ipod-antitrust-class-action-suit-all-you-need-to-know-faq/。

[3] 该案涉及的互联网媒体服务公司RealNetworks曾经使用一个变通办法,使其销售的歌曲可以在iPod和其他媒体播放器上播放。作为回应,苹果2004年发表了一份愤怒的声明,指责RealNetworks对iPod实施了黑客攻击,并警告说,未来的软件更新版本将阻止RealNetworks的歌曲在iPod上播放。RealNetworks不是该案的当事方。

销售的音乐,以及从 CD 上导出的音乐,无法播放从对手的商店购买的音乐。作为原告的消费者称,苹果违反了反垄断法,因为为了保留购买的音乐,人们不得不一直使用 iPod,购买价格较高的 iPod 产品,而非更便宜的其他音乐播放器。① 苹果公司则予以反驳,提出这种软件更新是为了改善用户体验,其中包含了许多新的功能改进,如下载音乐自动同步等。

2014 年 12 月,北加州第九地方法院对此案作出判决。陪审团一致认定,苹果在案件所涉期间,通过 iTunes 版权保护机制(FairPlay)限制了 iPod 用户使用第三方音乐同步软件的行为,并不适用美国《谢尔曼反托拉斯法》,因为一款对正规产品的改进并不能被认为是反竞争的,即使这种改进可能会损及竞争对手。"一家公司没有法律义务去帮助竞争对手,这包括了要保证产品的可互操作性、向竞争对手授权或共享信息等。"北加州第九地方法庭法官伊万(Yvonne Gonzalez Rogers)如此表示。②

但苹果并不能就此高枕无忧。2015 年 5 月,Spotify 和其他数字音乐流媒体服务商,指控苹果利用对 iOS 内容服务商"抽成三成"的手段,给予自家产品竞争优势,打击对手。据之前报道,由于在流媒体市场远远落后,苹果计划采取一些非常规的手段追赶对手,包括将包月费从行业统一的 10 美元降低到 8 美元等。美国彭博社也报道称,美国联邦公平贸易委员会(ITC)已经对苹果公司和音乐行业在流媒体业务上的版权谈判展开了调查。③

三、苹果的垄断与创新命题

对苹果的反垄断诉讼至今受限于两大难点:一是如何确定苹果的市场份额。除了 MP3 播放器外,苹果在智能手机和 PC 上的市场份额都很难被认定为具有市场垄断地位,因此它的操作系统的技术模式和应用商店的定价政策都很难被认定为是滥用市场垄断地位;二是如何确定其技术行为涉及滥用或其他限制竞争行为。事实上,苹果一直宣称其行为本身是提供相对开放的平台,通过鼓励用户付费下载,它支持和鼓励了应用软件层面的创新竞争。

二十多年前,Windows 操作系统曾经被认为具有牢不可破的垄断地位,但随着技术的发展,特别是移动操作系统的广泛运用,微软的垄断被强有力

---

① 《苹果反垄断案,乔布斯"还魂"作证》,《纽约时报》2014 年 12 月 3 日,http://cn.nytstyle.com/technology/20141203/t03ghost/.
② 《苹果 iTunes 反垄断案获胜 避免被罚 10 亿美元》,《IT 经理人》,http://tech.hexun.com/2014-12-18/171557562.html.
③ 《苹果陷反垄断调查,被指用 App Store 抽成打击对手》,2015 年 5 月 7 日,http://www.techweb.com.cn/internet/2015-05-07/2149643.shtml.

地撼动。智能手机普及，轻便、直观和快捷的优点使得用户对手机的依赖开始超出电脑。在这样的背景下，手机 App 迎来了爆发式增长，应用开发商一时涌现，为用户呈上更具吸引力和多元性的应用产品。而且，移动应用软件开发成本较低，但使用费用也低，所以往往是依附在拥有大装机量的操作系统之上获得薄利多销的效应。

尽管苹果的应用商店自其诞生之日起便招来争议，但其能坚持付费模式，很大程度上还是源于客户对其互联网 OS 的特色的认同。必须承认，苹果的应用商店的影响力确实还是限于"果粉"们，超出这个范围，苹果并没有明显的垄断力。而且各大互联网巨头竞相开发自己的 App 平台，都已对苹果的营销能力构成威胁。以 Facebook 为例，其在移动终端的访问量越来越大，它的开放平台对苹果构成了一定威胁。

所以，如果涉及垄断地位的认定，苹果的应用商店并不能构成垄断平台，用户的可替代选择很多。事实上，在中国市场，谷歌的 Android 系统及其应用商店占有 70% 以上的份额，这反映出苹果的相对地位和可替代性。所有的指控聚焦于其盈利模式，认为正是付费分成吸引了大量开发者，使得苹果的应用商店的利润率较高。但这样的利润率是一种有效的竞争策略所致，其鼓励下游市场的竞争和创新，从总体上来看是提高效率的。因此，尽管通过技术控制，苹果的应用商店呈现出一些垄断特点，但动态竞争仍然有效进行，并不应以反垄断法加以制约。

但是，这样的观点并不为大多数应用商所接受。众所周知的是，经由苹果应用商店下载的应用软件以及后续的软件内部消费，苹果公司都会抽成三成。30% 的"苹果税"实际上却对苹果公司自家的内容和服务免除。这笔高昂的费用，已经影响了 iOS 的数字内容市场。为了保证"苹果税"的完全征收，苹果公司禁止外部公司在提供的软件中，链接到外部公司自己的业务页面或网上店铺。

这笔"苹果税"很可能就会使得外部公司的产品相较于苹果自己的应用产品在成本上自然处于劣势。实际上，几乎所有的数字内容公司，包括媒体出版商、视频服务商、音乐网站，都在千方百计希望用户能够在苹果公司之外的途径，订购自家服务，从而避开"苹果税"。简言之，尽管苹果仍然是创新的先锋，但这可以带来它在移动终端产品上的垄断地位，并不意味着它可以操纵整个移动网络的生态系统。尽管目前没有对于苹果应用商店的反垄断诉讼胜诉案例，但这仍然是苹果最容易触雷的领域。

苹果所涉及的所有案例无非关乎两方面：反垄断与知识产权。这个创新巨头所提出的问题最能体现这两大法律在 IT 行业适用的冲突与两难命题。苹果与高通、三星在全球发起的全面、持久的知识产权诉讼,似乎迄今为止难辨赢家,由此折射出现代动态竞争的新特点。

苹果与三星的专利战,被称为IT产业的"世纪大战"。据不完全统计,苹果和三星的专利诉讼在美国、韩国、荷兰、澳大利亚等地上演近50场。由于涉及的专利和产品很多,双方合作历史又很长,这些案件相当复杂。而且由于更新很快、竞争激烈,诉讼的输赢影响很难评价。

苹果作为当今最卓越的创新者之一,在全球发起的专利战是大规模和摧毁性的。市场研究公司UBM TechInsights 2015年2月发布的报告显示,苹果共拥有约15 500项专利,其中约8 500项是美国专利。苹果在发起对三星的诉讼战的同时,也将矛头指向安卓系统,安卓是目前唯一能与苹果相抗衡的更开放的移动操作系统。硅谷著名IT专栏作家丹·吉尔默指出:倘若苹果利用"失控的专利制度"打压对手,就将全面掌控用户使用技术的方式,从而阻碍市场竞争。

除了高科技企业之间相互发起诉讼外,一些专门购买和销售专利和标准的公司正在搅混竞争。根据国际机构Patent Freedom的最新统计[①],在2009年至2013年的6年期间,苹果公司共被起诉了191起,紧排其后的是三星。而在前30名被诉企业中,华为、联想、中兴等中国企业也榜上有名。这种滥用知识产权诉讼的做法,是高科技市场需要警惕的恶性竞争趋向。专利授予的垄断权与反垄断法维护的竞争公平之间的权衡,也是未来各科技大国都将面临的问题。

令人感兴趣的是,微软凭视窗技术维持了二十多年的垄断地位,今天的苹果公司的市场份额可能无法如此长寿。从2016年开始,苹果的全球营收13年来首次出现下滑,创新不足被认为是主要的问题。这也从侧面反映动态竞争仍是破除垄断的致命武器。

---

① See Adam Mossoff, The Myth of the "Patent Troll" Litigation Explosion, 10 August 2013, http://truthonthemarket.com/tag/patent-litigation-explosion/.

第三章 以平台为特点的市场界定

[导读]产品和地理市场的界定是反垄断的第一步,但是互联网产业无法适用传统的需求替代、供应替代或SSNIP测试法来界定相关产品市场,这是互联网产业反垄断的首要难题。难题的根源来自几个方面:一是互联网企业的相关产品市场多为双面或多面市场;二是互联网的许多产品是免费提供的;三是互联网产品的相互替代性很难衡量。解决市场界定,特别是产品市场界定的难题,应当采用变通的原则,将相关多个市场作为整体考量;特别是重点考量主要产品市场对另一市场的延伸影响力,必须在界定产品市场时详细分析这种关联性和影响力。

第一节 互联网相关市场界定的困难

传统反垄断法确定产品市场的方法,普遍采用的是需求或供应替代方法,或者SSNIP测试法:假设不断以小而显著的幅度在一段合理时间内提高价格,消费者会转向其他替代产品,就将这些替代产品划入产品市场范围,直至再这样提高价格消费者不再有其他转向为止,依此所界定的范围就是产品市场。

这种方法在新经济中很难完全适用,因为新经济的垄断定价是一种普遍特征,这种定价的依据往往是消费者的偏好和黏性,所以许多产品的相互替代性并不那么清楚。如喜欢使用苹果手机的用户往往就不接受三星手机,尽管二者在外观、定价、功能上都具有很大的相似性,但是苹果提高价格,用户并不一定会转向三星,可是两个产品之间的竞争性又无庸置疑。

更加复杂的是,即使是专业人士,有时也很难判定新经济中各产品的竞争领域。以网上B2C业务而言,过去某一网站可能专做图书、电器、服装或日常消费品,现在都迅速扩张到全方位零售,如亚马逊、京东、淘宝和一号店等。它们起步可能都专做一个领域,产品存在区别,但随着客户稳定会迅速交叉进入相互竞争领域,因为进入成本和门槛很低。原来的图书出版商和电子集成商分工还是明显的,现在都全面进入电子出版领域。这种迅速变动的格局,令市场划分非常困难。

新经济中"潜在竞争者"是一个永恒的命题,因为相邻产品之间的切换可以非常迅速地完成。领先企业在巩固其地位时,不仅考虑来自业内的竞争者,还考虑那些随时或已经准备进入该市场的竞争者。更令人感兴趣的是,为了防止被超越,领先企业自己会不断投入,开发出超越原有产品的新产品。新版本的产品一旦推出,原版本的产品就会迅速被淘汰和退出市场。这可能意味着反垄断执法机构还在界定原版本产品的范围的时候,该产品已被新产品替代。即使最终认定违法并勒令停止销售或相关限制竞争行为,其意义已经在某种程度上丧失了。

因此,反垄断执法中在界定新经济产业的市场时,合理来说应当同时考虑实际的和潜在的竞争威胁。这就要求执法者不能用静态的标准去评判市场份额,而应综合考量该产业技术革新的速度和正在酝酿的革新。那么,现存竞争者和潜在竞争者正在投入的研发,以及领先者技术运用的范围,都可能必须被纳入市场的界定中。

另一方面,互联网平台企业所处的往往是"双面市场(two-sided market)"或"多面市场(multi-sided market)"。如搜索引擎企业,它一方面对终端用户提供免费搜索服务,一方面向有排序或广告需求的另一方收取费用。它的主要利润来自一端市场(收费端),但又通过在另一端的市场地位(免费端)维持和获得在收费端的竞争力。

双面或多面市场的存在,说明即使是免费服务,也不能因此豁免反垄断法。因为归根结底,是免费市场的垄断地位,维持了收费市场的利润。在腾讯案中,上文也讨论到,即使QQ是免费软件,并不排除其存在垄断利润。事实上,腾讯是中国市值最大的互联网企业,已能说明问题。对拥有双面或多面市场的企业的市场地位,因此也须综合两个市场的份额、表现而定。

与传统市场不同,互联网市场的竞争度往往(但不一定都是)由直接或间接的网络效应和切换成本决定。① 直接的网络效应体现在平台市场,即网络本身的规模决定效率,如购物网站、即时通信网络、社交网络等;间接的网络

---

① David Evans and Richard Schmalensee, "Markets with Two-sided Platforms", *Competition Law and Policy*, ABA Section of Antitrust Law, 2008, pp.667 - 693.

效应体现在双面市场,即一面市场的规模决定了另一面市场的效率和黏着力,如拍卖网站、搜索网站等。这两种网络效应都决定了该细分市场的领先者必须掌握相当大的客户规模,也决定了相关市场必须具有较高的集中度。

但是市场的集中度并不完全由网络效应决定,它还可能受到其他因素的影响(见表3-1)。其中,网络效应和规模效应的强度,对集中度有正面影响。这意味着,网络与规模效应越高的市场,更容易走向高度集中。平台本身的容量、客户异质性而造成的平台差异,以及切换成本等对集中度的影响是负面的,这意味着,如果容量有限、平台差异性大、客户容易转换到其他平台,那么该市场的集中度就相对较低。

表3-1 集中度的影响因素

驱动力(Driving force)	对集中度的影响(Effects on Concentration)
直接和间接网络效应的强度	+
规模效应的强度	+
容量限制	−
平台差异性的范围	−
多归属机会(切换成本和使用收费)	−

资料来源:引自Evans and Schmalensee, 2008, p.679。

总的看来,在互联网市场,平台之间的竞争以直接和间接的网络效应、切换成本、声誉影响、规模经济等为特点。尽管这些因素的影响力在不同的互联网细分市场可能有很大不同,但都远远高于传统物理市场对这些因素的依赖。这些因素之间有些会相互抵消,如谷歌在规模经济、声誉影响方面有明显竞争优势,但因为切换成本低等因素备受压力,所以仍然必须保持创新与不停地进入新市场,以维持其网络效应。虽然同样为垄断者,谷歌的竞争处境与当年的微软不可同日而语。

仍然回到最初的那个问题:如果直接或间接的网络效应在互联网市场具有重要作用,那么从效率的角度来看一项垄断或市场主导地位究竟是好的或是坏的?由于经济学家提供了很多相左的观点和论证,这个问题几乎没有概括性的标准答案。[1] 只能依据每一个案件涉及的细分市场的特点、历史轨迹、潜在发展等各方面的因素,加以分析。即使如此,因为没有明确的标准,

---

[1] Justus Haucap and Ulrich Heimeshoff, "Google, Facebook, Amazon, eBay: Is the Internet Driving Competition or Market Monopolization", *DICE Discussion Paper*, No.83, 2013, http://www.econstor.eu/bitstream/10419/68229/1/73435858X.pdf.

仍然难免个案判断失败的风险。

第二节 双面或多面市场

一、双面或多面市场的定义

所谓双面或多面市场，拥有以下特征：(1) 有两组以上的客户，其中一组客户需要通过这个平台联系到另一组客户。(2) 不同组的客户之间存在溢出效应。例如，在搜索引擎，通过免费用户的使用和点击，可以不断改善向付费广告商提供的关键词设置；同样，越多免费用户就能吸引越多的广告商。(3) 两组客户的定价体系存在根本不同，从某种意义上来说，往往以一组客户的定价来补偿对另一组客户的服务成本。[①]

近年来，双面或多面市场已成为国际产业组织理论研究的热点问题，众多经济学家对此展开了研究。罗切特和蒂罗尔(Rochet and Tirole)首先把双面市场定义为：当平台向需求双方索取的价格总水平 $P=PB+PS$ 不变时 (PB 为用户 B 的价格，PS 为用户 S 的价格)，任何用户方价格的变化都会对平台的总需求和交易量产生直接的影响，这个平台市场被称为双面市场。[②] 在平台里，对双面市场或多面市场的不同要价及其变动都会影响到双方对平台的需求及其参与规模，这种影响是联动和复杂的，因此定价结构对平台企业尤为重要。

如果按照产业组织学对"双面市场"的严格定义，互联网产业中的许多市场可能并不是"双面市场"，因为往往一面提供免费产品，另一面提供收费产品，通过免费产品锁定相当数量的客户，再通过免费客户吸引另一方面的收费客户，并以收费市场的营收补贴免费市场。在互联网的双面市场中，价格结构并不是最重要的，其他指标如网络效应、产品差别性、质量和更新速度等才是最重要的维持工具。

因此，如果把产业组织理论的"价格结构"拓展为"相互依赖性"或"互补性"，那么就能更好地解释互联网的双面市场。所谓相互依赖性和互补性是指"这些平台企业的产品或服务在促成双面用户达成交易方面是相互依赖和

[①] See David Evans, "Two-sided Market Definition", in *Market Definition in Antitrust: Theory and Case Studies*, ABA Section for Antitrust Law, March 2012.

[②] Jean-Charles Rochet and Jean Tirole, "Two-sided Markets: A Progressive Report", *The RAND Journal of Economics*, Vol.37 (3), 2006, pp.645–667. 转引自程贵孙、陈宏民、孙武军：《双边市场视角下的平台企业行为研究》，《经济理论与经济管理》2006 年第 9 期。

相互补充的,缺一不可。只有双面用户同时对平台企业提供的产品或服务有需求时,平台企业的产品或服务才真正有价值,任何一面用户对平台企业的产品或服务没有需求时,该平台企业的产品或服务的价值就不存在"。①

在双面或多面市场中,非对称价格结构、交叉补贴、垄断定价、捆绑销售等都是普遍存在的情况,其中的经济合理性和因此增进的社会福利,在产业组织理论上也有争议②。正是由于存在大量反垄断法传统禁止的行为,双面或多面市场也引起了反垄断的关注,事实上从美国对银行卡网络的反托拉斯案开始,对双面或多面市场是否有必要进行反垄断,就一直有争议。③

过去,被认为是典型的网络或平台企业的如公用设施、银行卡、飞机订票系统、通信等,这些产业的进入门槛高,前期投入大,基础网络的铺设至关重要。只有在规模达到一定份额以后,它才能获得盈利。因此此类企业也常被认为是具有自然垄断属性的企业,它们的垄断具有合理性。现在的互联网市场,虽然在进入成本和基础网络方面没有那么高的要求,但是在虚拟网络效应、客户黏着性上与传统平台企业是一样的。

因此,由于没有基础设施的沉没成本,也不涉及资源的浪费,互联网平台企业的垄断的合理性,就引起很大质疑。如果套用单边市场的一些竞争理论,其许多商业策略都是违反反垄断法的,诸如捆绑交易、交叉补贴、操纵投标等涉嫌滥用垄断地位的行为,又可能是该平台产业维持的基础。因此,在反垄断实践中,必须考虑互联网一贯的商业策略和营利模式,而不能简单以传统思路推断。这也是芝加哥经济学派努力灌输至反垄断执法的一个重要理念。

二、界定双面或多面市场的困难

对于拥有双面市场的企业,其处境有时是矛盾的。以搜索引擎为例,它们必须维护免费端客户的体验,即提供更准确和符合大部分人需求的搜索结果,以维持其竞争力;另一方面也希望通过提供给收费端用户收费排序的服务来营利。因此,大多数双面市场的企业会小心翼翼地处理两面市场的操作。例如,谷歌按美国FTC的要求将免费搜索与广告服务加以区分或提示,以避免二者结果的冲突。在执法不那么严格的国家,一些追求商业利益的搜

---

①② 程贵孙、陈宏民、孙武军:《双边市场视角下的平台企业行为研究》,《经济理论与经济管理》2006年第9期。

③ D. Carlton and A. S. Frankel, "The Antitrust Economics of Credit Card Networks", *Antitrust Law Journal*, Vol.68(2), 1995, pp.643-668.

索引擎，如百度，则有可能将搜索的客观结果和人为排序混淆起来。①

对于没有专业知识，或者不那么谨慎的搜索引擎用户来说，有时根本就没有注意到以加色框或小字标识的付费搜索结果与自然搜索结果之间的区别。有一些用户出于对搜索引擎平台的信任，更是会主动去点击被"推荐"的链接。② 即使是在界面上有所标识和区分的搜索引擎，也不可避免最终会混淆自然排名。因为通过广告人为提高点击率，在一段时间后，必然提升付费企业在自然排名中的位置。

对于双面或多面市场，传统界定单面市场的"假定垄断"或 SSNIP（微小的但是显著的非暂时性的提价）方法都不能完全适用。这种提价测试一般被限定为提价幅度 5%—10%，并持续 1 年以上，以此估算客户是否以及多大程度上会转向其他供应商。③ 在互联网行业，许多双面或多面市场，往往对一方面的客户提供免费服务以吸引和稳固客户群和流量。在这个免费市场，如果提价或改变免费政策，立即会流失大量客户。

在奇虎 360 诉腾讯案中，广东高院简单地将 SSNIP 运用于即时通信的免费服务市场这面，发现 QQ 如果收费，必然流失一批客户至其他免费即时通信软件，由此得出即使腾讯在即时通信市场拥有 50% 以上的市场份额，它也不具有垄断力的结论，因为它不能提价。这种简单将传统界定方法直接运用到互联网市场的做法，很容易就得出了令人匪夷所思的结论。

事实上，这样的错误不只发生在中国。美国地区法院曾对谷歌案拒绝适用反托拉斯法，因为它没有发现存在商业活动。④ 而之所以没有发现商业活动，是其将免费搜索与在线广告市场完全分割，只单立地分析免费搜索市场。互联网动态竞争的根本特点之一就体现为多个连接产品之间的互动，以免费端获取、稳定和扩展收费端，以收费端补偿免费端，这也是互联网市场从 2000 年泡沫危机后普遍的商业形态。⑤

---

① A. H. Zhang, "Using A Sledgehammer to Crack A Nut: Why China's Anti-Monopoly Law was Inappropriate for Renren v. Baidu", *Competition Policy International*, Vol. 7 (1), 2010, pp.277 - 298.

② See the testimony by Thomas Barnett at the Hearing "The Power of Google: Serving Consumers or Threatening Competition?" held before Senate Judiciary Committee, Subcommittee on Antitrust, Competition Policy and Consumer Rights on 21 September 2011, http://www.gpo.gov/fdsys/pkg/CHRG - 112shrg71471/pdf/CHRG - 112shrg71471.pdf.

③ Nicolo Zingales, "Product Market Definition in Online Search and Advertising", *The Competition Law Review*, Vol.9(1), March 2013, p.33.

④ Kinderstart.com LLC v. Google, 2007 WL831806 (N.D.Cal. 2007).

⑤ J. Wright, "One-sided Logic in Two-sided Markets", *Review of Network Economics*, Vol.3 (1), 2004, pp.44 - 46.

在两面市场的两个定价体系之间存在密切的关联。有些两面市场,如网上撮合平台,会对两方面的客户或一方面的客户收取每次撮合成功的费用;有些两面市场,只是通过吸引更多的免费用户,以提高向另一方面客户收取广告费用的能力。在后者情况下,两面市场之间的关系并没有直接显现为交易关系。①

也有学者提出后者情况,如谷歌这样的搜索引擎并不是严格意义上的双面市场,因为只有一方面的客户能对另一方面的客户施加影响,比如免费使用者数目的增加能吸引更多的广告商,但反过来就不是这样。② 这也意味着,几乎不可能评测广告要价的提升对免费端客户的影响,如谷歌的竞价体系可能不断标高价格,但是这样的定价并不会影响到免费搜索引擎用户数量。

同样关键的是,没有互联网企业会冒险将免费产品改为收费产品,因为其主要营收的来源并不来自免费端,但免费产品的用户数将影响来自收费端的主要营收和利润。因此,无论是在免费端还是收费端适用 SSNIP,都无法得出对相应市场的完整理解。

同样,因为收费端的价格在一定程度上并不取决于收费服务的成本,而是免费端的客户、数据和资源,所以对收费端,如线上广告的提价,如果简单地将之与线下广告比较替代性,也会呈现一定的价格刚性。简单来说,很难将收费端的服务,如线上广告,单划出来确立产品市场,它必须与免费服务的一面市场做整体考量。SSNIP 测试以及传统的供应替代或需求替代测试,都无法准确地用以评测双面或多面市场。

三、可 行 方 法

那么到底可如何界定双面或多面市场呢?有两种可行的方法。传统的一种方法是将两个或多个产品打包,视为一个整体,即一个"商业生态系统(business ecosystem)"③。依此方法,两个产品需综合考虑,而不能分立。在欧委会关于微软与雅虎搜索业务的合并审查中,就使用了这种方法,将搜索引擎的相关产品市场界定为"在线搜索广告",同时分析了搜索与广告之间的联系。④

另一种方法是将相关产品市场界定为以某项产品为核心,在评价涉案企

---

① L. Filistrucchi, "A SSNIP Test for Two-Sided Markets: The Case of Media", *NET Institute working paper no.08 - 34*.
② D. Evans, "Two-sided Market Definition", in *Market Definition in Antitrust: Theory and Case Studies*, ABA Section for Antitrust Law, March 2012.
③ David S. Evans, "The Antitrust Economics of Free", *John M. Olin Law & Economics Working Paper No.555*, May 2011, http://www.law.uchicago.edu/files/file/555-de-free.pdf.
④ Decision of the European Commission, Case No. COMP/M. 5727 Microsof/Yahoo! Search Business (18 Feb. 2010), OJ L 24. 29.1.2004, p.1.

业的市场力量时综合考虑其他补充或相关产品。在唐山人人公司诉百度案中,北京市第一中院将相关产品市场界定为"搜索引擎市场",同时驳回了百度关于"一般搜索产品是免费的,因此与人人公司之间不存在交易关系"的辩称,认为搜索引擎通过吸引广告获得实际的或潜在的商业利益,不能将免费搜索与广告割裂开来。

但是,北京市第一中院未能进一步解释二者之间的联系,以及如何评价百度在"搜索引擎市场"的影响力,或是否运用该影响力操纵了广告市场。事实上,北京市第一中院仅简单地以原告未能提供证明百度垄断的证据,不再对百度在相关产品市场的影响力做进一步的分析。该案最后以百度自证其行为的正当性,即非滥用,而驳回原告诉求。本案未对双面市场及垄断地位的界定作出进一步的贡献。

上述两种方法都不可避免地存在缺陷。① 第一种方法比较清晰和全面,但并不利于市场地位的评测。以搜索引擎为例,如果定义为"在线搜索广告"市场,它与其他线上广告之间的可替代性仍然存疑,原告可能不易举证,而被告一定激烈反对这样小的产品市场界定。第二种方法则留给法官太多的任意性,如何考虑补充产品或其他相关产品,都具有很大的模糊空间。

从目前的普遍司法实践来看,法院都会避免对互联网的相关产品市场给予十分清晰的划定,他们会更多地解释相关产品之间的联系、市场的参与者、潜在竞争者以及最重要的,可能的限制行为的来源或凭据。法院一般会首先划定一个较小的范围,确定该平台的核心产品,如"在线搜索市场"和"在线搜索广告",然后考虑其他产品的替代性,尤其是不同的客户群、产品特点、技术特征等,再依次扩大相关产品市场。这样的考虑务必将两面市场的联系纳入进去。② 这种做法实际上融合了前述两种方法,被称为"综合方法"。

在奇虎360诉腾讯案中,由于涉案两家企业的核心产品不同,但又在延伸领域相互竞争,产品市场的界定更加复杂。最高院在判决中指出,腾讯提出应当以平台定义相关市场是不妥的,各平台的基础仍是其核心产品/服务,如腾讯的即时通信服务和奇虎360的互联网安全服务,平台的概念太泛化。本案应当重点考察腾讯是否将其在即时通信领域(即核心产品上)可能具有的支配地位延伸至了安全软件领域,而不宜将整个平台都纳入相关市场的范围,不然就会低估腾讯的实际市场力量。因此,本案相关产品市场仍然被认

---

① L. Kaplow, "Why (Ever) Define Markets?" *Harvard Law Review*, Vol.124, 2010, p.437.
② Nicolo Zingales, "Product Market Definition in Online Search and Advertising", *The Competition Law Review*, Vol.9 (1), March 2013, pp.29, 37.

定为通信服服务市场,而不是互联网应用平台。

值得特别注意的是,最高院提出,尽管平台的性质和影响在本案相关市场界定阶段没有纳入考虑,但是在判定经营者的市场地位和垄断力时,可以考虑平台竞争的特殊性和平台企业的影响力。这意味着目前中国的司法实践中,产品市场仍然限定在单一产品或核心产品,但在分析市场影响力时将平台特性纳入考虑,这正是"综合方法"的运用。

"综合方法"也存在争议,主要集中在第二步分析上,即如何在分析市场影响力时综合考虑多面市场的联系和影响。仍以腾讯案为例,如果相关产品市场是"即时通信服务",那么腾讯因市场份额超过 50% 显然具有垄断地位。在奇虎 360 与腾讯争夺的关联市场——运用于即时通信的网络安全产品,腾讯的垄断力从逻辑上来看应当延伸至此,但这个关联市场是否又与其他网络安全产品完全区别而具有特殊性?

简单来说,综合方法容易陷入一种自我逻辑循环。[①] 为了评价腾讯的市场地位,必须划定相关产品市场;相关产品市场初步定为即时通信市场;在即时通信市场具有垄断地位;所以推定其对适用于即时通信产品的网络安全产品也具有垄断力。这种用推断方法判定的垄断力,却违反了反垄断法确定垄断地位的前提:必须先划分相关产品市场。也就是说,在涉及争议的网络安全产品市场,是先确定垄断力,再确定范围——与即时通信有关的网络安全产品,而且是通过推断。

因此,必须指出的是,在涉及双面或多面市场的案件中,相较于传统的单面市场的方法,综合方法可以充分考虑平台的特性。即使这样,在确定市场垄断地位上,这种方法仍然是不足的,因为往往会缩小到平台延伸的较小的产品市场上,这时产品市场的界定实际上已悄然转换。所以,在互联网反垄断案件中,市场的界定和垄断地位的确定往往是复杂地糅合在一起的,后者其实更为重要。单单以市场份额确立垄断地位明显不足,必须通过更多方面的确认,如运用"必要设施原则",以确认打包产品的"特殊性"等,进一步评估企业的影响力。

第三节　替代性复杂的产品市场

如前所述,关于产品市场的界定,在互联网产业变得特别复杂。以搜索

---

① T. Eilmansberger, "Dominance-The Lost Child? How Effects-based Rules Could and Should Change Dominance Analysis", *European Competition Journal*, Vol.15, 2006, p.19.

引擎市场为例。首先,搜索引擎市场是一个平台市场,面向不同的客户群,产品多样而且产品之间联系紧密,特别是付费搜索与自然算法排名互相影响很深。其次,因为这个领域创新速度很快,新产品不断推出,相关市场边界不断拓宽。最后,在这个行业,客户数据信息特别重要,主管机关必须重点考虑垄断企业这种优势的经济价值和潜在发展可能。[1]

一、替代性的变通测算

在互联网市场,免费是常态,价格的比较在大多数情况下不可行。对于互联网的一般用户来说,免费是通例,用户选择更多地基于互联网服务提供商已有网络规模、产品或服务的质量、更新的速度和使用的便利等多项指标。仍然以搜索引擎为例,对用户来说最重要的是搜索结果能否满足其搜索要求,即搜索服务的质量,如果搜索页面有限、速度不够、准确率不高,则会影响用户对该款搜索引擎的需求。相对于价格和销售数量,质量的衡量是无法量化、更加复杂的。

欧美在司法实践中也发现了这个问题。[2] 欧委会在关于相关市场界定的通告里提出,一般情况下,特别是在关于并购的分析中,市场当时的价格将被纳入考虑;但是在缺乏有效竞争的情况下,尤其是调查滥用市场地位的案件中,价格的可参考性就打了折扣,应当将市场当时的价格实际上已经被人为提升的事实纳入考虑。[3] 同样,在互联网案件中,如果价格已经失去可比性,那么就应当诉诸其他因素测算相关市场,如通过服务的功能、技术特征等分析供应与需求的可替代性。

在奇虎360诉腾讯案中,广东省高院采用SSNIP方法来界定相关产品市场,这种做法被最高院在二审中判定为不合适。最高院认为互联网市场中,企业的通行商业模式是核心产品免费,这使得SSNIP方法假设的价格上升或下降不能适用。最后,最高院替代性地采纳了SSNDQ方法,用质量替代价格,但无法做到准确的量化。

有学者对此曾特别评论:"由于SSNIP测试法是通过相关数据模拟完成的,它对涉案企业的市场数据有一定的要求,特别是测度需求替代的数据。

---

[1] Nicolo Zingales, "Product Market Definition in Online Search and Advertising", *The Competition Law Review*, Vol.9, Issue1, March 2013, p.29.

[2] M.A. Glick, D.J. Cameron and D.G. Magnum, "Importing the Merger Guidelines Market Test in Section 2 Cases: Potential Benefits and Limitations", *Antitrust Bulletin*, Vol.42, 1997, p.121.

[3] Commission Notice 97/C 372/03 on the definition of relevant market for the purposes of Community competition law, para 19.

只有获得了足够的和可靠的数据并运用数据进行数理分析,得出的结果才具有客观性和说服力。然而,互联网行业由于推行'免费'服务的模式,在这种商业模式下往往缺少价格数据。如果无法获得新兴产品或服务的市场数据,SSNIP测试法所描述的相关市场就是不现实的。总而言之,由于互联网行业获得相关经济数据的难度较大,SSNIP测试法的准确性值得怀疑,可能对相关市场的界定产生误导。"[1]

二、定性分析应是首选

定性分析包括基于商品的特征、用途、价格等因素分析需求替代和供给替代的情况。定量分析包括运用数理经济学、计量经济学等方法进行的分析。方法只是工具,而非目的。在界定相关市场时,需先采取定性分析。如果足以界定,则不必再进行定量分析。只有在定性分析不能明确界定相关市场,同时定量分析可行的情况下(如相关数据可获得),才需考虑定量分析。

最高法院在对腾讯案的终审判决中,对核心产品市场——互联网通信产品进行了界定,也对各类产品的替代性进行了分析。最高院认为即时通信服务是核心产品市场,包括单一文字、音频以及视频等综合性或非综合性即时通信服务,还有移动端即时通信服务,都应纳入本案相关产品市场范围,但手机短信、电子邮箱等非即时通信产品就不应纳入。同样道理,一审关于社交网络和微博应纳入本案相关商品市场范围的认定,被最高院推翻,认为界定过宽。

值得特别指出的是,由于动态竞争的特性,关于潜在竞争者的估计可能要有更大的弹性。由于在互联网市场许多新旧业务的切换成本很低,对于那些已经拥有固定客户群的平台企业来说,扩张新业务在大多数情况下更加容易一些。事实上,对互联网用户来说,"一站式服务"的延伸是常态。因此,在考虑可替代产品的范围时,必须尽可能地把最新的变化趋势纳入。

上海市高级人民法院关于"锐邦公司与强生公司纵向垄断协议纠纷案"的终审判决中指出:"假定垄断者测试方法是在替代分析原理基础上的定量测度,本质仍然是替代分析,如果运用需求替代分析、供给替代分析能够清晰界定相关市场,就不必再运用假定垄断者测试方法。在本案中,由于通过需求替代分析可以界定本案相关市场,故没有必要采用假定垄断者测试方法来

---

[1] 王晓晔、张素伦:《SNNIP测试法运用于互联网行业的思考》,《法制日报》2013年9月18日B2。

界定相关市场。"①

综合来说,互联网企业的相关产品市场的界定首先与双面或多面市场的特点联系在一起,因此可能涉及多个产品;而这些产品之间的互动关系,或者一方对另一方的明显的决定性影响,是需将这些产品在相关产品市场的界定中综合加以考虑的原因。简单来说,如果能确定一个企业在某一个产品(往往是免费产品)上具有垄断地位,而另一个产品是与其紧密相联的,那么它的支配力也能延伸到另一个产品。比如说,腾讯在即时通信产品上的垄断地位如果能够确立,那么它对延伸的"针对即时通信的杀毒软件"产品也有市场影响力,而后者产品市场的范围因为与前者的关联,实际上已经比"杀毒软件"这个产品市场范围小了。

三、双面市场的界定逻辑

基于上述分析,我们建议的双面市场下产品市场界定的逻辑,可以归纳如下:

(1) 假设涉案企业有 A 产品与 B 产品,A 产品免费,B 产品收费;

(2) A 产品的用户数是 B 产品收费的依据,用户规模越大,锁定效果越明显,B 产品的定价则越具有任意性;

(3) 如果涉案企业在 A 产品上的市场地位对 B 产品的销量、规模和价格等具有根本性的影响力,则应当认定二者是相关联的;

(4) 因此如果涉及企业在 B 产品上的市场行为,那么相关产品市场应当界定为"与 A 产品相关的 B 产品",而不是"B 产品",这样才能将 A 产品对 B 产品的影响力充分考虑进去。

(5) 如果没有充分的数据衡量"与 A 产品相关的 B 产品"的市场集中度,那么一般可以推定涉案企业在 A 产品上的垄断地位,可以延伸到它在"与 A 产品相关的 B 产品"的市场地位。

依据这样的界定逻辑,最高院在奇虎 360 诉腾讯案中,将主要的产品市场界定为即时通信市场,其实并不是讼争行为所涉及的真正产品市场,本案的相关产品市场应当为"与即时通信相关的安全软件",实际上奇虎 360 与腾讯争夺的是这个产品,而并不是腾讯的主产品市场——即时通信软件。在这个案件中连原告也将滥用垄断地位界定在即时通信市场上。当然由于"与即时通信相关的安全软件"市场有可能并无相关的统计数据,那么在即时通信

---

① 黄伟、韩桂珍:《3Q 大战反垄断终审判决中相关市场界定与市场支配地位认定的相关问题》,《科技与法律》2015 年第 1 期。

产品上的垄断地位应当被规定为会延伸至该市场,因此界定腾讯所主控的即时通信产品市场的界定在本案中也是有意义的。

必须了解的是,由于近些年不断的并购和扩张,以三大巨头——百度、阿里巴巴和腾讯(被称为 BAT)为例,每家公司之下都有众多的产品,这些产品之间的关联性可能或紧或松,是否能按照前述界定双面市场的逻辑来确认相关市场,则应按具体个案而定。例如,谷歌收购了 YouTube,但是 YouTube 作为提供视频分享与下载的平台网站,它与搜索引擎之间的关联度不大,因此它的产品市场只能界定为"以第三方提供为主要特征的视频分享与下载网站",而不能再冠之以"与搜索引擎相关的视频分享与下载网站"。

有学者指出:"尽管美国司法部和联邦贸易委员会的《横向合并指南》和《欧共体竞争法中界定相关市场的通告》都明确要采用 SSNIP 测试法界定相关市场,但它们在具体的司法实践仍经常采用传统的产品功能界定方法来弥补 SSNIP 的缺陷。尤其在新兴行业,由于这些行业的产品质量竞争或技术竞争已超越了价格竞争,以价格理论为基础的 SSNIP 测度标准难以有效界定相关市场。因此,可以运用 SSNIP 测试法的原理,以产品性能的变化取代价格的波动来测试需求弹性,进而界定相关市场,即所谓的产品性能测试法。"[①]

另外,也有学者提出,为了弥补 SSNIP 方法的缺陷,欧美国家的反垄断执法机关在司法实践中对 SSNIP 方法进行了改进,并采用多种替代的辅助测定方法,形成了相互映照的相关市场界定的方法体系。例如,针对免费模式下的产品价格计算问题,有人提出了新的方法,其实质就是计算平台的价格。[②]

即便如此,经常被人们质疑的是被某个市场寡头持有多个产品时,由于锁定的客户群,其在任何持有产品上的竞争都具有优势,而这种关联度虽然不那么紧密,却仍然存在影响。在多个不太关联产品的情况下,在某个产品市场的垄断地位对其他产品是否具有支配性的影响,这又将涉及另一个问题:该产品市场的垄断地位是否构成"必要设施"?

[①][②] 王晓晔、张素伦:《SNNIP 测试法运用于互联网行业的思考》,《法制日报》2013 年 9 月 18 日 B2。

第四章　基于关联性的垄断地位认定

[导读]相关市场的界定已经存在较大的模糊性,互联网企业垄断地位的认定则成为第二个反垄断难题。在迄今为止中国国内的反垄断诉讼中,常见的一项争议焦点就是被告是否具有垄断地位。考虑到许多互联网企业涉及多个平台竞争,对其在细分市场的单一份额和在所有市场的综合份额都应当加以衡量,以确定潜在竞争的可能影响。另一方面,互联网具有动态竞争的特点,因此对其垄断行为危害性的判定可能需要综合考虑其他因素,对其支配地位的确认则仍应以一段合理时期内的市场份额为主要标准加以判断。在市场份额不太显著或表现变动较大的情况下,才应当结合其他因素来考虑。另外,关于垄断地位的确认,还可以考虑参考和引入必要设施原则,这是网络型、平台型企业反垄断中可以借鉴和尝试的一种做法。

第一节　垄断地位的确认

一、互联网垄断地位的特殊性

新经济的市场领先者往往在某一时期具有很高的市场份额和明显的垄断地位,特别是考虑到其产品的差别性一般十分突出。但是,他们的这种领先地位又是非常脆弱的,其持续的时间与历史上那些钢铁巨头或石油巨头们完全不可比拟。

新经济的市场领先者的另一特点是其网络效应和路径依赖。在这样的网络中,供应一方的规模和需求一方的溢出效应都能很快实现。这意味着,一旦拥有足够多的忠实用户,向相关领域的扩张很容易完成;也意味着,拥有网络的规模和稳定性往往比市场份额更是确认垄断地位的指标。①

所以,对新经济中市场垄断地位的确认一般包括更多的因素。尽管市场份额仍然是主要指标,但是垄断可能是短暂的,而且垄断者也必须继续激烈竞争才能保持垄断地位。这可能会带来复杂的执法命题:一些调查可能还在旷日持久地进行中,被调查者的市场份额却在短期内急剧变动甚或丧失垄断地位,使得反垄断变得完全没有意义。

如雅虎本来在门户与广告平台上一直具有较高的市场份额,但2007年1月31日到2008年1月31日短短一年时间内,其业务大幅萎缩,市值跌去33%。这种市场地位的急速变化与新经济的动态竞争特点是相符的。在当时的互联网泡沫背景下,这样的情形不足为奇。值得警惕的是,在彼此的激烈竞争中,新经济赢家通吃现象非常突出,大企业跨界竞争的趋势改变了过去单一业务类型不能抵抗风险的境况,"大而不倒"的IT企业也是广泛存在的。

另一方面,由于已经形成的网络效应和路径依赖,相关市场在某种程度实际上已经被锁定(lock-in)。在这种情况下,要求垄断者承担一些形式上的改变义务,如谷歌与FTC达成的协议中承诺要在服务产品上标明谷歌自有,以供消费者辨识,这并不能撼动垄断者的地位,消费者仍然习惯于使用谷歌的搜索引擎,自然地就会更多地看到它的其他产品。

考虑到许多互联网企业涉及多个平台竞争,对其在细分市场的单一份额和在所有市场的综合份额都应当加以衡量,以确定潜在竞争的可能影响。50%以上的市场份额应被推定为具有市场垄断地位,但半数以下的份额如果已具有"锁定效应",也可被认为具有垄断地位,如社交网络的"锁定效应"就特别明显。

但是,在近些年国内外的司法实践中,都反映了这样一个问题,即使是具有50%市场份额的互联网企业,也可能被放行。但国内外的逻辑是不同的。美国对谷歌的放行,是在认定它存在垄断地位的前提下,认为它并不存在滥用行为;而中国对腾讯的放行,是认定它即使拥有80%的市场份额,也仍然不具有市场支配地位,当然就谈不上滥用市场支配地位。

因此,必须强调的是,应当将市场支配地位与滥用行为明确区分开来。具有市场支配地位,本身并不是罪恶的(evil),它可能是因为更高水平的技术、更多的投入、更新颖的设计和更亲和的服务,即合法的竞争手段所致,所

---

① Cédric Argenton & Jens Prüfer, "Search Engine Competition with Network Externalities", *Journal of Competition Law & Economics*, Vol.8, 2012, pp.73-76.

以确认具有垄断地位只是判定是否存在滥用垄断行为的前提,其本身并不足以判定违法。[①] 后面我们会讨论到,有许多国内学者因为动态竞争的存在,提出互联网的垄断是"脆弱的垄断",因此就不是真正的垄断,这个观点实际上混淆了垄断本身与垄断危害两者之间的界限:因为觉得它没有"危害"或"危害"很小,就认定它不是垄断。那么实际上就是推定垄断就是"危害",这在反垄断法上是不成立的,是非专业人士对反垄断法的误解。

对互联网企业滥用垄断地位案件的分析步骤应当与其他传统行业是一样的:(1) 界定市场;(2) 分析是否存在支配地位;(3) 在确认具有支配地位的前提下证明是否存在滥用垄断地位行为;(4) 存在滥用行为,并且对市场竞争造成损害的;(5) 最后才是讨论如何用反垄断救济加以扼制。如果因为互联网的垄断地位相较于传统行业来说更不稳定、更多变,可能对竞争的损害并不持久或突出,就否定市场支配力的存在,那么实际上是以第(4)步而否定第(2)步因而否定第(3)步分析的必要,这种逻辑本身是颠倒的。这个问题在国内迄今为止的互联网反垄断案件的判决中比较突出。

二、市场集中度的衡量

市场集中度指标,反映的是相关市场上参与竞争的企业数量以及它们各自所占的市场份额的情况。传统反垄断法对市场集中度的衡量有两种方法:一种被称为 C4 指数(四企业指数);另一种则是美国采用的 HHI(赫芬达尔·赫兹曼指数)。C4 很简单,等于行业内排名前四位的企业市场份额之和。HHI 则等于该行业内各企业市场份额的平方和。HHI 被认为能同时反映排名前四位的企业的市场份额与其他企业的份额的比例和组成,因此更能综合地体现相关市场的垄断与竞争情况。目前中国倾向于采用 HHI。

那么,被称为具有垄断惯性的互联网市场,到底具有怎样的市场集中度呢? 表 4-1 以搜索引擎在 2007 年一些国家和地区按 C4 衡量的市场集中度为例予以说明。

值得注意的可能还不是由 C4 所显示的惊人集中度。从表 4-1 可以看到,除了中国香港市场(可能是因为中文搜索的特殊性)以外,所有其他市场都由谷歌一股独大。事实上,除了美国、日本等市场外,在英国和澳洲,谷歌的市场份额占到 80% 以上。这种绝对主导的地位在其他行业已经不多见。

[①] 美国最高法院在阿斯攀滑雪公司诉阿斯攀高地滑雪公司案[472 U.S 585 (1985)]的判决指出:"对《谢尔曼法》第二条关于滥用市场地位行为的认定上应考虑由两个要素构成:一是在相关市场上拥有垄断力量,二是以反竞争或排它为目的或通过使用反竞争或排他的方式蓄意取得、维持或使用这种垄断力量。"

表 4-1 2007 年搜索引擎市场的 C4 集中度 （%）

公司	英国	美国	澳大利亚	中国香港
Google	81.1	59.1	84.0	36.2
Yahoo!	3.9	19.3	3.2	33.1
Microsoft	4.1	7.7	5.8	3.2
Ask.com	2.7	2.8	0.0	0.0
Sogou	0.0	0.0	0.0	5.6
Baidu	0.0	0.0	0.0	2.7
C4	91.8	88.9	93.2(C3)	78.1

注：最大的几家搜索引擎商的市场份额是按照 2007 年 9 月 27 日的情况计算，同时每家搜索引擎的份额中包括本地公司和总部公司的流量，如 google.co.uk 和 google.com，也包括各种形式的搜索，如图片、视频和普通文本搜索。

资料来源：Rufus Pollock, "Is Google the Next Microsoft: Competition, Welfare and Regulation in Online Search", *Review of Network Economics*, Vol.9, Iss.4, Article 4, 2010, p.5.

但是这个行业市场集中度的衡量，不能仅用 C4 等市场份额指标。根据国家工商总局 2010 年 12 月 31 日发布的《禁止滥用市场支配地位的规定》第 10 条，市场份额是"指一定时期内经营者的特定商品销售额、销售数量等指标在相关市场所占的比重"。这一条在互联网行业很难适用。

首先，由于许多互联网服务的主营市场是向消费者免费提供的，因此也不存在实质交易或销售金额，对该市场份额的测算最初多是基于特定网站的访问量。但访问量并不是使用量，这二者之间还是有差别的。例如，据说百度在中国的访问量中的相当一部分只是网友们为了打开某个网站测试是否联上网，百度首页因界面简单成了首选。这种情况在移动互联网更为突出。另一方面，一般同一用户的单次访问有可能提交多个搜索请求，即使用量可能又远远高于访问量。

来看一个具体的例子。目前国内较权威的 CNZZ（中文网站统计分析平台），本身是个非常有名的站长统计工具，和 Google analytics、百度统计相似，能够帮助站长统计自己网站的流量、跳出率、用户来源等信息。据其宣称有 50% 的网站都使用了这个统计工具，当然大多是小网站。而 CNZZ 做搜索流量统计也是根据这些网站的数据，统计这些网站来自每个搜索引擎的流量分别有多少，根据这个计算搜索引擎的市场份额。显然，这些网站的收录范围和具体个数也决定了 CNZZ 所计算出来份额的准确性，但据说差幅不会超过 10%。[1]

---

[1] 郭昂：《深入分析 CNZZ 搜索统计的奥秘》，新浪科技"IT 观察"，http://itnews.blog.techweb.com.cn/archives/1169.html (visited 9 June 2015)。

按照 CNZZ 的方法,搜索引擎的份额通过两个指标来测算:访问率和跳转点击率。访问率(又称为用户覆盖率 UV)显示的是用户对该搜索引擎的访问量;跳转点击率则是用户点击搜索结果的情况,它统计的是从各被链接网站显示的来自搜索引擎的跳转数量。二者并不是等同的,跳转点击率较之访问率一般被认为是更重要的指标,但前者更多地取决于 CNZZ 统计涵盖的相关网站的数量和具体情况(见表 4-2)。

表 4-2 CNZZ 统计的搜索引擎市场的占有率

排名	公司	跳转点击率	访问率
1	Baidu	56.33%	54.03%
2	360Search	29.01%	29.24%
3	Sougou	12.75%	14.71%
4	21cn	0.75%	0.45%
5	Microsoft Bing	0.71%	0.95%
6	Google	0.27%	0.34%
7	Others	0.18%	0.29%

资料来源:CNZZ Search Engine Analysis Report, http://engine.data.cnzz.com/.

百度的支配地位也可以反映在国际上最活跃的互联网行业分析商 eMarketer 的统计结果中,它使用的是全球营收占比。根据 eMarkerter2015 年的报告,Google 的搜索广告份额预计从 2013 年的 55.2% 轻微收缩到 2015 年的 54.5%,但是 Google 的广告收益仍然将是远超其竞争对手的。由于中国政府对 Google 的全面屏蔽,百度一跃成为全球广告营收的第二位搜索引擎,市场份额从 2013 年的 6.4% 增长到 2015 年的 8.8%。①

该调研公司还指出,中国在 2015 年的全球搜索花费中占到了 32.8%(149 亿美元),虽然与美国所花费的 257 亿美元相比仍有距离,但是这 32.8% 的占有量是在一年内由之前的 16.2% 几乎翻倍增长而得的。从这个数字上可以很容易地看出,中国市场很快会在搜索广告花费上超过美国。这将会是 Google 错过的,却几乎由百度独享的。来自 Internet live Stats 的数据表明:目前美国的网络普及率已经达到了 86%,在中国却仅仅有 46% 的人口普及了互联网,综合考虑中国的人口基数,中国将是一个非常巨大的市场。②

---

① http://www.emarketer.com/Article/Google-Will-Take-55-of-Search-Ad-Dollars-Globally-2015/1012294

② http://www.cnbeta.com/articles/385423.htm.

由于变化太快,传统对一段合理时间的市场集中度的平均测算方法,在这个行业却不太可行。例如,谷歌在2004年测算的份额与雅虎加起来不足70%,后来雅虎在搜索这块投入不足,迅速落后于谷歌;2007年显示为谷歌遥遥领先,之后微软的bing全力进入该市场,但收效甚微;到2010年,美欧对谷歌进行反垄断调查时,谷歌在美市场份额在60%左右,在欧洲则占据90%以上。即使这样,谷歌坚称其只占据一般搜索的主导地位,对一些纵向服务的市场自己则也是新进入者。

于是,另外一个重要的问题浮现了:因为大多数互联网企业都是多产品或多面服务企业,这些产品和服务之间有着密切关联,如果按照流量来计算,由于无缝跳转,不太可能区分不同产品的市场份额计算。例如,谷歌这些年的商业战略之一就是朝向直接提供搜索答案,而不是链接。如搜索"上海天气",谷歌会直接在第一行给出上海天气七天的预报,之后才是相关天气预报网站的链接。这种转型也意味着谷歌的一般搜索与纵向搜索已经开始融合,很难在流量上加以区分。谷歌不仅与其他搜索引擎竞争,它还直接与特定产品(如天气预报)提供商直接竞争。简单来说,谷歌尽力将客户、流量留在自己的网站,哪怕是搜索页面,而不愿客户跳转到其他网站。那么,究竟应如何计算这种发展趋势下的市场份额?

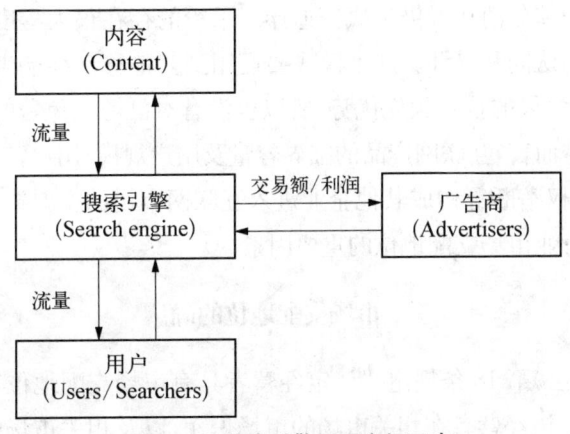

图 4-1 搜索引擎双面市场示意

不仅是搜索引擎市场存在这样的集中度测算难题,网上拍卖或第三方交易平台、社交网络等互联网服务市场都存在相似的情况。这些网站的营收大多来自广告,而不是主营业务,所以计算营收或利润占比显然不如计算流量准确,但即使是流量,因为是无成本的访问,也并不能完全代表市场占有率。从目前来看,也没有更好的方法在计算中剔除无效的访问或使用。

同时,市场进入壁垒和潜在竞争也是在衡量市场集中度时必须同时考虑的因素。潜在竞争者的存在能够有效地制约市场内现有企业的垄断利润,由于跨界竞争在互联网普遍存在,谷歌只要并购 YouTube,就能有效进入视频市场。只要市场进入壁垒不高,那么这样的潜在竞争,尤其是其他领域资金雄厚的大企业,都会有效地扼制某个领域垄断利润的获取。而较高的市场进入壁垒则巩固、加大了在位互联网企业的市场控制力。所以,市场进入壁垒和潜在竞争对市场支配地位的认定有重要影响。

尽管常常有一些大企业宣称互联网是"一键切换"的,对用户来说根本不存在成本,但如果不只计算投入费用,也考虑其他成本,这些市场的进入对其他企业来说仍然是有很高壁垒的。最大的壁垒体现在网络规模效应和客户黏着效应上,这些使得任何新进入者撼动现有垄断企业的地位非常不容易,因为后者已拥有大量用户基础。这在大型平台网站上尤其明显。比如像淘宝这样的购物平台,因为拥有大量的在线商户,同时又吸引和集合了具有网上购物习惯的大量用户,二者相互促进,其他购物网站几乎很难与之有效竞争,如唯品会、蘑菇街等只能通过差别化经营避其锋芒。

另一方面,技术壁垒也是重要指标。以苹果为例,尽管它的苹果商店一改免费模式,但是,包括美国这样的发达国家市场和中国这样的发展中国家市场在内的一部分消费者仍然疯狂追捧。果粉的存在很大程度上源于对苹果创新技术的认同和崇拜。这个模式要运用到其他移动终端生产商则不可行,因为没有苹果的技术领先优势,所以也没有对已习惯免费的用户们要价的资本。具体而言,互联网产品的临界容量及用户规模、用户转移成本、产品标准、知识产权垄断等构成其他企业进入互联网市场的主要壁垒,也应成为衡量互联网行业市场支配地位的重要因素。[①]

三、市场支配地位的确认

《反垄断法》第 18 条规定:"认定经营者具有市场支配地位,应当依据下列因素:(一)该经营者在相关市场的市场份额,以及相关市场的竞争状况;(二)该经营者控制销售市场或者原材料采购市场的能力;(三)该经营者的财力和技术条件;(四)其他经营者对该经营者在交易上的依赖程度;(五)其他经营者进入相关市场的难易程度;(六)与认定该经营者市场支配地位有关的其他因素。"

---

① 叶明:《互联网行业市场支配地位认定新思路》,《中国社会科学报》2013 年 6 月 26 日第 467 期。

目前关于市场支配地位的确认,在中国已有的互联网反垄断相关案例中,也是一个非常突出的难题。困难主要集中在两方面:一是市场份额与市场支配地位的关联度问题;二是举证责任的分配问题。

依据中国《反垄断法》第18条的规定,市场份额只是认定经营者具有市场支配地位的一个指标,但并不是充分条件。第19条规定:"一个经营者在相关市场的市场份额达到二分之一的,可以推定该经营者具有市场支配地位;被推定具有市场支配地位的经营者,有证据证明不具有市场支配地位的,不应当认定其具有市场支配地位。"

因此,尽管50%以上的市场份额一般被推定为具有市场支配地位,但在有些情况下并不被接受。国内多位学者提出,对互联网企业,考虑到其动态竞争的属性,不应仅以市场份额为唯一标准判定支配地位,还应当结合考虑市场结构、技术特征、进入壁垒等各方面的因素。[①]

这已经成为国内的主流观点,并为法院采信(如最高人民法院关于"奇虎360诉腾讯"案的判决)。支持这个观点的主要依据是,在互联网产业中,"技术产品高度复杂,产业升级换代极为迅速,科研开发投入大且风险高,市场范围在网络条件下极为广泛,网络效应与用户锁定对市场影响突出;这一切使得市场份额对垄断力的影响与传统产业有重大不同,集中表现为市场份额及其数值的大小不再是影响市场支配力的最主要因素。受技术快速创新的影响,网络产业中垄断企业的产品即使占有再大的市场份额,都有可能是暂时的,也难以真正代表企业的市场支配能力"。[②]

这个观点有其合理性,但并不具有充分的说服力。正是因为具有网络效应和用户锁定效应,中国互联网领先企业在2010年以来排名相当稳定,一直都是那么几个,而且越来越呈现出"赢家通吃"的势头,通过并购、投资往其他领域扩张明显。网络效应和用户锁定无法成为排除市场份额证据效力的理由。如果因为动态竞争的存在,市场份额变动大,那么则应当将时间跨度拉长为一定合理时间观察整个行业结构的变化,如果相关经营者在长达五至十年的时间都在相关市场具有50%以上的份额,应当足以确认其具有市场支配地位。

谷歌在欧美对其的反垄断调查中,反复提出这样的观点:谷歌并不具有

---

① 胡丽:《互联网企业市场支配地位认定的理论反思与制度重构》,《现代法学》2013年第2期;寿步:《互联网市场中滥用市场支配地位行为的认定》,《暨南学报(哲学社会科学版)》2012年第10期;叶明:《互联网行业市场支配地位的认定困境及其破解途径》,《法商研究》2014年第1期。

② 吕明瑜:《网络产业中市场支配地位认定面临的新问题》,《政法论丛》2011年第10期。

支配力,用户随时可一键切换。但是,60%—90%的稳定的市场份额仍然是不争的事实,这使得谷歌的辩解很无力。欧美的反垄断机构仍然是以市场份额为主要指标,兼采其他因素作为佐证。事实上,正确的逻辑应当是:如果具有50%以上的份额,一般推定为具有市场支配地位,除非有明确的证据推翻这样的推论;如果不具有50%以上的份额,但结合市场结构、进入壁垒、技术优势、产品区分、需求弹性等因素也可以认定为具有市场支配地位。这个逻辑同样应适用于互联网企业,但可以同时考虑历史数据所显示出的支配地位是否具有稳定性。

另外,有学者将市场支配地位标准人为划分为三种:"一是市场结果标准,即根据企业在市场上的盈利程度来认定;二是市场行为标准,即根据企业的市场行为是否受竞争对手的市场行为影响来认定;三是市场结构标准,即依据企业在相关市场的市场份额大小来认定。"[1]这种划分方法以讹传讹,没有找到经济学依据和出处,更没有实践佐证。

笔者揣测,这种说法的提出,是因为误解了组织经济学关于"结构-行为-绩效"的理论在反垄断法上的运用(下文会论及)。相关学者更进一步提出,因为市场结构标准不太适用于互联网企业,所以应当以市场行为标准和市场结果标准来考察是否存在垄断,这也意味着,可以观察企业是否存在滥用行为,而来反证是否具有垄断地位。

2014年10月16日,最高人民法院(以下简称"最高院")对奇虎360诉腾讯滥用市场支配地位案作出终审宣判,驳回奇虎的上诉,维持原判。在此项判决中,最高院花了大量篇幅来确定被告腾讯公司是否存在市场支配地位。最高院提出了两个重要观点:一是"并非在每一个滥用市场支配地位的案件中均必须明确而清楚地界定市场",即使不明确界定相关市场,也可以通过排除或者妨碍竞争的直接证据对被诉经营者的市场地位及被诉垄断行为的可能市场影响进行评估;二是"反垄断法第十九条规定了市场支配地位的推定规则,即经营者在相关市场的市场份额达到二分之一的,可以推定其具有市场支配地位,但是这个推定可以被推翻。可见,市场支配地位是多因素综合评价的结果"。[2]

对于第一个观点,笔者首先不能苟同。如果没有界定相关市场,如何确

---

[1] 如:胡丽:《互联网企业市场支配地位认定的理论反思与制度重构》,《现代法学》2013年第2期;叶明:《互联网行业市场支配地位的认定困境及其破解途径》,《法商研究》2014年第1期。

[2] 最高人民法院(2013)民三终字第4号民事判决书,http://www.court.gov.cn/zgcpwsw/zgrmfy/zscq/201410/t20141017_3425404.htm.

立市场支配地位?① 依照最高院判决书的表述,先论证存在市场垄断行为,再反过来证明有垄断地位,这本身就是自相矛盾的逻辑。不能因为市场难以界定(在腾讯案中主要是产品市场的替代性问题),就不去界定,如果替代性复杂,那么更宽泛灵活的市场界定仍然是可行的。②

更可疑的是,本案讼争行为实际上是腾讯利用捆绑排除 360 安全卫士与 QQ 医生、QQ 软件管家之间的竞争,因此本案的相关产品市场不完全是"即时通信"产品(在分析即时通信产品市场方面,法院所费笔墨不少),而应当是"与即时通信相关的安全软件或管理软件"市场。最高院其实回避了本案关键的双面市场的界定问题,这才是目前世界范围内的疑难问题。对此,在第三章第二节关于"双面市场的界定逻辑"中已经详细分析,这里不再赘述。

最高院的第二个观点,实际上就是前文所述国内主流观点。因为互联网产业存在动态竞争,不能仅以市场份额认定支配地位。为此,最高院通过一系列事实证明即时通信领域的竞争还是非常激烈的,产品日趋多元化,创新动力明显。另外,尽管在诉争行为当时,被告腾讯的市场份额在 PC 端或移动端都达到 80% 以上,其控制价格、质量、数量与其他交易条件的能力较弱。当然,法院也考察了诸如产品替代性、技术难度、进入壁垒等因素,最后得出结论,具有 80% 以上份额的腾讯不具有市场支配地位。

最高院对反垄断的理解逻辑显然又错了。首先,具有即时通信市场 80% 以上的市场份额,而且显然是在较长的时间内都一直占据这样的高份额,足以证明腾讯的支配地位。其次,如果没有长期积累下来的网络效应和用户黏着性,腾讯的市场领先地位为何能多年保持稳定? 即便价格、产品替代性、创新难度、市场进入壁垒等其他因素正如最高院的判断,竞争是如此轻易可以实现的,更无法说明这么多年为何只有腾讯会在这个领域独领风骚。最后,如芝加哥学派有效竞争或可行竞争理论所指出的,一个市场即使具有寡头垄断,也可能存在激烈的竞争,特别是大企业自身不断创新,但这或许可以成为放弃反垄断救济或干预的理由,却不能成为否定存在市场支配地位的理由。

---

① 欧盟在其《关于为欧洲共同体竞争法界定相关市场的委员会通知》(官方公报 C 372, 09/12/1997 P.0005 - 0013)中承认,相关市场界定是辨别和划定企业间竞争边界的工具。但是,与最高院该观点有所不同,欧盟判例法中有影响的案例 Case 6/72 Continental Can v Commission [1973] ECR 215 以及 Case 27/76 United Brands v Commission [1978] ECR 207 中,法官都认为界定相关市场在评估被告是否具有市场支配地位这个问题上具有至关重要的地位。

② 事实上,最高院虽然支持了一审法院没有明确界定相关市场的判决,但其自身还是界定了本案的相关市场为"中国大陆地区即时通信服务市场"。

哈佛学派所基于的产业组织经济学关于"结构-行为-绩效"（Structure-Conduct-Performance，简称 SCP 模式）的思路，认为这三者之间具有单向的联系。集中度的高低决定了企业的市场行为方式，而后者又决定了企业市场绩效的好坏。依据 SCP 模式，"行业集中度高的企业总是倾向于提高价格、设置障碍，以便谋取垄断利润，阻碍技术进步，造成资源的非效率配置；要想获得理想的市场绩效，最重要的是要通过公共政策来调整和改善不合理的市场结构，限制垄断力量的发展，保持市场适度竞争"。[1] 显然，国内主流观点把 SCP 模式错误运用了，他们完全打乱了单向的联系，提出所谓行为可以反过来决定结构，或者绩效可以证明行为，这种逻辑是对产业组织学的谬读。

令人忧虑的是，这些判决书明显受到国内学术界主流观点的影响，但是，这些主流观点在国际上几乎找不到出处，不论是国外判决还是学者研究，都没有这样"80%以上份额持有者仍然会被判定不具有市场支配地位"的相似观点或判例。因此判断腾讯不具有市场支配地位本身，连业界和普通用户都觉得不可思议。这种违背常理的结论，正是基于一开始就前后颠倒的逻辑。

毫无疑问，相对于其他行业，互联网具有动态竞争的特点，因此对其垄断行为的危害的判定可能需要综合考虑其他因素，对其支配地位的确认则仍应以一段合理时期的市场份额为主要标准加以判断。必须指出，网络效应和用户黏着效应会稳定其市场份额，也是其支配力的基础，而非反证。

在市场份额不太显著或表现变动较大的情况下，才应当结合其他因素来考虑。这些其他因素可以包括：互联网企业是否控制关键设施或关键技术、互联网企业的创新能力、互联网企业投入的研发成本、其他企业对该互联网企业的依赖程度、互联网软件的兼容性、国家对互联网产业的政策等。[2]

垄断地位和滥用垄断地位是反垄断分析的两个步骤，二者各司其职，不能混淆起来谈。认定存在垄断地位并不必然引致滥用垄断地位的结论，但垄断地位的存在是确认滥用的前提，一般如果没有垄断地位，分析也就此打住，不需要再继续讨论滥用的可能性。

另一方面，谷歌案提供的提示是：在主营市场免费提供服务的互联网企业，仍然有滥用的可能。从 21 世纪末美国的互联网泡沫后，几乎所有的互联

---

[1] 余梦秋：《产业组织理论述评》，《科技和产业》2005 年第 9 期。
[2] 叶明：《互联网行业市场支配地位认定新思路》，《中国社会科学报》2013 年 6 月 26 日第 467 期。

网企业的经营模式都是通过提供免费服务吸引和黏着最大规模的用户,然后再从广告或其他有偿服务创造利润,贴补主营服务。① 这种双面市场是密切联结的,如谷歌案所示,谷歌仍然可能对广告主、竞争者或下游企业具有很大的支配力。② 免费是互联网的通例,不能因为垄断者不可能对主营业务进行提价,就否定其有"支配力",继而否定其拥有"支配地位"。③

总而言之,最根本的一项原则是:必须区分市场支配地位认定与其后几项步骤。市场支配地位的确立,并不必然导致滥用以及反垄断的必要。所以,不要因为没有反垄断的正当性(比如因为竞争和创新仍然充分),就直接把市场支配地位也给否定了。互联网产业存在的动态竞争特征,需要在衡量滥用行为及其影响时加以充分考虑。但仅就认定市场支配地位而言,"动态竞争"的特点意味着需要综合考量一段合理期间的市场结构,并且纳入更多考量因素,但并不足以推翻市场份额这个主导标准,更不足以推翻整个分析步骤和逻辑。

第二节 必要设施原则的运用

一、必要设施原则在不同国家的适用与对照

普遍认为,必要设施原则(Essential Facility Doctrine,又被译为"关键设施原则",简称 EFD)最初出现在美国联邦最高法院的反托拉斯判例中④,在发展过程中衍生出多重含义,引起理论界与实务界诸多争论。⑤ 在实务界方面,欧盟明确认可必要设施原则可作为竞争法之下的一套法律原则。然而,在该原则的发源地美国,纵使已经过一个多世纪的发展,联邦最高法院仍未明确承认该原则。在理论界方面,美国学界对该原则的价值、内涵和适用细节等问题意见纷呈,且到目前为止,仍以反对见解为学界通

---

① See Reply All Blogs, "Is 'Web 2.0' Another Bubble?", WSJ.com, Dec. 27, 2006, http://www.wsj.com/articles/SB116679843912957776.
② A. H. Zhang, "Using A Sledgehammer to Crack A Nut: Why China's Anti-Monopoly Law was Inappropriate for Renren v. Baidu", *Competition Policy International*, Vol. 7(1), 2010, pp. 277-298.
③ J. Wright, "One-sided Logic in Two-sided Markets", *Review of Network Economics*, Vol. 3 (1), 2004, pp. 44-46.
④ United States V. Terminal railroad Association 224 U.S. 383 (1912).
⑤ OECD, The Essential Facilities Concept (1996), OCDE/GD(96)113, http://www.oecd.org/officialdocuments/publicdisplaydocumentpdf/?cote=OCDE/GD(96)113&docLanguage=En.

说。因此，美国未能普遍认可必要设施原则，很大程度源于理论界的反对，实务界也存在分歧。①

（一）美国的判例法

美国判例法上定义 EFD 最有名的案例是 MCI 通信公司诉 AT&T 案。② 受理本案的初审法院——联邦第七巡回法院提出 EFD 适用的四项基本条件：(1) 垄断者控制了一项必要设施；(2) 竞争者复制此必要设施既不现实也不合理；(3) 竞争者被拒绝使用此必要设施；(4) 向他人提供此必要设施是可行的。③ 这个判决被认为存在一定的同义反复。在 EFD 的分析中，如果设施无法实际或合理地被复制，则足以在反垄断相关市场界定中构成单独的市场，而拥有这个设施的企业，当然就是垄断者，而且是百分之一百地占据市场的垄断者。④ 那么，第一个要件实际上隐含在第二个要件之中。⑤

"必要设施原则"是与"网络型产业(network industry)"紧密联系在一起的，它往往涉及两个市场，一般是上游市场或下游市场，也有可能是其他类型的邻接市场。EFD 强调"必要设施"的拥有者应当以合理的条件向竞争对手或邻接市场的企业提供接入，因此，EFD 也常常在涉及垄断者"拒绝交易"或"交易歧视"的反垄断案件中被援引。

这个概念有些像公用事业常常提到的"接入义务"，拥有基础网络，如电网、水网或电信基础网络的企业，应当向其他企业提供公平合理的接入，而这种接入义务在各国一般都由法律明确规定。⑥ 但是，EFD 主要涉及完全私有的非管制领域，这些领域的竞争是由市场主导的，因此 EF 的拥有者并没有法律义务向所有企业提供接入，这也是该原则引起很多争议的原因。

许多学者认为，如果过宽推广 EFD，这意味着私人交易会受到执行机关的强制干预，而且要求私人企业承担类似公用事业企业的接入义务，实际上也是不公平的。更多的争议集中于如何判断"必要设施"。公用事业的接入

---

① 郭政雄：《关键设施原则在竞争法上之应有定位：以基础设施理论为中心》，台湾交通大学科技法律研究所硕士论文，2014。
② MCI Communications Corp. v. AT&T. 708 F.2d 1081, 1132 (7th Cir.), cert. denied, 462 U.S. 891 (1983).
③ MCI Communications Corp. v. AT&T. 708 F.2d at 1132-1133.
④ Christopher M. Seelen, "The Essential Facilities Doctrine: What Does It Mean To Be Essential?" *Marq. L. Rev.*, Vol.80(4), 1997, pp.1117, 1119.
⑤ 李剑：《反垄断法下核心设施的界定标准：相关市场的视角》，《现代法学》2009 年第 6 期。
⑥ John Temple Lang, "Defining Legitimate Competition: Companies' Duties to Supply Competitors and Access to Essential Facilities", *Fordham International Law Journal*, Vol.18, 1994, pp.437, 439-440.

义务是与基础网络的"自然垄断"属性相联系的,而 EFD 似乎很难找到一致的经济学上的依据。这也是在更强调私有经济的美国,很多人强烈反对 EFD 的原因之一。

美国律师协会曾经汇总已有判例中曾有过的对"必要设施"的认定。在美国的判例中,铁路、桥梁、电信网络、电力传输系统、运动场,甚至多日滑雪卡系统等都可能成为必要设施。① 另外,EFD 最初是与"拒绝交易"的反托拉斯案联系在一起的,但之后也曾适用于"垄断杠杆(monopolistic leveraging)"和"试图垄断(intent to monopolize)"的案件中。②

但美国判例法对 EFD 实际上并没有定论,在一些案例中,法院表现出完全相左的态度。在美国律师协会对中国工商总局的《知识产权领域反垄断执法指南草案》的建议③中,特别指出,从美国律师协会的经验来看,一项设施很少是真正必需的,经常出现的情况是:主张强迫共享"必需"设施的人士低估了意志坚决的竞争者绕开该设施进行竞争的能力,亦可使消费者从中获益。对快速发展的技术而言尤其如此,因技术和市场的发展可带来诸多机会,从而使得其他竞争者可以绕开某项重要的知识产权开展工作,同时较之实物基础设施,绕开知识产权开展工作相对容易。

在认识到上述问题后,美国联邦最高法院明确规定:将以怀疑态度对待所谓的"必要设施"主张。美国联邦最高法院提出:法院在认定一般规定的例外情形时应十分谨慎,因为即便是垄断者也可选择交易对象。审理 Verizon Communications Inc. v. Law Offices of Curtis V. Trinko, LLP10 案的法院解释称:法院在 Aspen Skiing Co. v. Aspen Highlands Skiing Corp 案中所认定的例外情形"处于或接近《谢尔曼法》第 2 章节所规定责任的外缘",法院表示其"从未认可"必要设施原则。法院进一步提出,《谢尔曼法》第二条并

---

① The relevant cases are: (railway bridges) *United States v. Terminal Railroad Association*, 224 U.S. 383 (1912); (nationwide telecommunications network) *MCI Communications Corp. v. AT&T*, cited above; (electricity transmission network) *Otter Tail Power Co. v. United States*, 410 U.S. 366 (1973); (sports stadium) *Hecht v. Pro-Football, Inc.*, 570 F.2d 982, 992 – 993 (D.C. Cir. 1977), *cert. denied*, 436 U.S. 956 (9178); (multi-day skipass) *Aspen Highlands Skiing Corp. v. Aspen Skiing Co.*, 738 F.2d 1509 (10th Cir. 1984), *affirmed on other grounds*, 472 U.S. 585, 611 n.44 (1985).

② James S. Venit and John J. Kallaugher, "Essential Facilities: A Comparative Law Approach", *Annual Proceedings of Fordham Corporate Law Institute*, 1994, pp.315 – 344.

③ 美国律师协会反托拉斯法部、知识产权部和国际法部共同对国家工商总局所起草的关于知识产权领域反垄断执法的指南草稿的建议(2012 年 10 月 30 日),http://www.americanbar.org/content/dam/aba/uncategorized/international_law/aba_china_aml_ip_guidelines_comments_finalpackage.authcheckdam.pdf.

未禁止盘剥(exploit)客户(下游厂商),垄断者一般是可以拒绝交易的,即使是同自己的客户进行竞争。①

相对于实体基础网络,法院对知识产权等虚拟资产是否构成"必要设施"态度更为审慎。联邦巡回法院在独立服务组织(Independent Service Organizations)提起的反垄断诉讼中明确表示:"没有案例说明,法院会因为单方拒绝出售或者许可专利而追究反垄断责任。"②但是也认为,专利权人拒绝许可其专利的权利也要受到一些限制,例如,专利本身是通过欺诈手段获得的、为执行该专利而提起的诉讼是虚假的、专利持有人拒绝出售其专利部分从而在专利范围之外获得市场垄断等。③

(二)欧盟的实践

相对于美国,欧盟则是通过欧洲法院的两项决定④和欧委会的一项决定⑤明确赋予 EFD 的可适用性。欧共体前任执委会竞争事务主管 John T. Lang 认为,占据市场支配地位的企业,至少在某些情形下,如果拒绝交易将显著影响竞争,就负有交易的义务,这就是所谓的 EFD 适用的范围。⑥

根据 Lang 的观点,具有市场支配地位的企业的下游客户如果同时也是该支配企业在另一个市场内的竞争者,那么该支配企业可能会拒绝与该客户在下游市场的交易,此时,这样的拒绝交易影响竞争的"三大变量为:(1)购买者能否在别的地方取得该商品或劳务;(2)下游市场内是否有其他竞争者;(3)该商品或劳务对于购买者的经营的重要性如何"。⑦

如果购买者有其他合适的供给来源,如果该商品或劳务不是"必要的",或者增加一名竞争者不会显著增加竞争时,就不应以反垄断的名义要求支配企业开放使用该商品或劳务。但是,如果支配企业拒绝授权某项商品或劳

---

① Verizon Communications., Inc. v Law Offices of Curtis V. Trinko, 540 U.S. 398 (2004).
② 203 F. 3rd 1322(Fed.cir.2000), 1326.
③ H. Hovenkamp, M. D. Janis and M. Lemley, "Unilateral Refusals to License in the US", in F. Lévêque and H. Shelanski, eds., *Antitrust, Patents and Copyright: EU and US Perspectives.*, Edward Elgar Pub, 2005, pp.20, 42.
④ See *Commercial Solvents*, [1974] ECR at 250 - 1, [1974] 1 CMLR at 340 - 1; and *United Brands*. [1978] ECR at 217, [1978] 1 CMLR at 435.
⑤ Sea Containers v. Stena Sealink. OJ L 15/8 (1993).
⑥ 李剑:《反垄断法下核心设施的界定标准:相关市场的视角》,《现代法学》2009 年第 6 期。
⑦ John Temple Lang, "Defining Legitimate Competition: Companies' Duties to Supply Competitors and Access to Essential Facilities", *Fordham International Law Journal*, Vol.18, 1994, pp.437, 475 - 476. 转引自李剑:《反垄断法下核心设施的界定标准:相关市场的视角》,《现代法学》2009 年第 6 期。

务,实际上使得市场内已经很少的竞争者之一将被迫退出市场时,反垄断法就可以要求支配企业不得拒绝交易。换句话说,当拒绝交易将消灭全部或大部分下游市场内的竞争者时,使用该设施就具有必要性。①

这个解释显然比美国的不可替代性或唯一性更符合实际情况,适用范围也更广。在欧盟实践中被认为可能符合必要设施特征的包括:港口设施、电视节目预报单、银行支票清算设施、计算机存储系统、机场、电信网络、电网、天然气管道等。特别值得一提的是,欧盟认为交互信息、知识产权等非实体资产也可能构成必要设施。②

除了经常适用这条原则,判决某网络或某设施有支配权的唯一所有人必须为其他竞争对手提供合理的使用渠道以外,③欧洲法院甚至常常对这条原则进行延伸适用,要求 EF 的所有人开辟相应渠道,确保竞争公司能够获得某些受版权保护的材料,而这些材料对于推动附属市场上的新竞争至关重要。④

1995 年 4 月 6 日,欧洲法院在 Magill 案⑤中建立了一个与知识产权领域拒绝交易有关的重要判例。法院认为爱尔兰公共广播公司(RTE)和独立电视台出版有限公司(ITP)不能依据国家版权法的条款来拒绝向第三方提供关于节目时间表的信息。法院认为,这种拒绝交易的行为,构成了超越知识产权权利范围的行使,根据欧共体条约第 86 条的规定,是一种滥用支配地位的行为。法院认为,鉴于 RTE 和 ITP 是爱尔兰境内提供每周电视节目指南信息的唯一来源,处于支配地位,也因此处于能将所有竞争者排除出市场的地位。

EFD 在 Oscar Bronner⑥ 一案中受到了挑战。在本案中,Mediaprint 拒绝递送另一家较小的专业公司所出的报纸,而原告认为 Mediaprint 公司所拥有的奥地利唯一的全国性送货上门服务,构成了必要设施。欧洲法院拒绝了该控诉,认为还有其他投递原告报纸的方法,并没有已证明的技术、法律或经济

---

① John Temple Lang, "Defining Legitimate Competition: Companies' Duties to Supply Competitors and Access to Essential Facilities", *Fordham International Law Journal*, Vol.18, 1994, pp.437, 475-476. 转引自李剑:《反垄断法下核心设施的界定标准:相关市场的视角》,《现代法学》2009 年第 6 期。
② 同上,pp.437, 477, 511, 513, 490。
③ *Sea Containers/Stena Sealink*), [1995] 4 CMLR 84 (ECJ)。
④⑤ Radio Telefis Eirenn (RTE) and Independent Television Publications Ltd. (ITP) V. European Commission, Joined Cases C-241/91 P&C-242/91 P, 1995 E.C.R. i-473, [1995] 4 C.M.L.R. 718.
⑥ Oscar Bronner GmbH & Co. KG v. Mediaprint Zeitungs- und Zeitschriftenverlag GmbH & Co. KG and Other, (C-7/97), [1998] ECR I-7817, [1999] 4 CMLR 112, [1999] CEC 53.

壁垒阻止别人建立另一个全国送货上门服务系统(即便这可能是低效的)。在本案中,判决又一次表明——尽管没有支持原告——欧共体条约第82条①的适用并不要求证明支配公司阻止新产品的出现,而是要求证明支配公司拒绝他人使用该必要设施很可能消除相关市场的竞争。

(三)澳大利亚的报告

澳大利亚是 OECD 关于必要设施原则的专项报告②中特别提及的国家,因为其实践中也接受 EFD。在澳大利亚上报至 OECD 的报告中提出,竞争部长可以授权一项设施的强制使用,如果(1)只有使用此项设施才能使得上游或下游的商业活动实现有效竞争;(2)此项授权基于公共利益,考虑到该产业对国民经济的重要性,以及,该产业的有效竞争对国家竞争力的可预见影响;(3)设施所有者的合法权益必须通过准入费或其他公平合理的条件来实现,包括所有者必须对现有和未来对该设施容量的要求给予认同。③

澳大利亚这些"必要设施"的条件显然与具有公共利益性质的公用事业紧密联系,很难拓展到其他领域。尽管没有精确的特征描述,一般符合这个标准的设施包括电网、主要燃气管道、主要铁路和港口等基础设施,但不能适用于一般产品、生产网络或其他商业设施。这些"必要设施"基本上就是传统上由政府经营或管制的行业。所以,澳大利亚虽然承认 EFD,但其实只适用于极有限的管制行业范围。澳大利亚的做法也代表了目前大多数国家的做法,采纳公用事业管制中"强制许可"或"强制接入"政策,但不是反垄断意义上更广泛的 EFD。

(四)小结

简单来说,EFD 的核心概念是:若一方控制了某一特殊设施(例如枢纽或网络),这项设施是该市场有效竞争不可或缺的条件,那么设施所有方必须和其他竞争对手达成合理的、非歧视性的条款,允许对方利用这个设施。目前各国实践显示,对电力、电信、燃气、铁路等传统实体网络行业适用 EFD 存在较多认同,但是对商业或虚拟网络是否适用 EFD 却存在较多争议,争议点较多地集中在如何认定"必要设施"。

---

① 1999 年生效的《阿姆斯特丹条约》将《欧共体条约》中涉及反垄断的第 85、86 条变更为第 81、82 条,内容不变。
② OECD, The Essential Facilities Concept (1996), OCDE/GD(96)113, http://www.oecd.org/officialdocuments/publicdisplaydocumentpdf/?cote=OCDE/GD(96)113&docLanguage=En.
③ Id, pp.38-40.

正如美国摇摆不定的司法实践所展示的,如何提出一个严密而具有可操作性的必要设施界定标准,在复杂的市场与商业形式下几乎不可能。经济学对于判定某种投入品是否是必要设施,也没有提供统一的结论。事实上,大多数芝加哥学派学者对 EFD 本身是完全反对的。一种重要设施会赋予其拥有者一定的竞争优势,掌握重要设施的优势本身就是竞争的结果,要求其与竞争对手共享此项根本优势,这种强制干预本身可能破坏竞争。

但是正如现代商业活动所显示的,随着技术的提高、特许权和专利的普遍存在,在基础公共设施之外确实可能存在一些非常重要的商业设施、渠道和条件,它们是能在上游、下游有效竞争的必要条件,而当事企业无法通过合理的商业途径获得该必要设施所有者的使用许可,这时就可能需要外部的干预和矫正。欧盟的实践就反映出对这样一种需求的关注。

"在欧盟和美国,必要设施原则的发展各不相同。与美国不同,欧盟的竞争法给支配企业设定了一项一般要求,与竞争者分享并提供有关设施。如果支配公司尝试着把拒绝别人获得该设施作为影响竞争的手段,那么即便是该设施并非'必要',也可能构成对其支配地位的滥用。不仅如此,在评价是否要求获得该设施的时候,欧盟更可能考虑的是排除某竞争者所造成的效果,而不是整体竞争的情况……"[①]

依据美国、欧盟、澳大利亚、加拿大等国家判例法对于 EFD 适用的解释,我们将通行的一些 EFD 的条件归纳如下:

(1) 该设施是相关市场有效竞争的必要条件。如果拒绝该设施的使用,将使得该相关市场内的竞争者大幅减少,竞争强度明显削弱,那么就说明该设施是"必要设施"。

(2) 其他使用者复制或重建该项设施是不可行或不现实的。这可能基于技术、成本或法律权利上的限制。[②]

(3) 设施的开放使用在商业上是可行的。该设施的开放使用必须在条件上是可行的,不会影响到所有人的根本商业利益。

(4) 拒绝开放没有正当的商业理由。正当理由通常包括:为了保护品牌和商誉;出于技术安全考虑;维持使用效率;开放使用将带来成本大幅升高;以及维持技术标准一致等。

---

① J. Taladay and J. Carlin Jr., "Compulsory Licensing of Intellectual Property under the Competition Laws of the United States and European Community", *George Mason Law Review*, Vol.10, 2002, pp. 443, 450-451.

② S. J. Evrard, "Essential Facilities in The European Union: Bronner and Beyond", *Columbia J. of European L.*, Vol.10, 2003, pp.491, 510-511.

在以上四项条件都成立的基础上，法院可以要求设施所有人以"合理的、非歧视的"价格或条件授权使用。考虑到这种强制授权许可必然是对设施所有人竞争优势的抑制和剥夺，除了基础设施网络外，对其他非管制行业的"必要设施"，在水平市场不应强制许可，而在上游或下游市场也应十分谨慎适用。

即使在对 EFD 公开认可的欧洲，对 EFD 的适用仍然是有限制的。在具有里程碑意义的 Magill 案[1]中，欧洲法院提出，如果一项知识产权的持有者具有相当程度的市场权力（market power），它就可能被纳入欧共体条约第 82 条所规制"具有市场垄断地位的企业"的范围；即便如此，其仍然可以拒绝授予其他竞争企业使用其知识产权的许可，这是它在知识产权法上应有的权利；除非，它的拒绝授权排除了在二级市场（secondary market）或者下游市场（aftermarket）上的竞争。

欧洲法院阐述了可以进行强制授权的"例外情形"的四个条件：

首先，知识产权产品的所有者具有该产品市场实际上的垄断地位，并且该产品是下游市场必须投入的资源，这就使得他能够阻碍该下游市场的有效竞争。在 Magill 案中，电视公司们对电视节目单具有实际上的垄断地位，而节目单又是综合性电视预告所必需的投入资源。

其次，寻求授权的公司提供的是一项新的产品，对这项产品有可论证的未得到满足的消费需求。在 Magill 案中，欧委会能够证实综合性电视预告是一项新的不同于各电视公司分别提供的预告的新产品，并且有证据显示消费者对这项产品有"特别的、稳定的和常规的需求（specific, constant and regular demand）"。

再次，知识产权产品的所有者自己不向消费者提供这样的产品，而且他们的行为正是运用在一个市场上的垄断地位去排除另一个市场上的竞争，将之保留给自己。

最后，知识产权产品的所有者对其拒绝授权无法提供正当理由。在 Magill 案中，原告希望以知识产权产品的排他性为其正当性的理由，但遭到了欧洲法院的驳回。欧洲法院认为，知识产品的排他性只能保障所有者在该产品市场的排他生产和销售的权利，但如果它限制了"产量、市场或者技术提高"，因此损害了消费者权益，那么它就属于欧共体条约第 82 条禁止的滥用垄断地位行为。

综合来说，在一些条件下，欧盟会适用强制许可，允许第三方在拒绝交易

---

[1] Cases C-241 & 241/91 P RTE, BBC and ITV v. Commission [1995] ECR I-743.

的情况下获得受知识产权保护的技术;美国的限制则相对更多一些。EFD可以适用于获得被保护技术的案件中,不仅如此,即便是在没有其他权利滥用的情况下,也可以适用于垄断二级市场的情形。① 这个问题很大程度涉及知识产权与竞争法的交叉领域,因为普遍认可知识产权的垄断性对下游创新有一定的抑制副作用,所以 EFD 仍然受到很多学者的支持。②

二、必要设施原则在互联网公司滥用垄断地位案件中的运用

(一)欧盟对微软的调查

2000 年至 2001 年两年时间里,欧委会接受了太阳微系统公司的请求,对微软公司进行了全面调查。③ 欧委会在 2004 年 3 月 24 日签发的一项命令中,认定微软滥用了其在 Windows 操作系统上的优势,故意地限制了 Windows 办公软件与非微软工作组服务器,包括与太阳公司产品之间的兼容。④ 为此,欧委会要求微软在 120 天内必须公开所有必要的界面代码,以使得非微软的工作组服务器能够实现与 Windows 系统的完全兼容。

在微软案中,欧委会也考虑到要求微软公开的信息受到了知识产权法的保护,因此以强制许可令的方式要求微软授权竞争对手使用这些信息,但也同意微软有要求合理许可费的权利。⑤ 而且,欧委会要求微软必须在每一次产品升级时更新它对外授权的界面代码,欧委会也将指定一个受托人监督微软的信息公开是完全的和准确的。特别值得一提的是,欧委会表示这样的强制许可令并不只覆盖申诉人太阳公司。这意味着任何想要在相邻产品市场与微软竞争的企业都可以按强制许可令要求获得界面代码。

有趣的是,按照前述的"例外的情形"的四个要件,微软仅仅满足第 1 项

---

①② 卡洛斯·克里亚:《知识产权与竞争法:探讨与发展中国家相关的一些事务》,ICTSD 研究报告中文第一期(2005 年 8 月),第 11 页,http://www.ictsd.org/downloads/2008/07/ip-and-competition-7114.pdf.

③ Case COMP/C-3/37.792. See Anderman, S, "Microsoft in Europe", in Hansen, H, eds., *International Intellectual Property Law and Policy*, Yonkers, N.Y., Juris Publications, 2002.

④ See Press Release Conclusion of Microsoft investigation, IP/04/38224, March 2004.

⑤ 依据 2007 年欧委会公布的信息,微软同意一次性付清的授权费用降至 10 000 欧元,而世界范围内的授权使用费率也从过去的 5.95%降至 0.4%,而且本案之外的任何第三方都可以请求按照这样的条件获得授权,也有在欧洲各国提起民事诉讼的权利。一旦发现微软未履行 2004 年的强制许可决定,欧委会仍然可施以日付式罚金。

条件(具有垄断地位)①,微软的竞争对手并未提供更新的产品,微软自己对外提供工作组服务器产品,另外,微软不提供界面代码确实具有知识产权保护的需要,即这个案件并不满足前述第2、3、4项条件。从这种意义上来说,微软案似乎是延伸了被欧洲法院严格控制的强制授许可令的范围。如果简单概括欧委会的认定逻辑,那可能意味着:只要是知识产权人具有垄断地位,而这项知识产权产品可能是下游市场的必须投入资源,那么知识产权人就必须向该下游市场的竞争者提供授权。

欧委会再三强调,微软的这种滥用行为,阻碍了下游市场的竞争,也就扼杀了其他竞争对手的创新动力,所以是违法的。可以想象,如果微软不提供界面代码,那么其他企业就不可能进行有效的竞争,消费者就有可能得不到微软产品以外更创新、更有竞争力的产品了。② 实际上,这样的解释也并不是从微软案兆始。在1985年的一项判决③中,欧洲法院已提出,如果知识产权人在与下游产品的提供商进行授权谈判时,决定自己进入下游市场,那么它仍然有义务向它原来的客户(现在的竞争者)提供授权,以保障下游市场的有效竞争。

但是,微软案还是引起了很大争议。对于高科技时代的技术企业而言,被强制提供界面代码,稍不慎就可能引致盗版和仿制,给企业造成巨大的损失,因此每个高新技术企业对这样的授权都十分谨慎。事实上,微软被要求公开的界面代码,可能在过去仅对自己的核心技术雇员或研发合作者公开。微软在本案中受到的指控其实是基于其操作系统本身的开放性,如果它像Apple MAC一样从开始就是一项全封闭一体化的产品,那么或许就有正当的理由拒绝公开其系统与软件之间的界面代码。④

2009年,当微软案的承诺和判决执行接近结束时,人们开始检视微软

---

① IBM-PC机的普及使MS-DOS取得了巨大的成功,因为其他PC制造者都希望与IBM兼容。MS-DOS在很多家公司被特许使用,因此在20世纪80年代,它成了PC机的标准操作系统。到1984年,微软公司的销售额超过1亿美元,从而获得在操作系统上的垄断地位。
② See Steven Anderman, "Does the Microsoft Case offter a New Paradigm for the 'Exceptional Circumstances' Test and Compulsory Copyright Licenses under EC Competition Law?" *The Competition Law Review*, Vol.1(2), December 2004, pp.7-22.
③ Case 311/84 Centre Belge d'Etudes de Marche (CBEM) v. Telemarketing [1985] ECR 3261.
④ 这样的界限其实也相当模糊。比如在1998年美国联邦华盛顿特区巡回法院的判决(United States v. Microsoft. Corp., 147 F.3d 935, D.C.Circuit 1998)中,认定Windows95和微软的浏览器IE是一项天然的整体,驳回了要求禁止微软将之捆绑出售的原审判决。但是,在2001年联邦华盛顿特区巡回法院的判决(United States v. Microsoft Corp., 253 F.3d., D.C.Cir.2001)中,又认为微软与OEM商之间关于OS和IE捆绑安装的做法,违反了《谢尔曼法》。

案的影响。① 较之十多年前微软的垄断地位确实受到了撼动,当然这样的结果也并不一定就是由反垄断案导致的。随着因特网的普及,许多成功的软件平台被开发出来,包括 Adobe、Facebook、google 等企业都成功地拥有了数以千万计的使用者。从某种意义上来说,因特网技术的日新月异,动摇了微软在操作系统上的垄断优势,人们对网络工具特别是移动网络的依赖,也降低了操作系统对其他软件安装界面的操控性的影响。②

依据欧委会的决定,要求强制提供的信息可能包括两种形式:知识产权保护的信息和非知识产权保护的信息,后者可能包括应用程序界面代码和通信协议,前者可能包括目标代码、商业秘密和专利。虽然欧委会表示,这样的强制许可并不涉及 Windows 的源代码,欧委会却没有说明,如果一项界面代码涉及源代码的泄露,微软是否还有义务继续提供界面代码。③

源代码的问题实际上是许多信息技术商最关心的问题。有许多竞争对手可以通过反编译技术破解源代码,从而根本性地颠覆其由技术建立起来的垄断地位。微软在对美国政府和欧委会分别提起的反垄断诉讼中都提出,如果向竞争对手提供界面代码,那么他们就相对容易克隆 Windows 操作系统的许多特征,这直接威胁到了微软在操作系统上的知识产权。④

欧委会则认为,平衡来说,强制许可令对微软创新动力的消极作用,不如它可能对整个产业的创新水平带来的积极影响大,所以这样的命令是合适的。⑤ 但这样的观点按照知识产权法理来看仍是别扭的。知识产权的法理认为,正是通过保障单个企业的知识产权才能提供给全产业的创新动力。但是,由于反垄断法被认为是公法,而知识产权法被认为是私法,反垄断法在交叉的领域中效力可以超越知识产权法,这已经得到了欧洲法院的默认。⑥

毫无疑问,欧共体对微软的判决,特别是对界面代码的强制许可和对捆

---

① Microsoft Symposium Issue:"The end of the Microsoft Antitrust Case?", *Antitrust Law Journal*, Vol.75(3), 2009.
② Marco Iansiti, Harvard Business School, "Six Years Later: The Impact of the Evolution of the IT Ecosystem", *Antitrust Law Journal*, Vol.75(3), 2009.
③ Christian Ahlborn & David S. Evandsm, "The Microsoft Judgment and Its Implications for Competition Policy Towards Dominant Firms in Europe", *Antitrust Law Journal*, Vol.75(3), 2009.
④ See United States v. Microsoft Corp., 253 F. 3d (D.C.Cir.2001) 62-62.
⑤ Case COMP/C-3/37.763.
⑥ 当然,还有一个原因是,欧共体的反垄断法是欧盟层面的,而知识产权法仍然停留在成员国国内法层面。

绑交易处以的巨额罚金,都使得当年的微软损失很大。令许多法律界人士感慨的是,IT行业的创新如此之快,以至于像微软这样稳固的垄断地位在数年后也逐渐有所弱化。即使是得到公开的界面代码,仍然使得其他软件企业受制于微软,直到更多软件平台,特别是移动操作系统的研发,才使整个产业的创新可以摆脱微软的控制力。强制许可令做为反垄断的一种救济方式,直接僭越知识产权法领域,但成效并不那么明显。创新的垄断问题或许只有通过创新才能真正解决。

（二）谷歌案的争议

在美国与欧盟对谷歌滥用垄断地位行为的调查中,都有学者提出EFD是否可适用于谷歌的疑问。谷歌作为搜索引擎在互联网信息市场上的地位,被认为与当年的美国航空公司计算机订票系统(CRS)存在相似之处。如果当年CRS案[1]能适用EFD,那么谷歌提供的搜索引擎或许也应当以"必要设施"论。

1. CRS案

20世纪70年代初,随着信息技术的发展,航空公司计算机订票系统(CRS)被开发应用于航空领域。其运行原理是,在大量大型计算机主机和配套的外部设备构成的大规模数据库系统下,各航空公司可以展示其航线安排。当消费者需要时,安装了CRS的航空公司和旅行社可以通过计算机终端向CRS主机递交涉及航线信息的查询条件,CRS主机根据查询条件在航空公司和旅行社系统终端上显示航线信息;然后,航空公司和旅行社根据这些信息,可以为乘客选择最合适的航线,帮助其预订机票。[2]

进入20世纪80年代,CRS很快成为航空运输业最重要的信息处理和传递枢纽。1981年,美国有68%的旅行社接入CRS。到1983年,这个数字便攀升到80%。在众多CRS中,联合航空运营的Apollo和美国航空运营的Sabre系统的市场份额总计达到80%,在行业中占主导地位,接入Apollo和Sabre这两个系统的旅行社的销售收入也占到全部旅行社销售收入的40%—50%。CRS在某些地区市场上的集中度更高。例如,1983年,丹佛地区80%的订票业务是通过联合航空的CRS进行的。[3]

---

[1] Hearing before the Subcommittee on Antitrust, Monopolies, and Business Rights of the Committee on the Judiciary, United States Senate, One Hundredth Congress, first session on the competition between the airline-owned computer reservation systems (CRS), December 10, 1987, Y 4.J 89/2: S.hrg.100-971.

[2] 王磊:《必要设施视角下的搜索结果操纵行为管制——来自美国航空公司计算机订票系统案的启示》,《东北财经大学学报》2013年第1期。

[3] 以上关于CRSs案情综述,系参考王磊:《必要设施视角下的搜索结果操纵行为管制——来自美国航空公司计算机订票系统案的启示》,《东北财经大学学报》2013年第1期。

CRS运营商具有纵向一体化特征,都是由美国最大的几家航空公司运营,其他公司只能接入该系统。他们可以以价格歧视、地区封锁等很多方式影响下游的航空运输市场。[1] 不仅如此,CRS运营商控制着航线信息的显示格式,他们可以通过操纵CRS算法和排名规则,改变航线信息显示格式,以引导旅行社偏爱预定某些航空公司的机票。

1984年时,有6家CRS,其中5家归属于航空公司,包括美航的Sabre、联合航空的Apollo、东部航空的system one、三角洲(或译为达美)航空的DATAS II,以及TWA的PARS。只有一家CRS——Mars Plus是独立的。到1990年时,只剩下4家CRS,而且全部由航空公司控股。因为归属于特定的航空公司,这些CRS总是在显著的位置优先列出本公司的航线信息,由于与本公司联网,其信息的准确性和及时性也远远高于其他公司。[2]

CRS运营商机票搜索信息展示歧视(deploy bias),逐渐引起接入CRS的航空公司和旅行社的不满。他们指控CRS运营商垄断和试图垄断航空运输市场,并实施不正当竞争行为。1982年,美国民用航空局与司法部针对CRS运营商展示歧视的限制竞争效应展开审查。司法部发现在主要CRS运营商中,至少有两家拥有市场支配力,并存在运用CRS展示歧视等手段滥用市场支配地位进行限制竞争的行为。

随后,司法部敦促美国民用航空局采取强有力的措施对CRS的行为进行管制。1983年9月美国民用航空局颁布了针对价格歧视、操纵信息展示以及非公平性接入的管制条例。1984年7月27日,美国民用航空局又颁布了新的管制条例。在随后的联合航空(United Air Lines)诉美国民用航空局案的判决中,联邦法院完全支持美国民用航空局管制条例。[3]

司法部在其提交给国会的评估报告中也指出,CRS运营商控制着信息展示结果,并且绝大部分航空公司和旅行社都接入CRS。对航空公司和旅行社而言,CRS准确的航线信息展示结果对它们有效地参与市场竞争也非常重要。因此,CRS运营商掌握着"必要设施",其行为通过操纵航线信息的展示结果,扭曲竞争对手的航线信息,误导旅行社的选择,极大地阻碍了市场竞

---

[1] K. B. Boberg, F. M. Collison, "Computer Reservation Systems and Airline Competition", *Tourism Management*, Vol.6(3), 1985, pp.174–183.

[2] Reply Comments of Department of Justice to the Department of Transportation (June 9, 2003), http://www.justice.gov/atr/public/comments/201081.htm.

[3] 见王磊:《必要设施视角下的搜索结果操纵行为管制——来自美国航空公司计算机订票系统案的启示》,《东北财经大学学报》2013年第1期。

争,是一种滥用垄断地位的行为。①

有趣的是,近20年后,司法部又建议交通部放松对CRS产业的监管。理由是:现有的管制加诸了不必要的成本,该成本最后被转嫁到消费者;CRS公司近些年来大量地从航空公司集团独立出来,因此也不再存在横向竞争的问题。在这样的新的情况下,对CRS产业应当放松管制,由市场决定他们的定价行为,包括歧视定价在商业利益考虑下也应当是合法的。交通部随后也取消了对该行业的价格管制。②

但是,司法部仍然建议交通部继续保留对"展示歧视"的监控。因为"展示歧视"对消费者权益的影响是明显的,但是其直接面对的是旅行社或代理商,消费者很难发现这种歧视,这也可能使得"展示歧视"对竞争的影响是直接的。交通部对这种"展示歧视"的监控并不会对该市场的有效竞争造成太大影响。值得一提的是,随着互联网搜索逐渐取代传统的CRS,CRS通过不透明的信息操纵"展示歧视"受到了极大扼制。20世纪80年代被关注的这个垄断问题,21世纪后被互联网技术提供的信息自由化纠正了。

2. 搜索引擎是否构成必要设施

显然,谷歌的"搜索歧视"问题与当年的CRS有异曲同工之处,在本书的第五章第二节会专门分析"搜索歧视"的行为特点和可能造成的危害。这里,将重点分析作为世界排名第一的搜索引擎,谷歌是否构成"必要设施",是否可以在谷歌的滥用垄断地位案件中适用EFD。

关于"搜索引擎"是否可以构成"必要设施"的法经济学论文近几年可谓"成篇累牍"。支持的观点认为,因为网络世界浩如烟海,而搜索引擎提供了在网络世界冲浪的"导航图",谷歌以充分的经济实力整合了包括图书、视频、地图在内的资源,才导致互联网用户对搜索引擎的完全依赖,它应当构成"必要设施"。③ 反对的观点认为,搜索引擎的竞争还是非常激烈的,许多门户网站都提供相应的搜索工具,能领先的企业必然在搜索技术方面具有优势,搜

---

① DOJ, 1985 Report of the Department of Justice to Congress on the Airline Computer Reservation System Industry. 转引自 Reply Comments of Department of Justice to the Department of Transportation (June 9, 2003), http://www.justice.gov/atr/public/comments/201081.htm。

② Reply Comments of Department of Justice to the Department of Transportation (Juen 9, 2003), http://www.justice.gov/atr/public/comments/201081.htm。

③ Adam Candeub, "Behavioral Economics, Internet Search, and Antitrust", *Journal of Law and Policy for the Information Society*, Vol.9(3), 2014, pp.407, 420 - 424.

索服务本身是个可竞争的市场，而不是除却某家便不可得的某种网络或基础设施。①

这两方面的观点都有一定的道理。在欧美对谷歌的调查中，目前为止都避免适用 EFD，而更多地从垄断地位和滥用垄断地位切入。显然，确认谷歌具有垄断地位，比确认其拥有"必要设施"，更为简单和为人信服。如前所述，"必要设施"的标准要远远高于垄断地位，在芝加哥学派具有相当影响力的美国，不太可能在谷歌案中适用 EFD。而在欧洲，面对创新技术，而不是垄断的知识产权，欧盟显然也对援引 EFD 持谨慎态度。

对照前面提到的适用 EFD 四项条件：(1) 该设施是相关市场有效竞争的必要条件。(2) 其他使用者复制或重建该项设施是不可行或不现实的。这可能基于技术、成本或法律权利上的限制。(3) 设施的开放使用在商业上是可行的。(4) 拒绝开放没有正当的商业理由。可以说，谷歌在这四项条件的第(1)、(2)项是否符合，仍存在很大争议。

尽管在网络性、客户黏着性以及行为方式上，谷歌与 CRS 有极为相似的地方，但也有一些根本性的不同：谷歌的搜索歧视虽然可能影响到下游厂商，但搜索服务并不是该下游厂商有效竞争的必要投入；除了谷歌外，还有大量的搜索引擎可供选择，许多网站也通过各种其他方式推广自己的链接，这都是用户可以发现该网站的途径。CRS 占据信息优势并利用信息不对称，谷歌的作用从某种意义上来说则是帮助企业在海量信息中重建检索路径。在一般搜索上，许多个案中是否存在排名歧视都需要衡量具体算法而定。

简言之，除非有明确的证据显示，在某一下游产品市场上的链接大部分是由谷歌导入的，否则很难证明谷歌符合 EFD 的前两项条件，当然也就不用讨论是否符合后两项条件。即使在 CRS 案，由于法院对 EFD 持谨慎态度，美国司法部也是建议由美国民用航空局采用管制的手段而不是以反垄断的方式来救济 CRS 展示歧视的问题。搜索引擎本身的技术经济特征以及信息不对称问题的存在，也决定了对谷歌反垄断调查和诉讼的复杂性。

3. 界限与标准

必须承认，EFD 的起源就是针对包括电力、电信、铁路等具有基础网络性质的垄断企业拒绝交易的案件。在之后的判例发展中，在涉及专利、商标、专有技术等滥用知识产权的案件中，EFD 也被认为是可适用的，但条件非常严格。

---

① Robert H. Bork & J. Gregory Sidak, "What Does The Chicago School Teach About Internet Search and the Antitrust Treatment of Google", *Journal of competition law & economics*, Vol.8(4), 2012, pp.663, 666–685.

至于同样具有网络特点的互联网行业是否可适用 EFD,仍然有待实践的考察。资源的稀缺是过去 EFD 适用的根本原因,而在资源和信息海量膨胀的互联网行业,技术的稀缺可能会成为 EFD 适用的主要理由。即使如此,EFD 所要求的"强制干预或授权"仍然被认为可能会影响互联网的动态竞争。

正如美国律师协会在其建议中所指出的,在制定拒绝交易的标准时,仅关注静态效率是错误的(拒绝许可相关具体知识产权权利人而对竞争产生的影响),因为这会忽视对创新刺激因素的长期影响。① 有学者指出:"若某一专利所产生的预期有助于刺激对发明进行投资(或披露)一项发明,则该等静态成本是合理的。人们普遍认为:由专利激发的发明(或披露)产生的动态效益高于静态成本。"②

确实,强制要求交易或授权等干预会削弱或抑制前期进行创新及知识产权投资的动力。这是因为:投资动力在很大程度上取决于知识产权的预期价值或经营者预期从投资中获得的租金。新产品的引入(即便受制于庞大的市场势力)代表着对社会的贡献,这是美国专利制度的基本理论。由于发明的社会回报大大超过了私人回报,预期从创新中获得的垄断利润刺激经营者从事风险性投资,能为社会增益。③

强制使用许可过去多用于专利权,指政府有权机关以公共利益为目的,强制专利权人许可专利权人以外的第三人以合理的费率使用某项专利权。随着经济形式的不断更新突破,强制许可的范围不仅包括传统的专利权,还包括技术秘密、技术标准、兼容信息、接入代码等各种形式的知识产权。如果某项必要设施专有人滥用垄断地位,不合理地拒绝许可使用,这项必要设施又是第三人在另一产品市场展开有效竞争的必需条件,那么在这样的反垄断案件中,就可以适用 EFD。

需要再强调的是,只有在某项设施对相关市场的竞争是"必要的"投入时的极少数例外情况,即在这种情况下拒绝使用或交易的限制竞争后果是严重的,而且没有商业正当理由作为依据(特别是在有明显的损害某一竞争对手

---

① 美国律师协会反托拉斯法部,知识产权部和国际法部共同对国家工商总局所起草的关于知识产权领域反垄断执法的指南草稿的建议(2012 年 10 月 30 日),http://www.americanbar.org/content/dam/aba/uncategorized/international_law/aba_china_aml_ip_guidelines_comments_finalpackage.authcheckdam.pdf.
② J. Thomas Rosch, The Role of Static and Dynamic Analysis in Pharmaceutical Antitrust, Feb. 18, 2010, http://www.ftc.gov/speeches/rosch/100218pharmaantitrust.pdf.
③ Dennis W. Carlton, "A General Analysis of Exclusionary Conduct and Refusal to Deal — Why Aspen and Kodak are Misguided", *Antitrust Law Journal*, Vol.68, 2001, pp.659, 672-73; Charles I. Jones & John C. Williams, "Measuring theSocial Return to R&D", *Quarly Journal of Economic.*, Vol.113, 1998, p.1119.

的意图的情况下），美国法院才会对垄断者拒绝使用或交易加诸反托拉斯责任。[1] 在欧洲，这样的"必要性"解释得会更宽泛一些，但基本的原则是一致的。

在互联网领域，考虑到法院普遍对技术问题并不擅长，强制干预某项互联网服务提供的条件、价格甚至结果，都可能适得其反，效果比不干预更差。考虑到互联网行业本身的动态竞争特点，能够稳定地构成"必要设施"的互联网产品是非常有限的。即使是涉及稳定占据半数以上市场份额的搜索引擎，也应当视具体个案，严格对照前述 EFD 的四项条件。一概地推定搜索引擎构成或不构成"必要设施"，都是不妥当的。

总而言之，EFD 在涉及有形的基础设施、网络或无形的知识产权时，都是在非常严格的条件下作为例外适用，在互联网市场，这种例外适用更应是首要原则。在动态竞争条件下，对企业形成的特有优势原则上应当保护，只有在该必要设施拥有者的歧视对待对上游、下游的竞争造成严重损害时，才能强行破除其优势地位。

三、中国的可适用性

（一）现有法律的空白

中国于 2008 年 8 月 1 日正式实施的《中华人民共和国反垄断法》第 17 条中规定："禁止具有市场支配地位的经营者从事下列滥用市场支配地位的行为：……（三）没有正当理由，拒绝与交易相对人进行交易。"该条文规定了拒绝交易行为，并没有直接表明 EFD 的适用。

这条规定虽然是一般性的"拒绝交易"条款，但是否能涵盖"必要设施原则"依然存疑。因为 EFD 对"市场支配地位"的要求是更高的，它要求该设施的独特性达到"必要投入，无法有效复制或复制是不经济的"等条件。另外，EFD 是与法院的强行干预权联系在一起的，它突出的救济手段是由法院强制要求必要设施所有人提供一致的合理的准入或接入。

因此，不论是反垄断立法还是判例，目前中国都并未明确承认和接受 EFD。尽管有学者提出 EFD 是拒绝交易条款的下位法，可以从第 17 条第（三）项中推导出来。但这个解释可能并不妥当。首先，必须明确的是，即使是具有市场支配地位的垄断者也有挑选交易对象的权利，因此能适用 EFD 的情况应当是极个别和例外的。反观《反垄断法》第 17 条第（三）项，至少从

---

[1] Robert Pitofsky, Donna Patterson, and Jonathan Hooks, "The Essential Facility Doctrine Under Untied States Antitrust law", *Antitrust Law Journal*, Vol.70, 2002, pp.443, 461.

表面意思来看,其适用条件要比EFD宽泛得多。

简单来说,如果具有市场支配地位的经营者无正当理由拒绝某一下游经营者接入请求,那么可以直接适用第17条第(三)项,不必动用EFD。但是,还有几种情况,可能无法适用第17条第(三)项,却能适用EFD。第一种情况是,经营者掌握某种"必要设施",但并不具有市场垄断地位,这在某项关键专利或标准必要专利(SEP)的经营者身上较为常见,那么就只能适用EFD;第二种情况是,经营者的相关设施是免费提供的,也就不存在所谓的"交易",这种情况在互联网服务中较为常见,那么也无法适用反垄断法第17条第(三)项。

既然《反垄断法》第17条不能涵括EFD,是否有必要在中国现有立法中引入EFD？如前文所述,尽管EFD在美国仍然是一项有争议的原则,但大多数争议聚焦于其在具体个案的可适用性;对该原则本身,反对意见主要集中在条件上的模糊性和留给法官过多的裁量权空间。[①] 但是,即使最严厉的反对者也承认,要求垄断者或"必要设施"所有者在一些特殊的情况下承担一定的责任是必要的。[②]

因此,在中国的反垄断立法中引入EFD是可行的,也是必要的。但前提条件是一定要严格适用,参照世界的通行实践(见第四章第二节),这种严格适用体现为必须同时满足以下四项条件:(1)该设施是相关市场有效竞争的必要条件。如果拒绝该设施的使用,将严重损害竞争。(2)其他使用者复制或重建该项设施是不可行或不现实的。这有可能基于技术、成本或法律权利上的限制。(3)设施的开放使用在商业上是可行的。(4)拒绝开放没有正当的商业理由。

(二)通过已有案例说明适用原则

1. 人人诉百度

2009年12月,北京市第一中级人民法院(以下简称"法院")对唐山市人人信息服务有限公司(以下简称"人人公司")诉北京百度网讯科技有限公司(以下简称"百度公司")垄断纠纷案作出判决,驳回原告人人公司的诉讼请求。这是反垄断法生效以来第一起反垄断民事诉讼。这个案件在相关市场界定、市场支配地位的认定、原告的举证责任方面,都引起了一定程度的争议。尽管全案诉求和判决中都没有提及EFD原则(在中国完全是崭新的概

---

① See Intergraph Corp. v. Intel Corp., 195 F.3D 1346, 1356, 1356 (Fed. Cir. 1999).
② See Phillip E. Areeda, "Essential Facilities: An Epithet in Need of Limiting Principles", *Antitrust Law Journal*, Vol.58, 1989, pp.841, 853, n.21.

念),但是本案的案情可以借用来说明 EFD 的可适用性。

原告人人公司是一家从事医药信息咨询服务的公司,其诉称:由于其降低了购买百度搜索竞价排名的投入,被告百度公司即对其所经营的"全民医药网"在自然排名结果中进行了全面屏蔽,从而导致了全民医药网访问量大幅降低。人人公司认为,百度公司利用其在中国搜索引擎市场的支配地位对人人公司经营网站进行屏蔽的行为,违反了中国《反垄断法》的规定,构成滥用市场支配地位强迫其购买竞价排名产品的行为。为此,人人公司请求法院判令被告百度公司赔偿其经济损失人民币 1 106 000 元,解除对全民医药网的屏蔽并恢复全面收录。

被告百度公司辩称,其"确实对原告人人公司所拥有的全民医药网采取了减少收录的措施,实施该措施的原因是人人公司的网站设置了大量垃圾外链,所以搜索引擎自动对其进行了作弊处罚;但是,该项处罚措施针对的仅仅是百度搜索中的自然排名结果,与原告人人公司所称的竞价排名的投入毫无关系,亦不会影响其竞价排名的结果。其次,原告人人公司称百度公司具有《反垄断法》所称的市场支配地位缺乏事实依据。百度公司特别提出,百度公司提供的搜索引擎服务对于广大网民来说是免费的,故与搜索引擎有关的服务不能构成《反垄断法》所称的相关市场。因此,被告百度公司请求法院判决驳回原告人人公司的诉讼请求"。①

北京第一中级人民法院判决原告人人公司败诉,主要基于两点理由:一是原告无法举证百度公司具有市场支配地位;二是百度公司的屏蔽行为基于原告的被禁止行为,具有正当理由。因此,法院认定原告既无法证明百度公司具有支配地位,百度公司被诉行为也不是《反垄断法》第 17 条的"滥用市场支配地位",因此判定驳回原告全部诉求。

为了证明百度公司在相关市场的市场份额超过 50%,人人公司提交了以下证据:(1)刊登在《中国证券报》2008 年 9 月 17 日第四版题为《百度坐拥中国搜索市场近 2/3》的文章。该文章述称:根据某咨询公司的调查结果,百度公司在搜索引擎市场以 65.8% 的市场份额遥遥领先。(2)百度公司于 2008 年 10 月 23 日在其网站上刊登的《百度 Q3 客户数欲破 20 万大关,付费搜索增长稳健》之文章。百度公司在该文章中声称其在搜索引擎市场稳稳占据 70% 以上的市场份额。

法院最终认定这个举证并不能证实百度公司具有市场支配地位,理由是:(1)本案中的相关市场是中国搜索引擎服务市场,上述两篇文章所提到

---

① 聂国春:《网络反垄断第一案百度获胜》,《中国消费者报》2009 年 12 月 28 日。

的"市场份额"所依据的相关市场的范围与本案所定义的相关市场的范围是否一致无法确定;(2)上述两篇文章也未提供其份额所基于的计算方式、方法及有关基础性数据的证据。所以,人人公司未能有效证明在本案所涉的中国搜索引擎市场,百度公司具有支配地位的市场份额。

另外,法院认定百度公司的屏蔽行为具有正当理由:搜索引擎有权采用反作弊机制以维护其搜索结果的正确可靠,百度公司的反作弊机制就是对发现作弊的企业罚以"减少收录数量";百度公司已经公布了该反作弊机制;人人公司所经营的全民医药网被百度搜索减少收录的原因,是其网站本身存在的"垃圾外链"被搜索引擎识别后,百度公司启动反作弊机制的结果。因此,在这种情况下百度公司采用的措施是正常的商业做法,而不是滥用市场支配地位。

有趣的是,本案的原告人人公司举证了,实际上也为被告百度公司所默认的事实是:百度对人人确实实施了屏蔽,并且这种屏蔽导致原告人人公司的全民医药网的访问量短期内急剧下降。从这个事实来看,百度在搜索结果上的全面收录,是全民医药网获得大多数访问量的主要渠道。这就说明本案中的百度对下游医药网站的竞争具有"必要设施"的地位,它的不收录或减少收录会直接影响下游竞争。

因此,如果中国承认并接受 EFD,本案可以适用 EFD。但是即使适用 EFD,人人公司还须证明百度作为必要设施是否无"正当理由"拒绝将全民医药网全面收录。显然,如果百度公司能对人人公司操纵搜索结果的做法有效举证的话,那么法院的第二点理由足以证明本案不符合 EFD 的第(4)个要件。

这里通过人人公司诉百度公司的虚拟演练,我们试图说明这样一点:在一些案件中,能证明某项设施的投入对下游竞争具有重大影响,那么即使该设施的所有者没有市场支配地位,或者无须证明其具有市场支配地位,它仍然可能适用 EFD 原则,但 EFD 原则的其他三项要件可能比反垄断法第 17 条的"滥用"更为严格。因此,如果引入 EFD,会一定程度缓解原告举证支配地位的难度,并因为举证后三项要件的困难,并不会带来滥用 EFD 对正常商业活动的干扰后果。

2. 百度诉奇虎 360

百度与奇虎 360 爬虫机器人不正当竞争纠纷案,又被称为 Robots 协议案,其涉及搜索引擎市场最基本的游戏规则,其判决也可能触动很多互联网企业的相关利益,包括内容援引、拍照、呈现和应用等问题。在这个案件中,法院创新性地提出"协商—通知"原则,实际上是用程序性的办法解决拒绝交易的正当理由和非正当理由之间的区分问题。

2012 年 8 月,奇虎 360 公司推出 360 搜索,其搜索结果中包含着百度百科、百度知道等多个百度产品内容。令百度感到担心的是,2012年8月16日,奇虎360正式推出搜索引擎,并在上线6天后,迅速占据了搜索市场10%的份额,成为仅次于百度的第二大搜索引擎。至2013年9月,百度的市场份额从81.49%下降到63.14%,360搜索则上升到19.04%。在这样的竞争压力下,百度向北京一中院起诉,控告奇虎360违反"Robots协议",存在不正当竞争。

Robots协议又被叫作机器人协议或者爬虫协议,[1]约定了搜索引擎抓取网站内容的范围,包括该网站是否希望被搜索引擎抓取,哪些内容不允许被抓取,其他公司的网络爬虫依据这个协议的内容"自觉地"来抓取或者不抓取这个网页的内容,其目的是保护网站数据和敏感信息,确保用户个人信息和隐私不被侵犯。[2] 在此次索赔案件中,百度提出自己的Robots文本中已设定不允许奇虎360爬虫进入,但是奇虎360的爬虫依然对"百度知道"、"百度百科"等百度网站内容进行抓取,所以提起诉讼。随后百度对奇虎360采取了反制措施,如果点击360搜索结果中的百度页面链接,会强制跳转进到百度搜索的首页,无法进入具体内容页面。

奇虎360公司提出,百度的Robots协议有意地将360搜索排除在白名单(同意爬虫抓取名单)之外,而奇虎360曾就此多次向百度提出协商和交涉,都没有得到百度的有效回应。奇虎360认为,百度的强大,不仅体现在其搜索流量,还体现在百度自身还是一个内容提供商,拥有包括百科、问答、音乐、视频、旅游等海量信息。它拒绝奇虎360的爬虫机器人实际上是为了排除360搜索的竞争,因此存在滥用市场支配地位行为。

同年11月1日,在政府部门的牵线下,由中国互联网协会发起的《互联网搜索引擎服务自律公约》(简称《自律公约》)在京正式签约,包括百度、奇虎360、腾讯、搜狗、新浪、阿里巴巴、即刻搜索、盘古搜索等在内的13家互联网企业签署了自律公约。公约中明确规定,国内搜索引擎服务提供商应当遵守Robots协议这个国际惯例。在《自律公约》签订后,奇虎360多次以书面形式向百度提出就百度将360搜索纳入百度Robots协议的白名单的问题进行协商,但百度都未给予明确回复。

北京一中院的一审判决书中写道:规则的缺失会让互联网行业陷入"丛林法则(the rule of jungle)"的误区,但市场需要给每一个竞争者公平的竞争环境,即使是后进入市场的竞争者,也应该有公平的竞争机会,以免陷入"丛

---

[1] Robots协议由荷兰籍网络工程师Martijn Koster于1994年首次提出,是一个被放置在网站中的.TXT文件,为搜索爬虫做出提示,设置允许与不允许两种语句。
[2] 姜姝:《"美杜莎"后爬虫协议引3百再战》,《中国电脑教育报》2013年3月4日。

林法则"中强者可以任意欺凌弱者的误区。奇虎360已经多次向百度请求其修改Robots协议,该主张是清晰明确的,而百度未能明确提出拒绝奇虎360的合理理由,故对《自律公约》签订之后,百度主张奇虎360构成不正当竞争的主张,法院不予支持。①

法院认定,在《自律公约》签署后,百度在合理的时间内没有修改Robots协议中针对奇虎360的歧视性规定,且没有给出合理的理由,因此,百度存在滥用Robots协议的问题。基于此,百度没有事实和法律基础来主张奇虎360在《自律公约》签署后的行为构成不正当竞争。

法院认为,Robots协议不是法律意见上的协议或合同,也非技术措施,仅是单方面的一个宣示,如今在业界构成一种技术规范。为了防止企业对Robots协议的滥用,保持一个活跃的产业竞争环境,法院也提出了关于Robots协议纠纷的"协商-通知"解决程序。这是对企业滥用Robots协议的一种制约,期望互联网产业能形成一个自律、规范和有序竞争的产业环境。

本案判决提出的"协商-通知"解决程序如下:

第一,搜索引擎服务商在认为网站Robots协议设置不合理时,应当向网站服务商或所有者提出书面修改Robots协议、准许其爬虫机器人抓取的请求。

第二,网站服务商或所有者在知晓该请求后,如不同意修改,应当在合理的期限内,书面、明确地提出其拒绝修改Robots协议的合理理由,告知搜索引擎服务商。

第三,搜索引擎服务商认为网站服务商或所有者提出的合理理由不成立的,双方可以向自律公约执行机构或行业协会陈述意见,由相关执行机构或行业协会现行调解和裁决。

第四,网站服务商在合理的期限内未能以书面、明确地提出其拒绝修改Robots协议的合理理由的,或者搜索引擎服务商认为网站服务商或所有者提出的合理理由不成立的,且搜索引擎服务商认为不立即修改Robots协议会严重影响其经营的,可以按照相关法律规定采取诸如诉讼、申请诉前保全等法律措施予以解决。②

本案就EFD方面提供的最大的启示是,当具有"必要设施"③的经营者

---

①② 童大焕:《百度诉360案判决捍卫开放平等互联网精神》,《福建日报》2014年8月13日。
③ 在本案中,百度的Robots协议是否是"必要设施",需要进一步的证据支撑,如不能抓取的内容(即百度自身的海量内容)在多大程度上会影响360搜索的竞争力,限于本案案情能提供的数据,我们对此不能做出定论,因此这里只是假设而已。

没有正当理由拒绝提供设施的使用权时,通过"协商-通知"程序的设定,这样的拒绝使用可以被认定为违反反垄断法。这使得 EFD 适用的正当性得以佐证,同时也能促使经营者在诉至法院之前进行有效沟通,尽量避免诉讼。法院创造性地提出"协商-通知"的解决程序,不仅可适用于本案的 Robots 协议,也可能作为很好的方案用于对 FRAND 原则(见第五章第四节)的适用。

(三) 与知识产权法交叉的强制许可问题

必须承认,在新经济时代,EFD 最普遍的适用对象已经从过去的基础网络转移至知识产权领域,EFD 在知识产权上的适用,属于反垄断法与知识产权法的交叉领域,近年来引起广泛争议。尽管在美国和欧洲,司法判例都承认了 EFD 可以适用于某些特定的涉知识产权案件,但是条件十分严格,因为这里涉及的竞争优势,是由知识产权法明确授予独占和排他权的领域,强制授权实际上反映了反垄断法与知识产权法的冲突。

中国《反垄断法》第 55 条规定:经营者依照有关知识产权的法律、行政法规规定行使知识产权的行为,不适用本法;但是,经营者滥用知识产权,排除、限制竞争的行为,适用本法。这条规定被认为划分了反垄断法与知识产权法的管辖范围,但仍然过于粗略,适用起来会有争议。

2015 年 4 月 7 日,国家工商行政管理总局(以下简称"工商局")公布了中国第一部专门针对知识产权滥用方面的反垄断规则,即《关于禁止滥用知识产权排除、限制竞争行为的规定》(以下简称《规定》)。[①] 规定自 2015 年 8 月 1 日起施行。

《规定》第 7 条规定:具有市场支配地位的经营者没有正当理由,不得在其知识产权构成生产经营活动必需设施的情况下,拒绝许可其他经营者以合理条件使用该知识产权,排除、限制竞争。认定前款行为需要同时考虑下列因素:(1)该项知识产权在相关市场上不能被合理替代,为其他经营者参与相关市场的竞争所必需;(2)拒绝许可该知识产权将会导致相关市场上的竞争或者创新受到不利影响,损害消费者利益或者公共利益;(3)许可该知识产权对该经营者不会造成不合理的损害。

这一条被认为是 EFD 在中国国内的立法移植,而且首先适用在了滥用

[①] 《规定》填补了中国在知识产权领域进行反垄断规制的立法空白,旨在平衡知识产权权利人及相关各方的合法权益,促进创新和市场竞争。近年来知识产权领域与反垄断领域的冲突和碰撞愈演愈烈,滥用知识产权排除、限制竞争所引发的问题也越来越多受到反垄断执法机构的关注。但不可回避的问题是,它必然涉及工商管理总局与知识产权局之间在此问题上的管辖冲突,实际上也可能涉及发改委所主管的价格垄断问题(如,对高通的执法是由发改委主导的)。

知识产权的行为上。① 第二款的三项条件以及第一款的"没有正当理由"基本符合前述 EFD 的四项条件。因此,可以说,《规定》是国内第一个明确规定了 EFD 的部门规章。但比较有趣的是,由于工商行政管理总局自身权限有限,所以《规定》对必要设施的拒绝交易仍然套用一般的救济:"经营者滥用知识产权排除、限制竞争的行为构成滥用市场支配地位的,由工商行政管理机关责令停止违法行为,没收违法所得,并处上一年度销售额百分之一以上百分之十以下的罚款。"

因此,就 EFD 在国内的适用来说,最关键问题是救济方式的特殊性:能否对受到知识产权法保护的知识产权进行强制许可?就目前国内的立法来看,对于是否可以施加强制许可令,由哪个部门,是工商总局、发改委还是知识产权局来施加,二者如何协调等,都没有定论,有待法律细则和司法解释的进一步解决。毫无疑问,尽管这是一个敏感问题,但对于中国这个经济大国、知识产权申请和拥有量大国来说是不可回避的问题。

因为中国发展至今的重要命题就是知识产权战略,但另一方面,现有经济中,凭持知识产权占据垄断地位并且滥用垄断地位的事例还是很多的。中国必须平衡两方面的需求。著名学者郑成思指出,建立中国的知识产权战略主要应包括三方面实际内容:第一,加强知识产权保护;第二,取得一批拥有知识产权的成果;第三,使这些成果产业化。② 目前国际上关注的是第一项内容,中国则必须同时关注第二、第三项内容。只有在这两项战略上积极跟进,中国才能真正受益于全球化带来的技术溢出效应。

欧洲法院虽然支持了数项反垄断案中的强制许可令,但数目极为有限,在多个场合欧洲法院也表示了必须克制使用此项救济工具的态度。③ 因此,反垄断法如果要试图干预知识产权滥用的问题,应当明确不去过多触及科技创新的雷区。首先,因为科技创新而获得的垄断地位不应被谴责;其次,科技创新过程中的许多合谋或共同行为,以联合研发行为为典型,应当豁免于反

---

① 《规定》此条内容在征求意见稿的阶段引发了很大争议。许多西方竞争法界的学者和从业者认为《规定》可能会遏制研发、创新的动力,违背了知识产权权利人正当的对独占权利的核心价值追求。《规定》保留了必需设施的条款,但同时将强制许可必需设施严格限制在非常窄的范围内。根据《规定》,认定必需设施必须同时考虑该知识产权的合理替代性,是否其他竞争者参与竞争所必需,拒绝许可是否会给竞争或创新带来不利影响,是否损害消费者或公共利益以及对拥有人是否会造成不合理损害等,将这些因素综合分析,在一定程度上能消除对不合理适用必需设施条款的忧虑。

② 《专家论坛:知识产权制度保护谁》,《科技日报》2005 年 4 月 29 日。

③ 欧委会和欧洲法院对于微软案的态度,被怀疑涉及许多欧美之间竞争利益,其所要求条件的宽泛和严苛就是一个证据,对此本文不做推测。

垄断法；再者，对被指控为滥用知识产权的行为，应当运用"合理规则"①综合考量，并更多地考虑其效率抗辩和权衡相关得失；最后，在选择救济手段时，应当注意其在合理范围内，而不应过多地破除因科技创新获得的优势，以保护创新的动力。

---

① 要求在证明存在法律规定的行为的同时还要证明其产生或可能产生限制竞争的后果。与"本身违法规则"本对应，后者指的是在判定违法时只需证明某一行为属于法律规定的数类行为，而无须证明它对竞争确实存在限制性危害。

第五章　以杠杆为特征的垄断行为

[**导读**]在互联网的反垄断案件中,最广泛存在的违法行为类型是滥用垄断地位。本章将重点分析互联网产业行为的特殊性、隐蔽性及其对反垄断执法和司法造成的难题。在界定了相关市场、确认了垄断地位以后,对违法性判定的第三步应当是确认是否存在滥用垄断地位的行为。互联网滥用垄断地位行为可能包括五种:掠夺性定价、歧视交易、捆绑交易、独占交易和垄断高价。由于互联网垄断企业许多都是平台企业,所以各产品之间运用垄断杠杆、进行捆绑销售的问题特别突出。另外,在涉及标准的产业内,利用专利法所授予的排他权利进行垄断性定价和拒绝交易,成为各国执法和司法中一类典型案例,是争议热点。标准必要专利的滥用问题涉及专利法与反垄断法之间的冲突,但普遍认为其恰当的行使应当基于FRAND原则。

第一节　互联网垄断行为的特殊性

一、互联网反垄断重心的变迁

从全球互联网经济的发展状况来看,这个行业近年来呈现出强劲的增长势头,不只是培育了许多具有巨大市值和潜力的线上企业,也几乎将所有大的线下企业同时卷入其中,可以说现在全世界的大企业没有一家不重视线上业务的拓展。但正因发展迅猛,竞争者们对垄断位置的追求和巩固的愿望更加强烈,互联网垄断行为相较于线下市场,也发展得更快,而且形式多样,日益隐蔽。

在互联网商业发展的初期,以美国的经验为例,反垄断执法和司法的重点放在纵向垄断(如微软的捆绑销售)、横向协议(如GTE诉贝尔电话公司案①)以及联合抵制(如 FTC 对五个州的克莱斯勒汽车经销商的指控②)等。2000 年 4 月,美国 FTC 和司法部联合发布了《关于竞争者合作的反托拉斯指南》。③ 在当时,包括线上和线下的联盟和合并特别引起了执法的注意,因此有了此项指南的发布。④

随着互联网的发展,最初散沙式的市场结构在短短数年间大幅改变,几乎在每个大类的产品市场都迅速产生了相应的寡头垄断者,借由用户锁定和规模效应,这些企业的市场势力不断扩张,并逐渐出现业务的交叠和全面竞争。可以说,2006 年以后由于互联网垄断企业的崛起,过去零散商户之间的合谋、共同抵制等行为都不再突出,也不再引起反垄断执法机关的注意,执法的重心开始转向滥用垄断地位和并购前审查。

近两三年,由于全球性发展互联网经济,特别是领先国家普遍实施数字经济战略,一些更新更有争议的问题产生了。这些问题涉及创新与竞争的边界,或者说知识产权法与反垄断法的边界,因此在两个法域之间引起直接的执法冲突和热烈的学术探讨。如标准专利持有者的垄断定价、App 商店的排他交易、竞价排名中的商标侵权、网上电子书的知识产权侵权等,都是近年诉讼和研究的热点。

二、互联网垄断行为的特点

正如第二章已经讨论过的,由于一系列新特征的存在,互联网领域的垄断本身是一种自然属性。垄断地位的存在不是反垄断的依据,只有在垄断者具有滥用垄断地位行为,即存在"坏的"垄断行为时,才有可能被追究反垄断法上的责任。值得注意的是,即使是被认定为"坏的"垄断,考虑到救济的成本、时效和意义,是否有必要加诸反垄断措施,还是可以再讨论的问题。

所谓"坏"的垄断行为,可能是为竞争者设置障碍,或破坏市场竞争条件的商业策略或手段。这种垄断行为会导致无效率的对产出的限制,而不创造任何有价值的东西,所以应当是予以禁止的。在反垄断法的沿革中已经确

---

① GTE New Media Servs. V. Bellsouth Corp., 2000 U.S. App. LEXIS 257 (D.C. Cir. Jan. 11, 2000).
② Decision and Order, Docket No.C-3832.
③ Antitrust Guidelines For Collaborations Among Competitors(Apr. 2000), https://www.ftc.gov/sites/default/files/documents/public_events/joint-venture-hearings-antitrust-guidelines-collaboration-among-competitors/ftcdojguidelines-2.pdf.
④ Harry S. Davis and William F. Sullivan, "Antitrust Issues in the Electronic Age: Practical Considerations for Firms That Do Business on the Web", *Banking Financial Services*, Vol.19, 2000, pp.1-3.

认,单单具有垄断地位本身,不足以判定一项垄断是非法的。因此目前案件的焦点都集中在那些与行为有关的问题。

在新经济中,最主要的垄断行为是"滥用市场垄断地位",包括垄断者捆绑销售、歧视定价、排挤竞争者、纵向固定价格、拒绝接入和其他阻止竞争等行为。在微软案中,微软被指控将 IE 与视窗捆绑,从而构成对其在操作系统上的垄断地位的滥用;在谷歌案中,谷歌被指控将自己所有的产品优先列于搜索结果中,歧视竞争者的产品,从而构成对其在一般搜索引擎上的垄断地位的滥用。

新经济企业滥用垄断地位的方式,有时是很难识别和得到确证的。因为他们可能使用某种技术措施或平台工具,使得歧视或排挤不那么明显。在民事诉讼中,要举证高新技术企业滥用垄断地位是有技术难度的。在中国,有数起其他企业诉百度歧视性排序的案子,作为原告的其他企业要证明百度在搜索结果中有意排除了或排挤了它们,都基本失败了,因为它们无法获知或证实百度的排序依据和搜索算法。

所以,在新经济的执法中,一定程度的举证责任倒置或许是必要的。如果有表面证据显示垄断企业前后做法不一致,或者有操纵竞争的可能,那么要求垄断企业证明技术上的无歧视,或许是可行的办法。但是,这又可能涉及知识产权和技术秘密的问题,也是被调查企业最不情愿做的。微软曾经被要求公布视窗系统的源代码,以便于其他企业能开发与微软系统兼容的软件。这种公开对垄断企业具有很大的杀伤力,但也常被批评为政府以强盗做法干预经济,最终可能会挫伤企业创新的积极性。

归结互联网垄断行为的特点,一般包括以下几点:

(1)滥用垄断地位成为主要的"坏的"垄断形式。在第一、二章中已经分析过,"赢家通吃"、网络效应和客户黏着性使得垄断成为互联网行业发展的常态,滥用垄断地位也成为最主要的反垄断凭据。另一方面,由于存在动态竞争和普遍采用免费模式,联合定价、分割市场等合谋行为极少发生在互联网公司之间。

(2)垄断行为的技术特征明显,对举证和救济都提出严峻挑战。在互联网行业中,企业的市场优势不再来源于企业对价格和数量的控制,而是创新能力的高低、规模和网络效应,以及创新速度的快慢。以后台技术实施的某些捆绑、排他或歧视交易具有更大的隐蔽性,因此调查和举证都要求相应的技术知识,对反垄断当局和提起民事诉讼的私人都提出了挑战。

(3)对垄断行为的分析必须考虑"效率抗辩"。互联网行业的垄断具有区别于传统经济垄断的意义。领先的互联网企业为了保持竞争优势,也要不断投入研发和创新,保持强势的创新竞争。因此,该行业呈现出一种更替频率较快的创新性毁灭和垄断者积极创新的常态,即具有垄断和竞争并存的特点,是一种动态的垄断竞争。在这种情况下,对某一时段的垄断行为可能带来的效益与损害应当综合评价,美国"芝加哥学派"提出的"效率抗辩"在互联网行业的反垄断案件中具有较大的启示意义。[①]

(4) 垄断杠杆的普遍存在,需要更多地考虑竞争受损,而不是消费者权益受损。互联网行业从 21 世纪以来的主要商业模式都是以免费服务吸引最大规模的客户,然后再利用在免费市场端的垄断地位通过广告或增值服务获得利润,这种模式在一些具有平台特点的互联网服务业中最为突出。在这种情况下,因为免费模式的存在,很难断定其对消费者权益的直接伤害。但如果着眼于其对水平、上游、下游市场的竞争的影响,则更易判断垄断杠杆的危害。

三、互联网垄断行为的分类

滥用垄断地位的行为可以分为两类:(1) 排他行为(exclusinoary practices),即故意设置壁垒或歧视交易,以排除竞争者的行为,如捆绑(bundling, tying)、拒绝交易(refusal to deal)、价格歧视(price discrimination)或掠夺性定价(predatory pricing)等行为;(2) 盘剥行为(exploitive practices),即利用垄断优势剥削上下游企业,不合理地获取垄断利润的行为,如垄断高价(abusively high prices)等。一般认为,排他行为直接损害竞争,间接损害消费者利益;盘剥行为则可能直接损害消费者利益,因为高价最终会转嫁至消费者。

(一) 掠夺性定价

掠夺性定价是非常有代表性的垄断者排他行为。掠夺性定价假设,某一竞争者可能将价格降低到亏本销售的水平,目的是把当前的竞争对手赶出市场,然后掠夺者留下来成了垄断者,可以再提高价格,补偿损失,并得到净利润。在现实情况中,掠夺者往往是另一市场的垄断者,它在这个市场的短期低价,可以从另一市场的垄断利润中获得补偿。

一般认为,在新经济中,所谓的"掠夺性定价"几乎是不可能发生的,因为动态竞争如此激烈,产品更新速度极快,垄断者几乎不可能在获得市场地位后以更高的价格补贴最初的低价竞争。特别是,由于大量投入集中在研发,

---

[①] 在互联网领域,分析垄断行为及其危害性,都应当考虑"效率抗辩",这一点芝加哥学派提供了更充分的理论依据,而哈佛学派的产业组织学视角在处理动态竞争时则力有不逮。

后续生产的边际成本很低,利润普遍高于其他产业,所以低于成本定价几乎也是不可能出现的。事实上,由于竞争几乎集中在产品创新上,虽有大量模仿,但产品的差异性仍然决定市场最终的领先者,所以,同行业竞争者之间的价格联盟或瓜分市场在新经济中也很少发生。

但是,考虑到IT企业可能具有双面或多个市场,掠夺性定价是可能发生的,但需按新经济的特点重新定义。几乎所有在一端市场获得垄断地位的IT企业,都会积极向邻近市场扩张,甚至通过并购跨界发展,这时低价竞争往往是争取客户的首先策略。以微软为例,它推销IE的时候是与视窗操作系统免费捆绑,在确立IE的垄断地位后,就极有可能再行收费。

另外,谷歌等搜索引擎和Facebook等社交平台,向一端消费者提供的是完全免费的服务,在争取到一定规模的用户后,才可能有基础和能力向另一端广告商索取业务收费。因此在一端市场的低价倾销是为了获得在另一端市场的垄断索价权力,这在某种意义上也是一种掠夺定价的做法。但是,关于其是掠夺定价还是合理商业行为,仍然要视其定价标准、恶意操纵等方面的表现而定。

(二) 歧视交易

所谓歧视交易,指的是对不同的交易对象,就相似等级或质量的商品或服务,索取不同的价格或加诸不同的交易条件。这种歧视交易被认为对交易对象之间的竞争,即上游或下游市场的竞争造成不公平的竞争条件,因此可能成为反垄断的对象。在各国立法中,除了美国有单独的"禁止价格歧视"法条《罗宾逊-帕特曼法》(简称《罗-帕法》)[1]以外,大多数国家将这种行为归纳在滥用垄断地位法条下,即只有具有垄断地位的经营者实施的歧视交易,才会受到反垄断法的追究。

除了明显的歧视性定价外,以虚假的经纪费或歧视性折让或其他服务性特惠措施,来掩盖歧视价格之实的,也在被禁止之列。近些年来,这项规定还有被扩展解释为也涵括商业贿赂的趋势。[2] 另外,如果供货商或购买商为了对方提供的实施某项交易的服务或便利而支付对价的,必须同时向其他交易

---

[1] 1914年《克莱顿法》第2条最初是禁止具有垄断地位的供应商在某个区域市场削价竞争以排挤竞争者的做法。后来,法院的判例认为该条并不适用于妨害购买者之间竞争的价格歧视行为。直到经济大萧条时期,由于很多独立零售商被大型连锁商挤垮关闭,而其他法令仍无法挽救处于困境的小企业时,才在1936年出台了修订《克莱顿法》第2条的《罗宾逊-帕特曼法》(简称《罗-帕法》),从立法上将非法的价格歧视扩展定义为危及购买者竞争的歧视性定价行为。但该法素有争议,被批评为保护中小企业而非保护竞争。在反托拉斯执法中,《罗-帕法》逐渐淡出,近些年来政府依据《罗-帕法》而发起的案件已经极少。

[2] Harris v. Duty Free Shoppers Ltd. Partnership (1991).

对方或潜在对方在同等的基础上提供这样的支付条件。

歧视交易是一项有争议的垄断行为,它的危害主要体现在对个别竞争者的损害,因此对歧视交易的禁止常常被批评为保护个别竞争者。[①] 但企业出于市场定位、长期发展以及不同交易对象的需求弹性有不同的定价或交易政策,本是正常的商业行为,是一种常见的竞争策略。在反垄断实践中,歧视交易是必须按"合理规则(rule of reason)"加以分析的行为,除非证明其对竞争的损害是明显突出的,而且具有违反公平竞争的意图,歧视交易才应受到反垄断法的约束。

关于对竞争的损害,举证责任实际上是在被指控方。如前所述,被指控实施了价格歧视的企业,必须证明其行为具有降低成本上的依据或者是为了应对竞争对手的价格竞争。同时,美国《罗-帕法》还允许两条法定抗辩理由:(1)成本正当性;(2)应对低价竞争的正当性。[②]

互联网行业的歧视交易将是更难发现的行为,也会引发许多新的问题。首先许多服务都是免费提供的,也就不存在歧视定价问题;垄断者往往是拥有多个产品的平台式企业,因此产品间交叉补贴以推进某些新产品的低价竞争,可能会是突出的歧视交易行为;面向下游企业的广告服务或搜索排名等服务越来越多地采用关键词竞标,竞争更激烈,同时歧视性也更明显,并可能与垄断高价混杂在一起;平台型企业善于通过不同形式的服务打包和技术包装,使得提供给不同交易对象之间的产品或服务并不完全同质,交易可比性会大大减弱,也更难证实歧视的存在。

就目前国内仅有的反垄断执法与司法判例来说,最突出的歧视交易做法集中在标准必要专利中。拥有标准必要专利的当事企业被认为具有垄断地位,它们滥用这样的垄断地位,对不同的交易对象(依据该对象的反向专利情况或抽成基数)提供不同的合同条件,索取不同的价格,在实践中较为普遍。我们在本章第四节将重点阐述这种垄断做法。

(三)捆绑交易

捆绑销售使购买者在购买某厂商某一有竞争力的商品的同时还必须附带购买它的其他商品。这就限制了其他厂商的竞争余地,即使它们在其他商品上有竞争力,也可能因为垄断企业采取的这种捆绑交易而一着不利,满盘皆输。捆绑销售的危害性体现在它具有明显的排他性,垄断者在推进其他新

[①] Hugh C. Hansen, "Robinson-Patman Law: A Review and Analysis", *Ford. Law Review*, Vol.51, 1983, pp.1113 – 1124.

[②] 关于美国反托拉斯法上有关价格歧视的《罗-帕法》立法、判例与司法解释,请参见王中美著:《美国反托拉斯法精解》,上海交通大学出版社 2008 年版,第六章。

产品时使用捆绑销售,就是将其垄断地位延伸至其尚不具有垄断地位的产品市场,即典型的"垄断杠杆"行为。

美国《克莱顿法》第3条明文禁止强制性的捆绑销售。当销售商在某一商品上占有主导地位时,捆绑销售的危害性最大,因为这时购买者受到的强制性最大,如IBM案、微软案都反映了这样一种情况。因此当销售商在捆绑商品上具有市场主导地位,并且强制购买者购买附带商品,以此作为购买主导商品的条件时,适用的是表面违法规则(per se illegal rule)。"表面违法规则"的适用意味着不接受任何抗辩理由。

但在经济学上这仍然是一项有争议的行为。理查德·波斯纳认为,即使是垄断者进行的捆绑销售,它在获得垄断利润的同时,倾向于生产竞争性的产品,这有助于减少垄断者一味加强垄断产品上的资源投入,矫正资源配置扭曲。[1] 芝加哥学派认为,捆绑销售是一种相对无害的价格歧视。制造商对捆绑产品与单品之间的定价是有差异的,但是并不可能从捆绑产品上获得垄断利润,事实上,购买者为此支付的价格往往更低。

随着商务实践的发展,高科技行业的产品集成化与捆绑销售之间的关系问题,成为反托拉斯执法机构面临的棘手问题。法官缺乏足够的专业知识来判断其是否构成捆绑销售,而高科技行业本身的迅速变化又使得这种判断更加困难。当企业对原先独立的产品集成化方面进行了大量的投资时,因此存在的较高的沉没成本,使得法院也不太情愿去逆转这种集成化策略。毋庸讳言,法院对这种行为也难以找到可行的救济,即强行解绑是非常低效率的。有学者曾提出,对高科技行业的产品集成化实行"本身合法"待遇[2],但显然这尚不为政府与法院接受。

在以免费为主要模式的互联网市场上,捆绑交易是较为普遍的行为,但一般向消费者免费提供。强制性的捆绑也以更隐蔽的方式提供,在用户下载的软件包中经常发现同时安装了许多不需要的功能或产品。在2010年开始奇虎360与腾讯QQ医生的商业大战中涉及的就是此类强制捆绑,在腾讯要求用户必须卸载360安全卫士才能正常使用腾讯QQ时,这种排他竞争损害消费者选择权的特点就非常明显了。

因为是免费服务,互联网用户对捆绑销售的反感并不突出,即使这样,诸如信息不公开、各种弹窗、附带广告、强制注册等仍然是互联网用户最为反感

---

[1] Richard A. Posner, "The Chicago School of Antitrust Analysis", *University of Pennsylvania Law Review*, Vol.127. April 1979, p.926.

[2] Keith N. Hylton & Michael Salinger, "Tying Law and Policy: A Decision Theoretic Approach", *Antitrust Law Journal*, Vol.69, 2001, pp.469-525.

的几种捆绑行为,而这些行为其实不是典型的反垄断法上的捆绑交易行为,可以按照消费者保护法或反不正当竞争法来处理。反垄断法重点追究的仍应当是具有市场支配地位的企业延伸其垄断地位,运用垄断杠杆排除其他竞争者竞争的行为。

(四)独占交易

独占交易(exculsive dealing),是商业实践中一种比较常见的排他安排,往往由具有优势地位的企业限制上下游企业的交易自由的行为,通过签订独占协定实施纵向控制。例如,供应商与销售商签订独家销售协议,要求销售商只能对外销售该供应商的产品,不得销售其他同类供应商的产品,以保证对下游某一销售渠道的独占。独占交易中有许多合理的商业考量,比如品牌保护、市场定位、渠道培育等,也可能具有正面效应。

对于独占交易行为,目前经济理论研究已在三个方面取得了共识:第一,独占交易是一种很普通的企业市场策略性行为,很多情况下会带来效率收益;第二,独占交易要产生限制竞争效应需具备严格的前提条件;第三,独占交易既可能出于提高效率考虑,又可能具有策略性原因。独占交易的效率原因主要体现为专用性投资增加、成本节省、激励效应、降低价格非效率、帮助生产商获得终端信息等;独占交易的策略性原因主要体现为通过独占交易达到市场封锁,排斥竞争对手,垄断被独占交易产品市场、保护其在独占交易市场的垄断地位等。[1] 因此,许多经济学研究成果认为,独占交易的反竞争效果是不确定的,对独占交易的反垄断应当是审慎的并充分考虑效率抗辩。

在经过早期一段时间比较严厉的执法后,美国司法判例对《克莱顿法》有关禁止独占交易的解释日益宽松。原则上,独占交易行为只有在其"封锁(foreclose)"了相当一部分(a substantial share)的相关市场时,才是限制竞争的。[2] 但是"相当一部分"具体如何衡量,并没有定论。一些法院的判例显示30%甚至更少的份额就可以满足,而另一些法院则要求达到40%—50%以上。[3] 判例也显示当被告具有垄断地位时可能构成封锁"相当一部分"的市

---

[1] 侯强:《独占交易的经济分析与反垄断政策》,《产业经济研究》2007年第1期,第19—24页。
[2] Tampa Electric Co. v. Nashville Coal Co., 365 US 320, 327 (1961).
[3] Twin City Sportservice, Inc. v. Charles O. Finley & Co., INC, 676 F.2d 1291, 1298, 1304 (9th Cir 1982),法院判决24%的份额构成"相当一部分";Stop & Shop Supermarket Co. v. Blue Cross & Blue Shield of R.I., 372 F.3d 57, 68 (1st Cir. 2004),法院提出低于30%到40%的份额很难构成"相当一部分";United States v. Microsoft Corp., 253 F.3d 34, 70 (D.C.Cir. 2001),法院提出对贸易的不合理限制一般要达到近40%至50%的份额。

场份额标准更低。[①]

中国《反垄断法》第十七条第一款第（四）项对具有垄断地位的经营者的独占交易行为作出了规定，禁止具有市场支配地位的经营者没有正当理由限定交易相对人只能与其进行交易或者只能与其指定的经营者进行交易。《工商行政管理机关禁止滥用市场支配地位行为的规定》第五条规定，禁止具有市场支配地位的经营者没有正当理由，实施下列限定交易行为：(1)限定交易相对人只能与其进行交易；(2)限定交易相对人只能与其指定的经营者进行交易；(3)限定交易相对人不得与其竞争对手进行交易。

《反价格垄断规定》第十四条对此作出了细化解释：具有市场支配地位的经营者没有正当理由，不得通过价格折扣等手段限定交易相对人只能与其进行交易，或者只能与其指定的经营者进行交易。与此同时，该条还列举了合理性抗辩理由，即"正当理由"包括保证产品质量和安全、维护品牌形象或者提高服务水平、显著降低成本和提高效率且能够使消费者分享由此产生的利益，以及能够证明行为具有正当性的其他理由。

互联网行业中的独占交易多与软件的排他与不兼容相关，因为有很多技术特点，所以在效率抗辩或正当性上更为复杂。例如，在美国联邦贸易委员会(FTC)调查谷歌之前，谷歌的广告平台 AdWords 接口使用有排他性的规定，广告商无法将在 AdWords 上的广告内容在其他平台上使用。谷歌也提出其维护这个平台的排他性的技术与商业考虑，但由于排他性十分明显，这个抗辩没有得到 FTC 的接受。最后，根据谷歌和 FTC 达成的和解协议，谷歌之后修正了相关的做法，广告商不仅可以从 Google AdWords 将广告移至其他平台，还可以利用谷歌的 API 接口开发自己的软件程序以自动管理和优化它们的广告投放。

（五）垄断高价

依据经济学理论，垄断者往往凭借其市场优势，将产量维持在最大利润的水平上，使得市场上的产量小于完全竞争状态，而价格要高于完全竞争状态。在现实情况中，垄断定价分为垄断高价和垄断低价。一种是垄断者作为供应方，高价销售其产品以攫取超额利润，或者是弥补其因生产能力利用不足而产生的不正当成本；另一种是垄断者作为购买方，低价购入产品以攫取超额利润，或者是垄断者作为供应方控制某一商品的价格，目的是将竞争对手排挤出市场。

在互联网市场，除了少部分购物网站外，垄断低价几乎是不存在的，广泛

[①] United States v. Microsoft Corp., 253 F.3d 34, 70 (D.C.Cir. 2001).

存在的是垄断高价,而且一般不是针对用户的高价,而是针对广告商或下游企业的高价。例如,百度纵向搜索普遍实施的"关键词竞价"使得最有影响力的品牌企业如京东也必须每年花费相当高的金额用于保存自己在纵向搜索中的前几位排名,以避免被其他"李鬼"企业占据链接。[1]

互联网服务中的"垄断高价"很难以成本正当性来论证,其许多投入和支出集中在免费端,而不在收费端。但广告服务中的垄断利润又是互联网竞争的目的,它是对胜出者的奖励,其合理的幅度几乎很难有标准加以衡量。包括苹果在 App 商店的强制抽成、百度的竞价排名、淘宝的推广收费、门户网站的广告投放,几乎都是高价模式。

但并不是所有高价行为都会受到反垄断法的追究。原则上,要证明不合理的垄断利润,必须有明确的证据显示垄断者在运用垄断杠杆,攫取超出合理幅度的利润。在发改委对进口汽车的垄断定价调查中,除了比较进口与出口市场的价格,还比较了整车和零部件的价格配比,才能认定确实存在不合理的价格歧视和垄断高价。[2] 在涉及高通这样的标准必要专利所有者,其打包授权的专利中有许多过期专利,因此其定价也被认为是垄断高价。[3] 简而言之,"垄断杠杆"的存在以及过度的"盘剥(exploit)"是垄断高价违法的依据。

欧共体条约第 82 条(现在里斯本条约第 102 条)规定了禁止滥用市场主导地位的行为,其中非穷尽地列举的四项行为中包括利用市场垄断力以超出合理的或竞争性的价格盘剥客户。以欧盟竞争法为蓝本的中国反垄断法也禁止垄断高价行为,《反垄断法》第 17 条第(1)款禁止"以不公平的高价销售商品或者以不公平的低价购买商品"。

值得一提的是,在美国反垄断法上基本反对"盘剥滥用(exploitive abuse)"这个概念。受芝加哥学派的影响,美国认为在垄断地位是基于正常的商业竞争而获得的前提下,垄断力的行使和垄断利润的攫取,是对竞争优胜者的奖励。[4] 在具有高度动态竞争和进出门槛较低的互联网市场,理论上过高的垄断定价很快就会被创新破除或价格上的竞争所替代。即使面对微软的视窗定价和谷歌的关键词竞价,美国执法机关也从未在盘剥滥用问题上

---

[1] 2008 年上海市二中院受理的大众搬场诉百度商标侵权案,虽然不是反垄断诉由,但能反映百度关键词竞价排名中的问题。Available at http://ip.people.com.cn/GB/8840353.html.

[2] 参看 http://auto.163.com/special/antitrust/.

[3] 《国家发展改革委对高通公司垄断行为责令整改并罚款 60 亿元》,http://www.sdpc.gov.cn/xwzx/xwfb/201502/t20150210_663822.html;并参看本章第四节详细内容。

[4] Verizon Communications Inc. v. Law Offices of Curtis V. Trinko, LLP, 540 US 398, 407 (2004).

着手。这种观点值得中国的反垄断执法机关,尤其是发改委这样的价格管理者借鉴。

第二节 延伸市场垄断力:垄断杠杆

一、垄断杠杆的相关理论

在微软案中,曾经被广泛讨论的一个重要反垄断理论是"杠杆理论(Leverage Theory)",又被称为"延伸"或"传导"市场垄断力。在传统产业,所谓"运用杠杆"主要指的是强势企业将新产品或弱竞争力的产品与优势产品捆绑或打包销售,通过运用优势产品的影响力来推销新产品或弱竞争力的产品;[①]在新经济中,则更进一步,该新产品或弱势产品往往以十分低廉甚至免费附赠的方式附着于垄断产品上。对消费者来说,这样的打包比分开购买便宜很多,所以似乎并未影响到消费者利益,却影响到其他竞争者的单独产品销售。

反垄断经济学上关于杠杆理论的正当性有几派观点[②]:

(1) 20世纪50年代古典学派的杠杆理论代表人物奥本海姆(Oppenheim)、特纳(Turner)、鲍尔(Bauer)等认为,在A市场的垄断企业通过将A产品和B产品搭售行为排除限制B市场上的其他竞争者的竞争。例如,当垄断企业将产品A和B一起打包搭售时,通常会制定较低价格,因为A产品垄断利润可以补偿B产品,其他竞争者要想参与B产品的竞争,只能降低价格,最后就可能因为无利可图而退出B市场。B市场的潜在竞争者发现该垄断企业在B市场有这种搭售行为,一般也不敢轻易进入。但是,古典学派缺乏数据模型来论证搭售是在搭售品市场上传导垄断力量的最有效途径。[③]

(2) 芝加哥学派对古典学派的杠杆理论进行了批判,提出了"单一垄断利润理论"[④]。芝加哥学派的代表人物爱德华·H.利瓦伊(Edward H. Levi)、阿龙·迪雷克托(Aaron Director)、罗伯特·H.博克(Robert H. Bork)等承认

[①] Louis Kaplow, "Extension of Monopoly Power Through Leverage", *Columbia Law Review*, Vol.85, 1985, pp.515-517.

[②] 冯江:《"传导效应"——可口可乐并购汇源案解析》,2009年12月18日,http://www.antimonopolylaw.org/article/default.asp?id=306.

[③] David S. Evans, Jorge Padilla and Christian Ahlborn, "The Antitrust Economic of Tying: A Farewell to Per se Illegal", *Antitrust Bulletin*, Vol.6, April 2003.

[④] Robert H. Bork, "Vertical Integration and the Sherman Act: The Legal History of an Economic Misconception", *University of Chicago Law Review*, Vol.22, 1954, pp.157, 186.

B市场可能会因为搭售等行为而被垄断,但认为,垄断企业难以在A、B两个市场上都获得垄断利润。实际上B产品的低价可能需要A产品的垄断利润补贴,平均来看消费者获得更实惠的价格。因此芝加哥学派认为这样的商业操作有利于提高效率,并不会损害消费者。[1]

(3) 20世纪80年代的后芝加哥学派吸收了博弈论、产业经济学和信息经济学的模型分析框架,既承认搭售行为有反竞争效果,也认为它能提高效率,促进竞争。后芝加哥学派认为"单一垄断利润理论"的结论有漏洞,它虽然强调垄断企业无法同时获得A、B两个市场的垄断利润,但并不能否定垄断企业能够利用"延伸或传导效应"来同时垄断A、B两个市场。后芝加哥学派证明了在B市场处于不完全竞争条件下,搭售或捆绑销售行为有可能提高竞争对手的成本,阻止潜在进入,限制消费选择,从而损害竞争。[2]

杠杆理论最初源于美国在19世纪有关"专利用尽(patent exhaustion)"或"初次销售(first sale)"的一些裁判决定[3],主要指"通过对授权的专利加诸限制,专利持有者可以将自其优势延伸至专利授权以后,以获得更多的收益"。[4] 布兰代斯法官在1931年对美国专利发展公司的判决中将杠杆理论融入捆绑原则。[5] 20世纪40年代时,杠杆理论被美国政府引入反托拉斯政策,主要用于"捆绑交易",而且以此为据适用"本身违法(per se illegal)"规则。[6]

最初对垄断杠杆所支持的捆绑交易的制止,往往基于其可能造成过度要价(双重垄断利润)以及排除竞争对手的危害。到20世纪50年代,芝加哥学派学者通过对之前判例的研究和经济分析,提出杠杆与捆绑的"危害说"在逻辑上有缺陷。捆绑行为成为这个时期争论的焦点,芝加哥学派学者认为垄断者也很难通过捆绑简单地攫取到延伸市场的垄断利润,捆绑在商业策略上来

---

[1] Richard A. Posner, *Antitrust law: An Economic Perspective*, University of Chicago Press, 1978, p.173; Robert Bork, *The Antitrust Paradox: A Policy at War with Itself*, New York: The Free Press, 1978, p.373.
[2] David A. Balto, "Networks and Exclusivity: Antitrust Analysis to Promote Network Competition", *Geogia Mason Law Review*, Vol.7, 1999, p.523.
[3] Bloomer v. Millinger, 68 U.S. 340, 350(1863).
[4] Herberk Hovenkamp, "Robert Bork and Vertical Integration: Leverage, Forclosure and Efficiency", *Antitrust Law Journal*, Vol.79, 2014, pp.983, 992.
[5] Carbice Corp. of Am. V. Am. Patents Dev. Corp., 283 U.S. 27, 31-32 (1931). 在该案中,被告对某型医疗用冰盒拥有专利权,而这种冰盒中会以干冰作为制冷剂,被告对干冰不具有专利,被告提出对二者捆绑收取授权费,这种做法被法院明确否定,因为被告不合理地通过杠杆企图获得对使用了其专利的不具有专利的产品第二次的专利费。
[6] Int'l Salt Co. v. United States, 332 U.S. 392(1947).

看对消费者是有正面效率的,不应适用"本身违法"规则。①

大多数学者和评论家都认可垄断杠杆运用最突出的负面效应是对其他竞争者的排除(exclusion),或者说对邻接市场(adjacent market)的封锁(foreclose)。但是,芝加哥学派反对杠杆理论和市场封锁说。他们认为,如果垄断者不能通过杠杆获得所谓的"双重垄断利润",那么它就不可能对相关市场,特别是下游市场进行封锁,也完全没有必要。②

今天经济学的主流观点对待捆绑交易、垄断杠杆的态度都明显宽松不少。在许多判例中法官不再仅以行为判定违法,也考虑其经济上的效率和竞争策略的合理性。③ 但是,大多数观点仍然认为,在一些特定的情况下,并不排除垄断杠杆的做法将使得市场的进入或竞争对手的扩张增加了成本、风险和不可行性。④ 这种具有排除竞争特征的垄断杠杆不仅存在于传统的捆绑、排他交易等行为中,也可能存在于纵向兼并、多产品平台化等商业策略中。

两位知名的反垄断经济学家罗伯特·博克与詹尼斯·霍文坎普(Janis Hovenkamp)延绵数年关于杠杆、封锁、垄断效率的论战,也揭示出经济学家在把握具体个案上的分歧、模糊与混乱。在对微软的世纪审判中,微软被指控将视窗与IE浏览器捆绑,博克当时作为Netscape的咨询专家,提出微软的这种垄断杠杆行为直接指向竞争对手,具有明显的排他性和封锁效应。但在谷歌案中,面对谷歌利用垄断杠杆将一般搜索引擎的优势延伸至纵向搜索的问题,作为谷歌咨询专家的博克又回到了芝加哥学派的观点,认为谷歌不可能将其在一般搜索上的垄断地位有效地延伸至纵向市场。为了说明微软与谷歌的不同,博克提出微软在视窗市场上具有结构性的垄断地位(structural monopolist),而谷歌则处于一个竞争市场,这个市场的进入和退出都没有障碍,而且消费者完全可以一键切换。⑤

在杠杆理论产生和适用的初期,实物产品的捆绑销售看来对相邻企业有着致命的影响。之后随着流通的便利、市场的扩大和竞争的日益激烈,芝加

---

① Ward S. Bowman, Jr., "Tying Arrangements and the Leverage Problems", *Yale Law Journal*, Vol.67, 1957, p.19.
② Herberk Hovenkamp, "Robert Bork and Vertical Integration: Leverage, Forclosure and Efficiency", *Antitrust Law Journal*, Vol.79, 2014, pp.983, 995.
③ Comcast Cable Commc'ns, LLC v. FCC, 717 F.3d 34 (D.C. Cir. 2013).
④ Herberk Hovenkamp, "Robert Bork and Vertical Integration: Leverage, Forclosure and Efficiency", *Antitrust Law Journal*, Vol.79, 2014, pp.983, 996.
⑤ Robert H. Bork & J. Gregory Sidar, "What Does the Chicago School Teach About Internet Search And the Antitrust Treatment of Google", *Journal of Competition Law and Economics*, Vol.8, 2012, pp.1-38.

哥学派对杠杆理论的反对意见得到更多接受,因为实践中看来捆绑的危害影响没有那么大。20世纪70年代之前,涉及杠杆理论的反垄断案件主要是物理产品的分销、代理等问题,之后则越来越多地卷入知识产权、技术和创新、信息系统和网络。[①] 杠杆理论在新的行业环境下如何适用,成为经济学和法学的新命题。

在关于谷歌的反垄断调查中,杠杆理论重新引起了广泛的争议。在一般搜索上建立起垄断地位以后,谷歌这些年在新产品的推出上不遗余力,包括Google Book、Google Bolg Search、Google Map、Google Images、Google News、Google Places、Google Health、Google Flight Search、Google Finance、Google Scholar等数十项产品上,谷歌的进入都是强势到令人惊异的。但是与传统的捆绑、限定交易、排他安排等不同的是,似乎能感觉到谷歌在运用垄断杠杆,却又未有明显的诸如捆绑、排他等动作显示这样一种杠杆被运用。

被诟病最多的谷歌杠杆行为是其将本身的纵向产品置于一般搜索结果的醒目位置,甚至直接提供结果而不是跳转链接(如谷歌天气),在一定程度上抑制了其他竞争者的竞争机会。这种搜索歧视实际上是一种新型的垄断杠杆,它的原理是一样的,即将某个市场上的垄断力延伸至相关市场,它无关双重垄断利润,甚至也不具有强制性,却仍然导致某种程度的排除竞争。

简而言之,互联网环境下的杠杆行为具有动态、复杂、多变、便捷等显著特点,也因此具有更大的隐蔽性和侵略性,[②]而且在效率抗辩上往往也能提供充足的理由,比如许多网络用户确实青睐一站式服务,用户体验因此大幅提升。在互联网市场垄断杠杆的广泛运用,一般旨在进入甚至垄断新的产品市场,它的排他意图是突出的。考虑到正反两方面的影响,对互联网的垄断杠杆行为应当综合考察,不仅应在判断其合法性上须反复衡量,而且应谨慎考虑什么样的救济手段是最为有效的。

二、搜索歧视

什么是搜索歧视(search bias,又译为"搜索偏向")?举例来说,A公司与B公司是同一个产品的竞争对手,A公司拥有明显优势,其品牌具有较高知名度,因此在谷歌的自然搜索排名中A公司一直能占据前几名的位置,而B公司相对弱势,只排到自然搜索结果的第5页。但是情况在B公司被谷歌收

[①] Herberk Hovenkamp, "Robert Bork and Vertical Integration: Leverage, Forclosure and Efficiency", *Antitrust Law Journal*, Vol.79, 2014, pp.983, 1001.

[②] Benjamin Edelman, "Does Google Leverage Market Power Through Tying and Bundling?" *Journal of Competition Law & Economics*, Vol.11(2), 2015, pp.365, 398-399.

购后发生了巨大的变化,B 公司出现在自然搜索结果的第 1 页,可能被放在最醒目的位置上,而 A 公司已经退居到第 2 页或更后,这意味着 A 公司链接的被点击可能性因此要低于 B 公司。这种情况就是所谓的"搜索歧视"。

在 2013 年 1 月 FTC 发布的关于谷歌案调查的声明①中,FTC 指出:谷歌一直是一个"横向的(horizontal)"或者说基于一般目的的搜索引擎,它试图尽量覆盖整个互联网以提供对应任何搜索要求的结果的综合列表。一般目的搜索与纵向搜索(vertical search)差别很大,后者仅关注于特定类别的内容,如购物或旅行。尽管纵向搜索引擎不可能完全成为一般目的搜索引擎的替代,但这些搜索引擎就特定类别能为消费者提供谷歌之外的另一些选择。

在 2006 年之前的谷歌的页面大多只有两个主要区域:一是自然的搜索结果;二是关键词广告,而关键词广告往往以方框限定的方式有所区分。之后,广告区域并未有实质变化,但自然搜索结果列表则变得很复杂。谷歌会在首页上增设更多的区域,包括传统自然搜索结果、本地搜索结果、新闻搜索结果、购物信息结果、视频结果、品牌搜索结果、地图、社交网络搜索结果等。于是这种综合性的页面,使得一般目的或自然搜索的结果被完全地混淆起来。②

显然,谷歌近十年来的主要一项商业战略就是将用户尽可能地留在自己的搜索页面或产品上,而不只是它自己宣称的"为客户寻找最相关的结果"。这个在 21 世纪初积极参加并宣扬"网络中立(net neutrality)"的超级大鳄现在却面临着最多的关于"搜索歧视"的指控,不可不谓讽刺,也说明互联网的许多问题和所涉利益也都是动态的多面的。

谷歌近年来不断通过并购进行扩张,并且不断延伸"纵向搜索(vertical search)"或"特定搜索(specialized search)"服务,搜索歧视问题引起越来越多其他企业的抗议。谷歌对酒店、餐厅、购物等特定内容的纵向搜索,经过谷歌的几次算法调整,几乎都将谷歌的自有或旗下企业的产品放在最前的位置,而竞争对手网站则不断调后,甚至在一般搜索结果中的排序也一落千丈。这个问题在谷歌的反垄断调查中也成为焦点③,并引起很大争议,在学界分成

---

① Statement of the Federal Trade Commission Regarding Google's Search Practices in the Matter of Google Inc., 3 Jan. 2013, FTC File Number 111-0163, https://www.ftc.gov/system/files/documents/public_statements/295971/130103googlesearchstmtofcomm.pdf.

②③ See Google Begins Move to Universal Search, Google (16 May 2007), http://googlepress.blogspot.de/2007/05/google-begins-move-to-universal-search_16.html.

截然相反的两派观点。

一派观点主要由芝加哥学派领导,他们认为对谷歌的反垄断调查普遍缺乏依据,反垄断机构认为需要干预的问题都可由市场自行解决。[1] 他们提出,不同搜索引擎之间的切换成本基本为零,如果不满意谷歌的搜索服务,那么用户大可切换到微软的 bing 或雅虎搜索。如果谷歌的搜索歧视问题达到足够严重的程度,那么它将丧失大部分的客户,也使得它自身无以为继。因此,市场选择的压力足以将谷歌的搜索歧视控制在一定限度内。另外,他们还提出,即使能确认存在搜索歧视,反垄断执法机构也没有能力和手段对此加以监控,这所耗费的成本是非常低效率的。

谷歌对于美国 FTC 和欧委会向它提出的搜索歧视问题,提起的抗辩主要集中在两方面:一是其做法具有促进竞争的正当理由(pro-competitive justifications),因为其页面调整后结果更综合直接,更能响应用户的请求;二是其在一般搜索和纵向搜索服务市场上仍受到激烈的竞争,前者有来自微软的 bing 和雅虎搜索的竞争,后者有来自亚马逊和 eBay 的竞争。谷歌提出,它提供纵向搜索服务实际上是免除了用户两次点击的麻烦,能最快地获取信息,这是增进消费者福利的。另外,基于从谷歌切换到其他搜索引擎和纵向服务网站的成本几乎等于零,谷歌根本就不具有真正的市场支配力。

反对的观点认为在数字市场,特别是搜索引擎市场,信息存在巨大的不对称。比如,普通用户是无法知道哪些搜索结果经过人为操纵,实际上,普通用户对搜索引擎后台算法和排序依据是完全没有概念的,这也意味着他们并不知道也不能判断不同搜索引擎的好坏。特别是对于那些搜索某种产品类别而非具体品牌的用户来说,他们的信息来源完全取决于搜索引擎提供给他们的结果。

在兰德尔·斯特罗斯(Randall Stross)的《谷歌星球》一书中,提到谷歌可能使用上百万台计算机来对网络进行索引与画地图(index and map)。[2] 如果这个数字是准确的,显然搜索引擎市场的进入门槛(包括硬件投入成本等)是很高的,那么所谓"一键切换"的假设可能并不成立,因为很难找到具有能与谷歌匹敌的实力的搜索引擎提供商。实际上,有证据显示谷歌的数据中心

---

[1] Geoffrey Manne & Joshua Wright, "Google and the Limits of Antitrust: The Case Against the Case Against Google", *Harvard Journal of Law & Public Policy*, Vol. 34, Winter 2011, pp.171, 181.

[2] Randall Stross, *Planet Google: One Company's Audacious Plan to Organize Everything We Know*, New York: Free Press, 2007, p.12.

使用的电力相当于盐湖城一个城市的电力[1]，可见其庞大的设施能力。但关键的不仅仅是投资规模。微软对 bing 投资上千亿美元，却至今不能撼动谷歌的垄断地位，反而在不断亏损。

争议的焦点往往最终落到谷歌检索的算法上。消费者更多地依赖和信赖谷歌，正是基于其精准的算法。但作为商业秘密，这是不公开的。[2] 事实上，算法公开可能会影响到其搜索结果的准确性，因为一旦算法被公众得知，可能会被恶意操纵排序。另一方面，当然也是为了防止竞争对手的抄袭。算法的准确性很大程度上需要用户帮忙提升，越多客户使用，那么搜索引擎能获知最大基数样本的选择，由此修改的算法的准确性则越高。这种马太效应(Matthew Effect)[3]在搜索引擎体现得最为明显：总是锦上添花，却难雪中送炭。同样，这些用户数据和使用记录，谷歌作为商业秘密也不会公开。

以数据支撑的算法修正才是关键，因此在数据的获得上先占者非常有优势。谷歌的首席科学家彼得·诺维格(Peter Norvig)坦言："我们并没有比其他人更好的算法，只是有更多的数据"。[4] 谷歌成为垄断者是在十年以前，当时互联网用户并未如今天一般习惯使用搜索引擎。在成为最强垄断者后，这十年间，互联网发展迅猛，由于信息大量堆积，用户越来越多地仰赖搜索引擎，谷歌今天的规模和地位绝非偶然，它是一个不断自我强化(self-reinforce)的过程。[5] 而对于新进入者来说，目前的时机已经不是十年前的情况，能给予做大做强的空间很小。

对于谷歌的搜索歧视问题，FTC 认为应当从这方面入手：是否谷歌操纵了其搜索算法和搜索结果页面，以达到阻止来自其他纵向搜索提供者的竞争？因为谷歌宣称其修改和调整搜索算法，是为了提升搜索产品的质量和用

---

[1] James Glanz, "Google Details, and Defends, Its Use of Electricity", *NewYork Times*, Sept. 8, 2011, http://www.nytimes.com/2011/09/09/technology/google-details-and-defends-its-use-of-electricity.html?_r=0.

[2] James Pitkow et. al., "Personalized Search", *Communication of the ACM*, Vol.45(9), Sept. 2002, pp.50, 51.

[3] Robert K. Merton, "The Matthew Effect in Science: The Reward and Communication Systems of Science are Considered", *Science*, Vol.159(3810), 1968, pp.56, 62.

[4] Matt Asay, Tim O'Reilly, "Whole Web' is the OS of the Future", CNET.COM (Mar. 18, 2010), http://www.cnet.com/news/tim-oreilly-whole-web-is-the-os-of-the-future/; See also "How Google Plans to Stay Ahead in Search", *Bloomberg BusinessWeek*, Oct. 2, 2009, http://www.bloomberg.com/bw/technology/content/oct2009/tc2009102_694444.htm.

[5] Frank Pasquale, "aradoxes of Digital Antitrust: Why the FTC Failed to Explain Its Inaction on Search Bias" *Harvard Journal of Law & Technology Occasional Paper Series*, July 2013.

户体验。FTC最后的判断显然偏向谷歌,它认为谷歌提出的证据可接受。并且,它认为因为调整算法导致的一些竞争对手流量或销售的损失,是竞争过程的副产品,是竞争的正常现象。①

FTC还特意将搜索歧视问题混同于"产品设计(product design)",认为谷歌对纵向搜索页面的安排只是一种对产品设计的提升。FTC认为谷歌提供的充分证据显示,用户对谷歌在产品设计方面的反馈是很好的,用户体验大大提升。FTC认为在这种情形下,FTC或任何一家法院显然没有理由去质疑一项产品设计的正当性。

事实上,通过谷歌页面的调整,用户体验确实在一定程度上提高了。谷歌可以响应更多类型的问题,比如天气预报、航班查询、汇率查询、包裹跟踪、股票行情、赛事比分等,这些信息都可以直接在搜索结果里显示,而无须用户再链接到相应第三方网站。当然这也涉及被广泛批评的谷歌对其他网站内容的直接抓取或者快照。这种便捷必然降低用户访问第三方网站的流量。比如,TripAdvisor和Yelp就曾抗议谷歌显示了太多它们的内容。② 但对于用户来说,这种调整使得搜索结果更直观便利。

面对同样的问题,即比较购物网站所称的搜索歧视而导致竞争受损的情况,欧盟显然得出了与FTC截然相反的观点。③ 欧委会认为,这样有意地将自己的产品置顶和居首的做法,排挤了其他竞争者的相关产品,必然会损害竞争和抑制创新。尽管谷歌提出许多关于隔离或明确标识自己产品,以及同时列出至少三家竞争对手链接的和解承诺,欧委会最终没有接受。④ 对搜索歧视问题,欧盟不接受谷歌提出的合理的商业设计变更的效率抗辩。事实上,只有在芝加哥学派影响巨大的美国,效率抗辩才能获得执法机构更多的接受和考虑。

无论如何,必须承认,搜索歧视可能造成的危害会因为垄断地位的扩大

---

① Statement of the Federal Trade Commission Regarding Google's Search Practices in the Matter of Google Inc., 3 Jan. 2013, FTC File Number 111-0163, https://www.ftc.gov/system/files/documents/public_statements/295971/130103googlesearchstmtofcomm.pdf.
② Pamela Parker, "Review Sites' Rancor Rises with Prominence of Google Place Pages", *Search Engine Land*, 31 Jan 2011, http://searchengineland.com/review-sites-rancor-rises-with-prominence-of-google-place-pages-62980.
③ European Commission, Antitrust: Commission Sends Statement of Objections to Google on Comparison Shopping Service, Brussels, 15 April 2015, http://europa.eu/rapid/press-release_IP-15-4780_en.htm.
④ "Antitrust: Commission Obtains from Google Comparable Display of Specialised Search Rivals- Frequently Asked Questions", Brussels, 5 February 2014, http://europa.eu/rapid/press-release_MEMO-14-87_en.htm.

而上升。① 如果无法从其他渠道有效了解垄断的搜索引擎存在搜索歧视,那么消费者的选择权显然受到极大的操纵。因为对纵向搜索来说,相关性(relevancy)一般都不是问题,许多用户也很难第一步就细化其请求,在这样的情况下,搜索歧视就不太会被发现或被证实在相关性上有所扭曲或勉强。

事实上,尽管搜索引擎们惯于标榜"中立"、"客观",那是因为它们确实由自动化技术完成主要的高难度工作。但是,搜索引擎仍然像其他媒体公司一样需要做编辑工作,算法的编辑和适用必然会影响到搜索结果。② 通过谷歌近十年来对页面设置的改变和更多纵向搜索产品的推出,一方面用户体验确实可能提升,另一方面用户习惯也被更改和重塑。某种意义上,因为具有垄断地位,是谷歌在引导搜索偏好,还是谷歌在响应用户需求,其实不易判断,大多数情况下两者兼有。

所以,综合来看,对于搜索歧视问题,应当适用"合理规则(rule of reason)"来处理。对于大幅提升用户体验的搜索引擎页面设置或结构的变化,原则上应当是允许的;在此前提下,仍然应当鼓励占有较大垄断地位的企业(如谷歌之于欧洲市场),应当尽可能地展示更多的搜索结果,特别是第三方的产品,并且明确地将自己的产品链接和推介标识与之区分开来。尽管一站式服务在互联网上几成常态,但垄断者必须提供进一步挖掘信息的可能,这仍然是保证用户知情权和选择权的重要手段。③

基于这样的观点,笔者认为,搜索歧视或偏好在商业运作中几乎是不可避免的,谷歌对自己的搜索歧视具有一定的促进竞争正当性的抗辩理由。但是,像FTC这样简单地放任,不加任何约束与公共责任的决定,笔者仍然不敢苟同。考虑到垄断企业的搜索歧视对竞争的限制仍然是明显的,对于关键性的"必要设施",要求搜索引擎给予任何第三方网站更多的竞争机会,尽可能消除负面影响,是必须由法律干预才能完成的。

当然,这样的观点并不是所有人都支持。它的基本依据实际上就是认定像谷歌这样的垄断者,在商业利益之外,应当承担更多的"中立"义务。一些专家认为这种"中立"作为反垄断的原则是荒谬的,反垄断的论证逻辑应当建

---

① Eric Goldman, "Revisiting Search Engines Bias", Santa Clara Law Digital Commons 1-1-2011, January 2011, http://digitalcommons.law.scu.edu/cgi/viewcontent.cgi?article=1596&context=facpubs.

② Eric Goldman, "Search Engine Bias and the Demise of Search Engine Utopianism", *Yale Journal of Law & Technology*, Vol.8, Spring 2006, pp.188, 190-192.

③ Frank Pasquale, "Paradoxes of Digital Antitrust: Why the FTC Failed to Explain Its Inaction on Search Bias", *Harvard Journal of Law & Technology Occasional Paper Series*, July 2103, pp.18-19, http://jolt.law.harvard.edu/antitrust/articles/Pasquale.pdf.

立在是否存在故意损害竞争的行为以及是否有合理的抗辩理由等问题上,而不是去维护所谓"社会利益"这样非竞争性的目标。①

这样的反对意见固然也有合理之处,但也有明显缺陷。因为要求垄断者承担更多的中立义务,实际上是建立在其若加以搜索歧视,将造成较大的负面影响的理由之上。要求原告举证所有搜索算法背后存在故意歧视,在私人诉讼中几乎是不可能完成的任务。在这种情况下,如果垄断者未能展示更多的第三方链接,应当推定为这是具有损害竞争的搜索歧视行为,必须加以一定的矫正。这种对弱势竞争者的偏向,是反垄断执法与司法过程中的一种程序性处理,它并未超出反垄断的范畴。

另外,也有一些专家提出,未来搜索引擎存在的搜索歧视问题可以通过技术本身的发展来解决。他们认为,目前搜索引擎使用的普适性(one-size-fits-all)算法才会引发关于排名的争论,以后谷歌将提供给用户更多合体量身的"个性化定制(personalized)"的搜索结果。这种个性化搜索结果将基于用户的搜索习惯和以往纪录对搜索结果进行排序,每个用户得到的结果清单将是完全不同的,因此也不存在排名问题。②

且不说这种"个性化定制"的搜索引擎可能是对用户信息和隐私的进一步侵犯,因此会再次引起人们对大数据时代的忧虑,它并没有改变垄断的搜索引擎提供商可能具有的操纵搜索结果的能力和事实,甚至是进一步强化了这种地位,而个性化的非普适性的算法,会让任何原告更举证不能。如果现在不对谷歌的行为加以一定的控制,技术造成的歧视将具有更大的隐蔽性。

第三节 平台市场的捆绑销售

一、捆绑销售的合法性

捆绑销售(tying,又称"搭售"),被普遍视为垄断行为中的一种,也是各国反垄断法普遍打击的对象之一。依照美国《谢尔曼法》,③只要同时符合以下四项条件,法庭就可以依据"本身违法(per se illegal)"定罪:(1) 有两种不同的商品或服务牵涉在内;(2) 存在某种合同或条件,公开或隐蔽的,确立了一

---

① Daniel A. Crane, "Search Neutrality as an Antitrust Principle", *Geogia Mason Law Reviwew*, Vol.19(5), 2012, pp.1199, 1207 - 1208.
② Eric Goldman, "Search Engine Bias and the Demise of Search Engine Utopianism", *Yale Journal of Law & Technology*, Vol.8, Spring 2006, pp.188, 198 - 199.
③ The Sherman Antitrust Act, 15 U.S.C. § 1 (2006).

种捆绑;(3)卖家对其中的捆绑商品(tying product)拥有足够的市场影响力,以致能扭曲被捆绑商品(tied product)市场的消费者选择;(4)这种捆绑封锁了被捆绑商品市场的相当一部分贸易。①

捆绑销售一般指具有垄断地位或实质市场控制力的企业出售某一种商品(捆绑商品)的条件是购买者必须同时购买另一种不同产品(被捆绑商品)或许诺他将不会从其他供应商那里购买被捆绑商品。② 在一些国家,如加拿大,捆绑的定义还包括,如果客户同意购买被捆绑商品,那么垄断企业将以更低的价格或更优惠的条件出售捆绑商品,即捆绑折扣。③

在大多数国家,捆绑销售不只被规定在反垄断法中,还规定在反不正当竞争法和消费者权益保护法中。④ 而适用具体哪一种法律,则视具体案件是否满足相关法律的要件,显然,反垄断法对捆绑销售规定的违法要件是比较高的,如证明捆绑者具有垄断地位或垄断力,以及该捆绑行为存在排除竞争的效果是普遍要求。

捆绑销售是运用垄断杠杆的一种具体营销形式,本书将之专列一节加以阐述,是基于其在互联网市场的普遍性和重要性。简单来说,能构成违反反垄断法的捆绑销售行为,往往体现为垄断者通过捆绑优势产品和非优势产品,将其在优势产品市场的垄断力延伸至非优势产品市场,用以排除在非优势产品市场的竞争。因为它具有明显的运用垄断杠杆进行排他竞争的特点,而被早期的反托拉斯法认为是违法性比较突出的行为。

关于捆绑销售的合法性问题,大概是芝加哥学派反对反托拉斯政策的最大抓手之一。从阿龙·迪雷克托到罗伯特·博克都花费了大量的笔墨来分析和说明捆绑销售在实践中一般不可能是为了或构成限制竞争。正如芝加哥学派的另一代表人物弗兰克·H.伊斯特布鲁克(Frank H. Easterbrook)在2006年"SCHOR案"的判词中写道:"所谓'垄断杠杆'的反垄断理论的问题是,这种做法不能增加垄断者的利润。该企业是具有垄断力(我们必须假定)的,但垄断者只能赚一次垄断利润。关键在于,垄断了某些要素的企业,只要

---

① BookLocker.com, Inc. v. Amazon.com. Inc., 650 F. Supp.2d 89, 98 (D. Me. 2009)(citing Data Gen. Corp.. Grumman Sys. Support Corp., 36F.3d 1147, 1179 (1st Cir. 1994)).
② Eastman Kodak, 504 U.S. at 461 – 62(1992)(citing Northern Pacific Ry. Co. v. United States, 356 U.S. 1, 5 – 6(1958)).
③ International Competition Network Report on Tying and Bundled Dsicounting, Prensented at the 8th Annual Conference of the ICN, Zurich, Switzerland, June 2009, p.4, http://www.internationalcompetitionnetwork.org/uploads/library/doc356.pdf.
④ 有一些国家,如比利时考虑将捆绑销售移出反不正当竞争法和消费者权益保护法,认为这种商业做法是普遍存在的,而且不具有很大危害性。

对这种要素索取适当的价格,就可以攫取全部的垄断利润。如果垄断者试图把其他的要素的价格也推高,那效果上就相当于把受其垄断的要素的价格推得过高。垄断者只能收取一次利润,企图再收取一次就会让自己倒霉和给自己添麻烦。"①

在本书第二章第一节提到的博克的《反托拉斯的悖论》一文中,曾详细地分析了捆绑销售的原因和实际效果。他认为,普遍存在的捆绑销售大多是一种合理的商业选择,其目的并不是排他竞争。他罗列了一些捆绑销售的原因②:

第一,逃避价格管制。1958年,美国一家船运公司向其顾客低价出售或出租土地,被最高法院裁定犯有"捆绑销售"罪。问题是,该公司无论在土地还是在运输市场,都不具备垄断力,因此也不具备运用垄断杠杆的能力。博克指出,该船运公司搭售土地是为了暗中调低因管制而定得过高的运输价格。

第二,进行价格歧视。轿车中同一系列的不同车型,捆绑不同的配置,从真皮座椅、到音像系统和卫星导航设备,其总价超出配件在市场上的单价之和,这样做的目的是对需求不同的顾客进行区别对待,从而攫取最大的利润。

第三,进行有效量度。IBM公司早年出租计算机,要求顾客使用专用的数据输入纸卡,招致一场打上最高法院、在1936年审结的反垄断大案。博克在书中指出,IBM的做法,可能既不是为了垄断纸卡制造业,也不是为了价格歧视,而是为了量度客户享受的使用和维修服务,从而收取划一的租金。

第四,提高经济效益。事实上,世界上几乎不存在未经捆绑的商品。即使到市场上买一根针,它的长度、硬度和粗细,都不可以由顾客任意选择,而是被厂商捆绑标准出售的。厂商出售捆绑的商品,根本原因是要降低交易费用。十五年前,电脑用户安装完操作系统后,还要分别安装调制解调器驱动程序、内存管理程序、CD-ROM驱动程序和多媒体播放程序等。今天这些部件都被捆绑(或曰"整合")在一起,无疑极大地提高了效率。

厂商尝试进行这样或那样的捆绑,未必总是成功的,更不是永远成功的。早期的电台播音服务,是捆绑收音机来销售的,那是为了收费。然而,当收听率调查和商业广告都引入市场后,播音和收音机之间的捆绑便自动解开了。

---

① Schor v. Abbott Laboratories, No.05-3344 (7th Cir. 2006). 转引自薛兆丰:《捆绑销售能撬动垄断吗(反垄断专题之十七)》,《经济观察报》2007年8月20日。
② 薛兆丰:《捆绑销售能撬动垄断吗》,《经济观察报》2007年8月20日。

因此,芝加哥学派提出,捆绑销售有助提高经济效益和降低交易费用,各种方案始终应该交给商人来尝试,而不是交给法官来判断,而以为捆绑可以帮助商人运用或扩展其市场垄断力,则是反垄断历史中一场古老的误会。[1]

尽管芝加哥学派的观点仍然有很大的争议,但确实在相当程度上影响了美国以及其他国家在捆绑销售方面的反垄断实践。包括节约成本、提高效率、品质保证、促进技术传播、提高投资和创新等都被认为是捆绑销售的正面效应。作为一项在商业活动中存在已久的做法,捆绑销售一定具有相当的合理性,不能仅仅因为是"垄断企业"实施的捆绑销售,就当然认为它就会损害竞争,构成违法。[2]

其实在微软案以后,关于捆绑销售是否仍按"本身违法"原则进行处理,已经有了很大争议。芝加哥学派的法官们公开在判例中否定"垄断杠杆"本身会构成对《谢尔曼法》第 2 条的违反。[3] 法院开始强调,垄断杠杆必须以某种特定的形式存在,如掠夺性定价、锁定式捆绑销售或拒绝交易,才可能构成违反反托拉斯法。近几年涉及捆绑销售的案件,都需要评测其是否具有限制竞争的效果或影响,而这种证明责任在执法机构。[4]

相较于美国,大多数其他国家在捆绑销售行为应当按照"合理规则"进行评量一事上并无争议。[5] 依据"国际竞争网络"2009 年的报告,大多数国家在分析捆绑销售和捆绑折扣是否构成滥用市场垄断地位方面,依循这样的逻辑:具有垄断地位或强大的市场影响力(substantial market power);可分开独立的产品或服务;这些产品或服务被捆绑或打包出售;对竞争有负面影响;以及缺乏能推翻违法性的抗辩理由。[6]

以欧盟竞争法为例,欧委会认为对捆绑销售调查的重点是其是否对直接和最终的消费者引起了类似封锁市场的损害。按照欧委会的观点,捆绑销售

---

[1] 薛兆丰:《捆绑销售能撬动垄断吗》,《经济观察报》2007 年 8 月 20 日。
[2] International Competition Network Report on Tying and Bundled Dsicounting, Prensented at the 8th Annual Conference of the ICN, Zurich, Switzerland, June 2009, p.24, http://www.internationalcompetitionnetwork.org/uploads/library/doc356.pdf.
[3] 如 Schor v. Abbott Laboratories, No.05 - 3344 (7th Cir. 2006)。
[4] International Competition Network Report on Tying and Bundled Dsicounting, Prensented at the 8th Annual Conference of the ICN, Zurich, Switzerland, June 2009, p.3, http://www.internationalcompetitionnetwork.org/uploads/library/doc356.pdf.
[5] 包括哥伦比亚、以色列、牙买加、韩国、波兰、土耳其和俄罗斯等国家也在本国的反垄断法和反不正当竞争法中规定捆绑销售是"本身违法"的行为。
[6] International Competition Network Report on Tying and Bundled Dsicounting, Prensented at the 8th Annual Conference of the ICN, Zurich, Switzerland, June 2009, p.9, http://www.internationalcompetitionnetwork.org/uploads/library/doc356.pdf.

最大的危害在于具有某种产品市场垄断地位的企业能通过捆绑的方法阻碍在另一种产品市场的竞争,形成对该产品市场的封锁(foreclosure)。这种封锁可能构成对消费者的损害,因为可能导致高价或降低质量,或限制消费者的选择。

必须明确的一点是,在几乎所有捆绑销售的案件中,一定都会有竞争者因此受损,而这并不能成为捆绑销售违法的当然证据。正如美国联邦贸易委员会(FTC)所指出,在捆绑销售案件中,重要的是证明在捆绑商品市场或被捆绑商品市场造成了对竞争的损害,而不只是对其他竞争者的损害,才能证明其违法性。相对地,如果垄断企业能证明其捆绑具有提高效率的效果,而这种效率大于对竞争的损害;①或者能证明捆绑不会对两个产品市场的竞争构成损害,那么也能建立有效的抗辩②。

总的来看,尽管各国竞争法中都仍然将捆绑销售列入"滥用垄断地位"的行为类型中,但实践中则更趋于合理化评价。比如一些竞争机构相信捆绑和折扣可能是为了保证售后服务市场的质量,非强制的捆绑也可能是为了增加消费者的选择,提高购物效率和体验。法国和土耳其的竞争机构就提出,捆绑销售往往是一种短期行为,它对竞争的实际影响是有限的。③ 大多数国家的竞争执法机构和法院对捆绑销售的抗辩理由持开放态度,认为这种商业活动中广泛存在的做法具有相当大的合理性。④

二、互联网捆绑行为的特点

2013年11月北京市律师协会电信与邮政法专业委员会与全国律师协会信息网络与高新技术委员会联合发布了一份《互联网软件捆绑问题法律研究报告》。⑤ 该报告对国内主要软件进行抽取和安装验证,并根据西安交通大学信息安全法律研究中心的《软件捆绑安装行业数据调研报告》进行了数据统计分析。

该报告显示,国内几乎所有细分领域的领先软件在安装时都进行了捆绑,捆绑数从1项至11项,还有多项包括修改浏览器主页、添加工具栏、创建

---

① 如欧盟、比利时、德国、韩国、英国、墨西哥等国都有这样的规定。
② 如欧委会认为,如果能证明捆绑销售的价格如高于相关成本的平均线,那么可能用来证明其不会对竞争造成损害。
③ International Competition Network Report on Tying and Bundled Dsicounting, Prensented at the 8th Annual Conference of the ICN, Zurich, Switzerland, June 2009, p.21, http://www.internationalcompetitionnetwork.org/uploads/library/doc356.pdf.
④ Id., pp.23-24.
⑤ 中华全国律协编:《中国律师业务:开拓与创新》,法律出版社2014年版。

快捷图标等诱导安装行为。以捆绑最多的腾讯 QQ 2013 SP2 版为例,捆绑软件多达 11 项,包括 QQ 工具栏、中文搜搜、QQ 音乐播放器、腾讯视频播放器、腾讯电脑管家、金山毒霸、手机管家、QQ 浏览器、网址哨兵、上网导航及 QQ 邮件等。

在所有软件中,最善于捆绑的是聊天软件,如 QQ 和 MSN,这意味着其客户的黏着性和网络效应最高。影音播放软件和下载软件捆绑数也很多,而且大多后台自动执行。在安装过程中,自动或推荐安装中多已捆绑,而自主安装中则有 83.3% 的软件有提示捆绑,即使如此,有些捆绑并不能勾选去除。但对修改浏览器主面、创建快捷键等多有提示可选或不选。

总的来看,捆绑营销在互联网行业是广泛存在的,并且形式多样。由于大部分软件是免费赠送的,即使捆绑销售,对消费者来说似乎也没有直接的损失。但正因互联网的双边市场特点,在免费端的卡位竞争是获得另一端收费市场的重要手段。因此,掩盖在免费名目下的捆绑销售,其可能具有的对竞争的危害,也应综合各方面加以深入分析。

总的来看,互联网捆绑行为的特点包括以下几个方面:

(一)平台竞争加诸的技术限制

国内一些学者提出,互联网行业中多存在平台竞争,"作为一款单独的应用产品,如果失去了平台的支持,是非常容易在竞争中被取代的。在平台竞争时代,多种应用产品通过平台接口维系在一起,充分发挥其对于平台的附加值,和平台一起作为整体在竞争中保存下来"。[1] 在平台经营模式中,不同的应用安装通过共同的兼容接口标准联系在一起,这些组合产品分别属于不同的相关产品市场。产品组合中一个产品市场中的市场力量,能够借助共同的接口得以传导。

日本任天堂在 19 世纪 80 年代推出了其游戏系统 NES(Nintendo Entertainment System),并开发出《超级玛丽》等游戏(这些游戏只能运行于 NES)。任天堂通过这种排他性策略和借助网络经济效应获得了市场优势地位,迅速超过 Atari 成为行业领导者。1987 年,任天堂通过技术手段迫使其他独立的游戏开发者在两年之内开发的游戏只能运行于 NES 而不能运行于其竞争对手 Atari 和世嘉的系统,这种强加给合作伙伴的义务带来了两个结果:

首先,游戏开发者不会为了让游戏运行于其竞争对手的系统,而放弃任

---

[1] 张江莉:《互联网平台竞争与反垄断规制:以 3Q 反垄断诉讼为视角》,《中外法学》2015 年第 1 期。

天堂的用户安装基础。任天堂的排斥行为导致与其竞争的 Atari 和世嘉的系统吸引力减弱，从而使整个市场都倾向于它。其次，这种独家交易又会影响消费者预期，使任天堂这个市场领导者受益。以上两点，大大加强了任天堂对相关市场的控制。导致新竞争者难以进入这个市场，也增加了消费者负担，因为使用 Atari 和世嘉游戏系统的消费者要想和朋友玩一样的游戏，就不得不购买任天堂的游戏系统。在任天堂被提起反垄断诉讼并被迫放弃这种策略后，它对相关市场的控制才受到有效削弱。[1]

（二）捆绑的形式更多样和隐蔽

目前互联网产品的捆绑，大多是在优势产品的安装过程中完成的。当用户需要下载安装某一种产品时，却发现其安装包里实际上打包了同一个企业的其他产品，有些是可选的，有些是强制安装的。而在典型的"推荐安装"项下一般都或多或少地打包了其他产品。因为信息的不对称，大多数用户在安装过程中都未留意有许多项目是默认勾选的。

目前所有优势应用软件产品，没有一个界面是完全干净的，都或多或少存在捆绑，甚至捆绑广告。另外，当新的副产品推出后，垄断企业还会强制已安装旧产品的用户进行升级，升级包里就会捆绑新的副产品。许多产品还是后台运作的，占用用户大量内存，还有可能与其他企业的产品存在冲突。

这种捆绑行为与传统的捆绑和捆绑折扣都有很大区别，它更加隐蔽、快捷，而且具有较大的强制性。几乎在所有用户的电脑里，都可以发现从未使用过的一些应用软件，其中大多数都是通过捆绑安装加诸用户电脑。还有一些软件要求修改主页和添加工具栏，这实际上是在改变用户习惯，从而达到进一步"锁定"用户的目的。

以腾讯 QQ 为例，在测试安装 QQ 2013 SP2(8180)正式版时，除了在安装界面上，能够看到诸如 QQ 工具栏、中文搜寻、腾讯视频、QQ 音乐、金山毒霸等"友善"捆绑提示，可由用户自行决定是否一起安装；还会在完全不知情的情况下，被强行安装手机管家、网址哨兵、上网导航（桌面快捷方式）、Tencent QQMail Plugin。这还不算那些 QQ 经典应用，如 QQ 游戏、QQ 宠物等。

这些软件会占用用户系统的大量内存和 CPU 资源（大概会有 10—12 个进程会驻留在系统后台），拖慢电脑，用户删除它们则特别困难。腾讯没有准备一个统一的删除程序，用户甚至不得不手动到程序安装目录里执行

---

[1] 参见张小强：《网络经济的反垄断法规制》，法律出版社 2007 年版，第 136—138 页。

uninstall 文件,或者用第三方卸载工具,才能将有些程序删除。①

(三)对捆绑违法性的证明更具难度

如前文所述,捆绑可能具有许多正面效应,它也可能有助于企业能迅速进入新的市场,从而在新的市场展开有效竞争。在互联网市场,捆绑具有更强烈的技术特点,在判断两个产品或服务是不是"不同的(distinct)、分开的(seperate)"的问题上,有时需要专门的技术顾问辅助判定。捆绑多在安装过程中完成,捆绑一般都有多个选项,何种情况下是强制捆绑,何种情况下只是提供了捆绑的选择,也是判定捆绑违法性时可能具有模糊的问题,往往需依个案确定。另外,什么样的抗辩被认为是有效的合理的抗辩,也会是互联网捆绑案件中有难度的问题。

2012年奇虎360低调推出综合搜索,8月21日起,360自主搜索引擎替换谷歌,成为360网址导航的默认搜索引擎。在一些版本的360浏览器搜索框中,360搜索也被设置为默认搜索引擎。Hitwise数据显示,360综合搜索上线仅五日访问量份额就近10%,仅次于百度位居网页搜索第二位。尽管这个数据的真实性受到同行的怀疑,但360搜索引擎发展迅速是事实。

在搜索引擎服务领域中,奇虎360能够迅速崛起,主要是凭借360系列软件强大的安装基础。奇虎360凭借免费推出360杀毒软件成为仅次于腾讯的全国第二大客户端,奇虎360拥有360安全浏览器、360保险箱、360杀毒、360软件管家、360网页防火墙、360手机卫士、360极速浏览器等系列产品。在安装360杀毒软件的同时,会自动附带运行360安全浏览器,而360浏览器则自动默认360搜索引擎。这正是"一站式服务"客户端的巨大杠杆效应。②

显然,正是通过捆绑,奇虎360能有效进入被百度垄断多年的搜索引擎市场,并成为百度有力的竞争对手。而奇虎360这家同样由捆绑起家的企业,却对腾讯QQ的捆绑行为强烈反对直至诉至公堂。在现有的寡头垄断市场格局中,细分市场的大企业之间正在越来越多地进行跨界竞争,有趣的是,这多是通过捆绑完成的。从这种意义来说,捆绑具有一定的促进竞争的作用。另一方面,对许多新兴市场而言,大企业推出的衍生产品及其捆绑模式又直接危及其生存。因此,捆绑是必须以"合理规则"审慎对待的行为,个案的条件非常重要,法官的自由裁量权在此类互联网案件中将特别突出。

---

① 以上关于腾讯QQ捆绑的测试信息,引自民间论坛IT专家网:《互联网软件捆绑比拼,搜狗输入法和QQ最"流氓"》,2013年9月22日,http://news.ctocio.com.cn/454/12724454.shtml.

② 张江莉:《互联网平台竞争与反垄断规制》,《中外法学》2015年第1期第27卷.

三、微软的世纪审判及反思

反垄断史上最有名的捆绑销售案件,大概是 2000 年美国司法部诉微软公司案。[1] 这个案件的是非功过直到今天仍然众说纷纭,没有定论。但是 20 世纪 90 年代到 21 世纪的前十年,就如今天的谷歌一样,微软深陷世界反垄断的漩涡中心。

1974 年创建的微软公司的主要产品是个人电脑(PC)的操作系统。1980 年,该公司的操作系统被国际商用机器公司(IBM)的个人电脑全面采用,从此发展成为操作系统的领先企业。特别是视窗系统界面简洁、操作简便,被全世界的个人电脑普遍采用,其垄断地位数十年无人撼动。由于垄断地位突出,微软一直是反垄断执法机构的重点关注对象。

1990 年,美国联邦贸易委员会就对该公司是否把当时的操作系统 MS-DOS 与应用软件捆绑在一起销售展开调查,后由司法部接手继续调查。这个时期正值微软开发"视窗"操作系统之际,许多软件厂商认为视窗将取代 MS-DOS,将进一步加强微软的竞争优势。司法部于是把调查重点转至视窗系统上。1995 年,微软与司法部达成一项和解协议。根据这项协议,微软公司在向个人电脑制造商发放"视窗 95"使用许可证时不能附加其他条件,如捆绑微软自己的应用软件产品,但并没有阻止微软开发集成产品。

在微软因为视窗屡遭诉讼累时,美国的网景公司和太阳微系统公司悄悄崛起,并迅速占据了互联网浏览器的市场主导地位,微软这才发现战略疏漏,忽略了互联网客户平台的影响力和潜力。为了改变在互联网市场的落后地位,微软极力推销其浏览器产品 IE,将 IE 免费捆绑到视窗产品上。这种捆绑直接导致网景的市场份额从 80% 下降到 36%,而 IE 则迅速攀升到 36%。[2] 1996 年,网景公司向美国司法部投诉微软。康柏等电脑制造商也向司法部提供证据,控诉微软强迫制造商预装 IE,以此作为预装视窗 95 的前提条件。

1997 年 10 月,司法部向哥伦比亚特区地区法院(D.C.地区法院)提起指控,认为该公司将安装 IE 作为电脑制造商申请"视窗 95"使用许可条件的做法,严重违反了 1995 年微软与司法部的和解协议,应当课以重罚。D.C.地方法院驳回了判定微软违反和解协议的请求,但作出另一项临时裁定:禁止微软把安装 IE 作为个人电脑制造商申请其操作系统使用许可的条件。

1998 年 6 月,在哥伦比亚特区联邦法院法庭听证会上,陪审团反对杰克

---

[1] United States v. Microsoft, 87 F. Supp.2d 30 (D.D.C. 2000).
[2] 杨秋艳:《微软垄断案始末》,《中国青年报》2009 年 11 月 9 日。

逊法官的临时裁定,认为该裁定阻碍了微软研发新产品。美国上诉法院也驳回了该裁定,认定哥伦比亚地方法院的禁令是错误的,因为1995年协议并未限制微软在产品中整合新的功能。① 同月,微软的新一代操作系统视窗98顺利上市销售,IE仍被整合其中,相当于免费打包。

尽管基于1995年和解协议的指控失败了,但司法部并未放弃。1998年5月18日,司法部和20个州政府又分别向哥伦比亚地方法院递交诉状,指控微软违法地将其操作系统产品视窗与浏览器产品IE进行捆绑,违反了《谢尔曼法》。该案历经两审,一波三折,颇富戏剧性。该案成为AT&T案之后影响力最大的反垄断案,被称为"世纪末的审判"。

初审的D.C.联邦地区法院在该案中适用了最高院在Jefferson Parish Hospital案中②提出的"本身违法测试(per se illegal test)",即四步测试:(1)涉及两个不同的"产品";(2)被告向客户提供唯一选择——为了购买捆绑产品,只能同时购买被捆绑产品;(3)捆绑安排对跨州的贸易产生重大影响;(4)被告在捆绑产品市场上具有"市场影响力(market power)"。显然,微软的捆绑行为完全符合这四步测试。

值得注意的是,微软的捆绑行为具有传统行业捆绑所不具有的一个特点:零定价,即被捆绑的产品相当于免费赠送。零定价使得消费者到底是获益还是受损,成为一个争议很大的问题。主审的联邦地区法院法官认为,捆绑打包价格是客户不得不接受的,零定价使得其他竞争者必须以高昂的代价进行竞争,这实际上就是将被捆绑产品强行推销给客户。③

D.C.联邦地区法院因此判决微软的捆绑安排是违法的,因为"它是一项故意的和有目的地抑制竞争以获得具有威胁力的市场份额的选择的结果"。④ 为了证明这种故意,地区法院提出以下依据:微软对视窗95、视窗98和IE捆绑单一定价;微软不允许OEMs从视窗桌面卸载或移除IE;微软对视窗98的设计阻止用户通过卸载程序移除IE;微软对视窗98的设计,使得用户无法选择其他的浏览器。⑤

2000年4月4日,杰克逊法官宣布微软违反《谢尔曼法》,构成三项罪名:通过反竞争行为维持垄断;企图垄断浏览器市场;将其浏览器与操作系统捆绑。杰克逊法官随后于6月7日,作出一审判决:微软公司应停止在视

---

① 杨秋艳:《微软垄断案始末》,《中国青年报》2009年11月9日。
② Jefferson Parish Hosp. Dist. No.2 v. Hyde, 466 U.S. 451 (1992), at 12-8.
③ United States v. Microsoft, 87 F. Supp.2d 30 (D.D.C. 2000), at 50.
④ Id., at 51.
⑤ Id., at 84-85.

窗95中捆绑IE，不得把捆绑IE作为视窗95许可使用协议的前提条件。按法院命令，微软将被拆分成两部分，一部分专营电脑操作系统，另一部分则专营Office系列应用软件、IE浏览器等其他软件，10年之内两部分不能合并。

微软当即以杰克逊法官的司法公正性有问题为由，上诉到D.C.联邦巡回法院。① 在二审中，巡回法院否定了"本身违法测试"在本案的适用性，认为考虑到相关市场的特点，应当适用"合理规则"。而且，巡回法院将熊彼特创新经济学的观点纳入参考，因此在判定微软捆绑行为的违法性上特别谨慎。② 巡回法院提出："将一个新的功能纳入平台软件中是一种普遍的做法……僵硬地适用本身违法规则……可能会妨碍……创新。"③

简单来说，在二审中，巡回法院的观点是，在具有动态竞争和创新特点的市场，要证明一项捆绑是违法的，必须达到较高的标准，④即要证明损害竞争的效果是明显的和重大的，而且应当允许被告提出效率抗辩。⑤ 基于这些理由，巡回法院认为地区法院的一审中存在许多问题，因此裁定发回重审。

在发回重审的裁定书中，巡回上诉法院表明："因为初审法官和媒介成员举行过秘密会晤，并在法庭外公开对微软官员发表了许多具有攻击性的评论，因而卷入了不可允许的单方（ex parte）接触，从而导致了偏袒（partiality）的表现。尽管我们未发现实际偏袒的证据，我们判决初审法官严重玷污了在地区法院的程序，并对司法过程的完整性（integrity）产生质疑。因此，我们被迫撤消对救济的最后判决，将案件的救济判决发回重新考虑，并要求案件的重审被分配给不同的初审法官。我们相信，这种处理方式对纠正所指出的不适当（impropriety）是合适的。"⑥

2001年8月，杰克逊法官因违反司法程序、向媒体泄漏案件审理内情而被解职，⑦科林·科拉尔·科特琳法官接手该案的重新审理。微软请求美国最高法院直接审理该案，最高法院予以拒绝。全面衡量利弊后，微软提出与

---

① United States v. Microsoft, 253 F. 3d 34 (D.C. Cir. 2001).
② Id., at 49.
③ Id., at 95.
④ 巡回法院提出，为了证明被告的捆绑是违法的，原告须证明：(1) 被告的行为不合理地限制了竞争；(2) 对捆绑产品市场造成的损害大于受益；(3) 价格存在打包或捆绑。
⑤ United States v. Microsoft, 253 F. 3d 34 (D.C. Cir. 2001)., at 89-93.
⑥ 韩志红：《从微软案件始末看美国反垄断法的实施》，《经济法研究》2008年第7期。
⑦ 美国《合众国法官行为准则》的第3A(6)条标准（Canon）要求联邦法官"对正在（pending）或即将（impending）审理的（案件）避免公开评论其是非曲直"。第2条标准要求法官在庭内庭外"所有活动中都避免不适当及不适当的外表"。第3A(4)条标准禁止法官对正在或即将审理的案件是非举行或考虑单方交流。司法规则第455(a)节要求法官在其"公正（impartiality）可能受到合理质疑"时自动回避。

司法部重新谈判并作出让步。2001年9月6日,司法部宣布不再要求拆分微软,并撤销了部分指控。9月28日,应法院要求,司法部与微软公司开始新一轮和解谈判。11月,和解协议达成。司法部和9个州同意了该和解协议,但其他州和哥伦比亚特区表示不接受。①

2002年11月,哥伦比亚特区联邦法院批准了和解协议。微软和美国司法部达成妥协:微软不得参与可能损及竞争对手的排他性交易;电脑制造商将使用统一的合同条款;微软公布视窗的部分源代码,使竞争者也能在视窗上编写应用程序。不过,联邦司法部并没有要求微软更改已有的任何代码,也没有禁止微软在未来的视窗中捆绑其他软件,但微软应提供多种选择。此后,微软陆续与哥伦比亚特区和各州达成和解,和解费用总计约18亿美元。②

诺贝尔经济学奖得主米尔顿·弗里德曼认为这场针对微软的反垄断诉讼开创了一个政府干涉自由市场的危险先例,给未来的政府监管阻碍同行业的技术进步埋下伏笔。③ 不过,2007年1月《商业与经济研究期刊》(*Journal of Business & Economic Research*)中登载的格利高里·T.詹金斯(Gregory T. Jenkis)和罗伯特 W.比恩(Robert W. Bing)的论文则认为,与米尔顿所担心的恰恰相反,这次和解实际上对微软的影响微乎其微,其中的罚款、限制和监控都还远远不足以"防止它滥用垄断权力主宰操作系统和应用软件业"。④ 他们的结论是,在这个案件得到和解后,微软仍然可以利用其保有的主导或垄断地位扼杀对手的竞争和技术创新。

在微软案中,尽管初审和上诉法院都将消费者权益保护作为目标,但是对微软的捆绑行为是有害还是有益的判断却存在巨大分歧。杰克逊法官认为消费者的选择权因为捆绑受到了损害,而上诉法院则认为必须将对消费者选择权的损害与免费提供对消费者福利的增进之间进行权衡。尽管本案最终以和解结案,上诉法院也以发回初审的形式未对本案的实质问题有所结论,但上诉法院关于高科技领域捆绑行为的许多观点仍然可圈可点。

---

①② United States v. Microsoft, 215 F. Supp.2d 1 (D.D.C. 2002) and Unted States v. Microsoft, 231 F. Supp.2d 144 (D.D.C. 2002). 转引自周浩:《世纪末的大审判》,《人民法院报》2011年1月21日。

③ Milton Friedman, "Policy Forum: The Business Community's Suicidal Impulse", *Cato Policy Report*, Vol.21(2), March/April 1999, http://www.cato.org/sites/cato.org/files/serials/files/policy-report/1999/3/friedman.html.

④ Gregory T. Jenkins and Robert W. Bing, "Microsoft's Monopoly: Anti-Competitive Behavior, Predatory Tactics, And The Failure Of Governmental Will", *Journal of Business & Economic Research*, Vol.5(1), 2007, pp.11 – 16.

在美国缠讼数年后,微软又遭到了欧盟、韩国的反垄断指控。欧盟针对其将视窗与媒体播放器的捆绑,而韩国针对其将视窗与即时通信软件MSN的捆绑。这两起案件中,微软都最终接受了巨额罚款,并随后推出不预装媒体播放器和MSN的视窗产品。这些诉讼延绵十年,一定程度上影响了微软的后续创新,阻碍了微软向互联网市场的全面进入,在后来的互联网和移动互联网应用程序技术上,微软已明显落后于苹果、谷歌等。

孰是孰非尚无定论,技术已更新换代。此后微软仍然提供捆绑IE的视窗产品作为选项之一,这使得IE在2002年之前都占据较大的市场份额。但一方面因为更新不力,另一方面始终存在安全漏洞问题,IE逐渐被Firefox和Chrome所代替。微软在2015年的Build大会上宣布了Project Spartan的正式名为Microsoft Edge,将替代IE浏览器。Edge相较IE有三大功能:笔记和共享、Cortana、无干扰阅读模式。另外,Edge支持Chrome和Firefox扩展插件的快速移植,谷歌和火狐的这两个浏览器的插件只要做"少量代码修改"就可以移植到Edge。Microsoft Edge的命名可能意味着,Edge有跨iOS和Android的考虑。至此,IE退出历史舞台,更兼容更开放的浏览器是未来趋势。

四、智能手机的捆绑

智能手机的出现在互联网时代具有里程碑的意义。作为一种高度集成的产品,一台智能手机上除了移动操作系统(mOS)等核心硬件外,往往预装了多个驱动程序和应用程序,它必须同时满足输入、图片、视频、上网等多种处理的需求。因此,与电脑不同,智能手机从诞生之始其商业模式就体现为一种捆绑销售。而这种捆绑被认为是提高用户体验和购买效率的必要手段。[1]

目前几乎所有的智能手机除了一些预装的基本应用外,也都提供应用程序的商店(application clearinghouse),使用该智能手机的用户只能从提供的应用商店里下载相关应用。这里就存在一个明显的杠杆传递关系。即该品牌智能手机如果能吸引和黏着足够规模的用户,那么它的应用商店就会拥有相应数量的用户,而对应用的定价也就具有更大的影响力,从而也会提高更多的应用商入驻该智能手机应用商店的意愿。

应用商店实际上是一种中介平台,它认可、出售和发布下游的第三方应

---

[1] Thomass H. Au, "Anticompetitive Tying and Bundling Arrangements in the Smartphone Industry", *Stanford Technology Law Review*, Vol.16(1), 2012, pp.188, 190 – 191.

用,如 iTunes Store、Blackberry's Appworld、Google's Play 或者 Amazon Appstore 等。从竞争意义上来说,通过 mOS 与应用商店的捆绑,实际上就可能将在 mOS 上的垄断地位或市场影响力,延伸至应用软件市场,从而操控应用软件市场的价格。这种捆绑在竞争上的影响与微软将视窗与 IE 捆绑出售具有极大的相似之处。

智能手机通过 mOS 与应用商店的捆绑,可能存在三种动态竞争:(1) 智能手机的移动操作系统 mOS 可被视为单独的一个市场,在该市场内只提供了一个应用商店,作为第三方应用程序能够接入的界面,捆绑、预装等方式会导致对应用市场的某种封锁;(2) mOS 作为一个单独的市场,但是有多个应用商店,在应用市场上 mOS 的制造商和第三方应用开发商在价格上相互竞争;(3) 不同的智能手机的 mOS 相互之间为了应用商店能纳入哪些应用程序而相互竞争,在这种情况下应用程序的质量和价格会影响 mOS 的竞争力。

简单来说,通过 mOS 与应用商店的捆绑,可能存在 mOS 制造商的垄断杠杆延伸,因此影响应用程序市场的价格竞争,人为地抬高应用程序的价格,也可能因为应用程序质量与价格的竞争,使得消费者更愿意选择装有价格较低的应用商店的智能手机,反制 mOS 的垄断力量。因此智能手机上的捆绑是否具有限制竞争的性质,是一个答案不确定的问题。

奥克诺(O'Connor)法官在杰弗森·帕瑞斯地区医院一案中提出,判定一项捆绑行为的违法性,至少要满足以下门槛条件(但并不是充分条件):(1) 卖方必须在捆绑市场具有影响力;(2) 存在这样重大的威胁:实施捆绑行为的卖方在被捆绑产品市场上将获得市场影响力;(3) 必须有一致的经济学基础能将捆绑产品和被捆绑产品区分成不同的产品市场。[①]

首先,mOS 与应用商店是否是不同的产品,在实践中仍然会有些争议,应用商店是每台智能手机必备的软件集成,如果没有应用商店,智能手机的许多功能无法展现,也就失去了对用户的吸引力,从这点意义上来说,应用商店与 mOS 之间的互补性是明显的。但这并不排除,应用软件与 mOS 实际上是完全不同可以分离的产品,而应用商店只是提供二者接合的界面。

问题回到另一个更有趣的点:到底是 mOS 与应用商店捆绑,还是 mOS 与应用软件捆绑? 在应用商店,用户有相当大的选择权下载所需要的应用软件,如不同的游戏。在用户下载前,mOS 只是与应用商店捆绑,而并不是与应用软件直接捆绑,但显然,能进入捆绑的应用商店实际上是进入可能被捆

---

① Jefferson Parish Hosp. Dist. No.2 v. Hyde, 466 U.S. 451 (1992), at 34-39.

绑商品行列。因此,被捆绑的虽然是应用商店,但也必然影响到应用商店中所有应用软件的具体种类和定价。传统的捆绑产品与被捆绑产品在智能手机上,变成了一个微妙的很难套用以往判例的问题。这又要回到我们前面谈到关于互联网产品市场界定的特殊处,必须厘清一些市场之间的联系,并将之综合考量。

其次,mOS制造商必须在捆绑产品,即mOS上具有市场影响力。目前市场智能手机的主流三个mOS是苹果的iOS、谷歌的Android和微软的Windows Phone。其中Android因为一直是免费提供的,所以为包括三星、索尼、LG、华为和中兴等智能手机广泛采用,每一品牌智能手机又有定制的mOS。

根据IDC关于全球范围内智能手机销售量的评测,iOS在2015年的销量增长会超过Android,但其市场份额至2019年前仍然不会超过20%,Android将始终占据79%以上的市场份额,WP的市场份额可能增长至5%[1]。在这三个mOS中,只有Android具有明显的市场影响力或主导地位。

表5-1 IDC关于世界范围内智能手机
销售量、市场份额五年预测

(销售量单位:百万美元)

操作系统	2015*装船量	2015*市场份额	2015*年增长率	2019*装船量	2019*市场份额	2019*年增长率	五年平均增长率
Android	1 149.3	79.4%	8.5%	1 524.1	79.0%	5.0%	7.5%
iOS	237.0	16.4%	23.0%	274.5	14.2%	3.0%	7.3%
Windows Phone	46.8	3.2%	34.1%	103.5	5.4%	13.6%	24.3%
其他	14.2	1.0%	3.9%	26.3	1.4%	7.5%	14.0%
总计	1 447.3	100.0%	11.3%	1 928.4	100.0%	5.1%	8.2%

但是,Android是最为开放的,它允许许多第三方应用商店的同时存在,因此几乎不存在捆绑问题。涉嫌捆绑的主要是苹果的iOS,苹果应用商店是独有的,并且与入驻应用商有很多排他性的约定(见第二章第五节)。但iOS就目前的市场份额来说,它并不具有主导地位,它只能制约和影响"果粉"们。

---

[1] Forbes, Apple iOS and Google Android Smartphone Market Share Flattering: IDC, 27 May 2015, http://www.forbes.com/sites/dougolenick/2015/05/27/apple-ios-and-google-android-smartphone-market-share-flattening-idc/2/.

苹果手机的用户在多大程度上是被强制还是自愿地选择了苹果的应用商店模式，仍然是一个可以争议的问题。

第三，在智能手机的应用商店里，一些应用软件收费下载，一些则是免费提供。以三星为例，其智能手机中配备两个应用商店，三星应用商店和Android应用商店——Google play。这两个商店中的大多数应用软件是免费下载的。而与Android不同的是，苹果的应用商店的应用软件则大部分是收费的。苹果坚称其对入驻的应用软件至少保证其安全，而第三方应用商店提供的软件则有可能携带病毒。

尽管长期坚持收费政策，却极大地鼓励了应用产品的入驻，所以苹果的应用商店的软件下载数量和质量一直领先于其他两种系统。[①] iOS和Android应用商店的软件数量都多达上百万种，因此分类和推荐成为至关重要的功能。从这个意义上来说，应用商店对入驻应用还提供搜索引擎的功能，这也从某种程度上控制了应用软件之间的竞争。

比较难证明的是，mOS的制造商故意地将其在操作系统上的垄断力延伸至应用商店。显然在Android的案例中，由于允许用户安装第三方应用商店，这样的垄断杠杆意图并不明显。而iOS在这方面的控制，也有一定的正当意图：安全审查、鼓励创新以及提高用户体验等。简单来说，捆绑似乎在限制了用户的选择权的同时，也为用户带来了一些正面的效率，这两者之间很难量化比较。

2014年全年，苹果宣布，所有应用程序开发者通过苹果App Store获得了150亿美元的收入。根据30%的分成规则，苹果获得了其中45亿美元的收入，相比2013年，整体收入大幅上涨了50%。但是一年45亿美元的App Store收入，相对苹果全年1 800亿美元的收入，只占到一小部分，数据上的价值没有那么明显。但App Store给开发者带来的可观收入，以及iOS用户能够获得大量优质的应用，对于整个苹果生态圈却有着非常重要的意义，而这些，并没有从数据上显现出来。

App Store提供140万个App的下载，Google Play应用数量则达到172万，但苹果App Store的收入回报显然更为丰厚。App Annie追踪的数据显示，2014年第三季度，苹果App Store产生的收入比Google Play产生的收入高出60%。

[①] 苹果于2008年7月11推出App Store应用商店，9月22日应用下载次数便突破1亿次，2009年4月24日应用下载次数突破10亿次，2009年7月14日突破了15亿次，2009年9月29日突破20亿次，2010年1月5日突破30亿次。

相对于其他应用商店，所有的业内评价都是苹果更有意识、更有章法，不断改进其服务，并将应用商店有效地纳入其生态系统。比如，苹果允许开发者在苹果应用商店中捆绑销售他们的应用程序、展示应用程序预览视频以及邀请用户试用测试版应用程序。苹果还允许第三方应用程序，例如可以给照片添加各种神奇效果的应用程序，嵌入它自己的应用程序。苹果提供的新的编程语言 Swift 将让编写应用程序的工作变得更加容易。正因如此，编程者将会更加热心地优先为 iOS 8 编写应用程序，其次才会考虑到 Android 或 Windows Phone。而应用程序丰富的应用商店对于消费者来说也是一大亮点。[①]

总的来说，对 mOS 与应用商店的捆绑，是否构成一个反垄断命题，仍然是见仁见智的问题。笔者的观点是，仅以苹果 App Store 案为例，它不具有 mOS 的市场主导地位，将 mOS 与收费为主的应用商店进行捆绑，某种意义上也会影响其在 mOS 上的市场影响力，垄断杠杆与损害竞争的影响都并不突出。苹果坚持的这种商业模式对用户有一定的区分意义，对整体竞争提供了更多样的补充，它的成功和失败受制于许多市场因素，可由企业和消费者自行调整，并不应当以反垄断过多干预。

第四节　标准的垄断性定价和拒绝交易

20 世纪 90 年代以后，关于专利丛林（patent thicket）的问题在全球越来越突出。为了鼓励创新和研发投入，专利法保护授予专利持有者排他的所有权。近几十年来，各国都非常重视专利和技术对国民经济的驱动，全员社会进入到大量申请关联专利、保护性专利和微小专利的时代。结果上游的专利技术被垄断以后，下游的专利技术很难发展，尤其是那些具有基础性的技术被垄断以后，问题更加严重。这就形成了今天讨论的专利丛林法则（patent thicket principle）。

专利丛林法则导致的两大障碍是：一是步步地雷，使得后续创新几乎无法开展；二是漫天要价，使得后续创新成本畸高。与专利丛林法则相关的另一问题是专利池（patent pool）或集中授权问题。有一些企业或律师专门买入或收集一些微小专利的代表授权，统一寻找可能涉及侵权的产品，处处寻讼。

[①] BI：《苹果生态系统将成为巨大优势》，2014 年 6 月 8 日，http://www.kuinews.com/1101.html。

专利丛林法则和专利集中授权问题,已经成为全球学术界和业界讨论的热点,包括世界知识产权组织、欧盟专利局、美国国际贸易委员会等都曾就此发布研究报告。

标准必要专利(Standard-Essential Patents,以下简称 SEPs)将专利丛林问题推到一个突出的位置。特别是对必须互联互通的互联网来说,标准的垄断已经成为近几年互联网反垄断不可忽视的一个重要问题。标准必要专利所涉及的垄断问题引发了大量的民事诉讼案例,而且此类反垄断诉讼往往紧随专利侵权诉讼,法院必须在保护专利还是保护竞争之间小心翼翼地做出选择。

一、标准必要专利

在强调互联互通的信息时代,每一项电子产品在进入市场时都要考虑产品关键的元件和功能是否与其他品牌产品能互通共用。为了使得共同的市场最大化,市场内企业都认可有必要制定统一的技术标准以参照遵守。目前常见的方式,是邀请上下游的供应链企业共同成立标准制定组织,成为共同的沟通平台。

标准制定组织通常希望在标准中采用当前最先进的科技,否则不利于推广先进科技成果。如果标准不够先进,基于该标准开发的产品也难以与使用先进科技的产品相竞争,从而难以得到广泛应用。一般标准化组织都借由共同讨论、提案、表决来共同制定"工业标准规格"。未来产品则遵照此规格来制作,以达到通用、统一、扩大市场、利益共享的效果。目前著名的电子产品标准制定组织包括电子工程师协会(Institute of Electrical and Electronics Engineers;IEEE)、国际通信联盟(International Telecommunication Union;ITU)、国际记忆卡协会(Personal Computer Memory Card International Association;PCMCIA)等。

当产品未成熟、规格未确定之前,各标准规格的提案人都会想尽办法使自己公司的规格被大会组织采纳,以达到公司利益最大化。但是,这些私人企业的规格可能受到其专利权所涵盖,一旦被采纳为标准就会导致规格绑架现象(Hold-Up)。即,该行业内任何实施标准规格者都必须完成"与相关专利权人的授权协商",以避免未来侵犯专利权的问题。[①] 简言之,在行业共同的标准中含有一些企业持有的专利,使得所有使用该标准的其他企业都必须

---

① 蔡孟熹:《标准必要专利(SEP)与公平及合理非歧视条款(FRAND)》,台湾广流智权事务所 2014 年 10 月 1 日发布,http://www.wipo.com.tw/wio/?p=4123。

获得专利持有人的授权许可,这就是"标准必要专利"的来源。

显然,不是所有专利都会被纳入标准,这也是被纳入标准的专利被称为"必要专利"的原因。哪些是"标准必要专利",依据不同产品和服务的特点,可能有不同的定义,但必要性仍然是共同的特点。由于标准在信息时代变得如此重要,下到企业,上到国家,都希望能拥有更多的"标准必要专利",这样就有可能掌握未来的市场、产业和信息安全。

欧洲电信标准协会(ETSI)认为"必要"是指,"基于技术上而非商业上的原因,考虑到通常的技术惯例和标准制定之时的已有技术状况,制造、销售、出租或者其他处理、维修、使用或实施符合某一标准的设备或方法不可能不侵犯该项知识产权","必要专利是被技术标准包含的并且是如果不使用该专利将不可能实施标准的专利。避免侵权的唯一方法是获得专利权人的许可"。①

简单来说,所有的标准制定组织在起草标准时,一般要求会员在提案时必须完全揭示可能涉及的专利(自我披露和申报),并承诺在被纳入标准后允许以合理条件授权其他会员使用,一旦这些专利被纳入最终的标准中,它就是为施行标准必须获得许可的专利,就被称作标准必要专利(Standard Essential Patents,SEPs)。

依据学者马克·莱姆利(Mark Lemley)的研究②,各标准制定组织的专利政策基本上包含了:(1)在标准规格的草案制定之前,会员必须积极地声明自身与所提出的标准规格相关的专利案;若是刻意不揭露,可能会被认定为恶意隐瞒。(2)为了消除标准制定组织会员彼此的专利屏障,纳入标准规格的相关专利,将以合理条件授予标准制定组织之会员或采用该标准之厂商。

一旦专利被纳入标准中,专利持有人显然就具备了向所有使用该标准的企业索取专利使用费的地位。从这个意义上,标准必要专利赋予了专利持有人一定的谈判优势,所有采纳标准的企业必须支付使用费,否则就必然构成对该专利的侵权。在实践中大多数争议的产生就在授权环节,专利持有人与使用人就授权费用和条件不能达成一致,专利持有人控告使用人继续生产标准产品构成专利侵权;使用人则指责专利持有人要价过高或条件过严,因此

---

① ETSI Guide on Intellectual Property Rights (IPRs), Sep. 19 2013, http://www.etsi.org/images/files/IPR/etsi-guide-on-ipr.pdf. 转引自杨华权:《论必要专利的评估途径》,《电子知识产权》2010 年第 5 期。

② Mark A. Lemley, "Intellectual Property Rights and Standard-setting Organizations", *California Law Review*, Vol.90, 2002, pp.1892, 1903-1908.

构成了滥用市场垄断地位。

针对欧盟法院审理的华为诉中兴一案,总检察长 M.瓦泰莱先生(M. Wathelet)于 2014 年 11 月 20 日发表意见①,分析了在欧盟竞争规则下标准必要专利使用方侵权与持有方滥用市场支配地位之间的界限。瓦泰莱先生首先明确指出:持有标准必要专利并不一定意味着占据了市场支配地位;若标准必要专利持有方确实占据支配地位,且已同意标准化机构依据公平、合理且非歧视(即 FRAND 条款)进行专利许可,则必须向技术使用方提供完整的技术许可要约。这项要约必须包括一项授权所需具备的内容,如具体的授权费以及对如何计算得出此数额的说明。

使用方应及时回复该要约。如果使用方认为要约条款不可接受,则必须及时向持有方提供合理的报价。若使用方有意拖延或不够认真,标准必要专利持有方采取的相应法律行动(包括禁制令申请)不会构成对市场支配地位的滥用。但是下述行为不应该被视为有意拖延或不够认真,包括:协商未果、使用方要求法院根据 FRAND 条款确定许可费、在许可协议实施后保留质疑其必要性的权利等。

关于标准必要专利持有人的地位,虽然不能用垄断地位简单推论之,但是他们确实因为标准的设立而具备一种可胁迫他人(compelling)的地位。在所有涉及标准必要专利的案件中,主要的争议点最终会落实到这样的问题:持有方所要求的授权条件是否合理?法院是否能设立合理的具体数额?如果持有方的条件不合理,被持有方表示异议,持有方因此拒绝授权是否就因此构成滥用垄断地位?

二、FRAND 原则

标准必要专利授权中可能产生的关于合理条件的问题一般包括三个方面:一是谈判优势的不均等,即前述的标准绑架(hold-up);二是一项电子产品往往涉及多项必要专利,而产生专利授权费堆叠(patent royalty stacking),即标准实施者需要承担的专利许可费负担为所有标准必要专利的许可费之和,可能完全挤占其利润空间;三是歧视性定价问题,即标准专利持有方对不同的使用方施加不同的要价,可能直接影响到使用方之间的竞争。

标准化组织也意识到这个问题的严重性,希望通过组织的专利政策

---

① Advocate General's Opinion in Case C-170/13 Huawei Technologies Co. Ltd v ZTE Corp., ZTE Deutschland GmbH, Court of Justice of the European Union, Press Release No 155/14, Luxembourg, 20 Nov 2014, http://curia.europa.eu/jcms/upload/docs/application/pdf/2014-11/cp140155en.pdf.

(patent policy)加以规制。大多数组织会在专利政策中要求相关专利权人在揭示标准专利时,明确表示同意以合理且非歧视的条款(RAND)将标准必要专利授权许可给标准实施者。莱姆利教授于 2002 年调查了 36 家有书面知识产权政策的电信和计算机网络产业的标准化组织,其中 29 家(81%)有此要求。①

然而,对于"合理"与"非歧视"的具体含义,大部分标准化组织都没有进行明确而具体的约定。在莱姆利教授考察的标准化组织中,没有一家对"合理"的具体涵义进行解释。② 主要的原因可能是考虑到个案的差异,以及标准化组织的工程师们没有能力对此做出准确的界定。所以,绝大部分标准化组织的 RAND 实际上都是原则性的规定,具体的解释和判定都交由市场和可能发生的司法程序依个案来解决。

在 2013 年"Microsoft Corp. v. Motorola Inc."案③中,微软指控摩托罗拉就其标准必要专利所提出的许可费要求违反了合理且非歧视(RAND)许可的合同义务。涉案专利为国际电信联盟(International Telecommunication Union, ITU)制定的 H.264 数字视频编解码标准及美国电器和电子工程师协会(Institute of Electrical Electronics Engineers, IEEE)制定的 802.11 无线标准中摩托罗拉的专利。美国华盛顿地区法院法官詹姆斯·罗巴德(James L. Robart)在审理中首先明确:摩托罗拉对 RAND 许可的承诺构成其与标准化组织之间的有效合同,鉴于涉案双方对 RAND 许可的理解不同,因而需要确定合理的 RAND 许可费范围。

在综合专家证人证词的基础上,负责本案的罗巴德法官提出计算 RAND 许可费应遵循如下原则:(1) RAND 许可费应该设置在与标准化组织推动标准的广泛采用这个目标相符的水平上。(2) 确定 RAND 许可费的合适方法应该认识到标准化组织所要求的 RAND 承诺旨在避免专利套牢,并尽可能达到这个目标。(3) 类似地,确定 RAND 许可费的合适方法应能够应对许可费堆叠的风险,考虑如果其他标准必要专利的权利人也向实施者主张许可费,以此方法计算出的许可费总额也将能够适用(即不会导致许可费总额过高)。(4) 设置 RAND 许可费时,需要理解标准化组织在标准中包括

---

①② Mark A. Lemley, "Intellectual Property Rights and Standard-setting Organizations", *California Law Review*, Vol.90, 2002, pp.1892, 1906. 转引自张吉豫:《标准必要专利"合理无歧视"许可费计算的原则与方法——美国"Microsoft Corp. v. Motorola Inc."案的启示》,《知识产权》2013 年第 8 期。

③ Microsoft Corp. v. Motorola Inc., 864 F. Supp.2d 1023 (W.D. Wash. 2012). 本案基本情况梳理参见张吉豫:《标准必要专利"合理无歧视"许可费计算的原则与方法——美国"Microsoft Corp. v. Motorola Inc."案的启示》,《知识产权》2013 年第 8 期。

该专利旨在创造有价值的标准。为了引导有价值的标准的创建,RAND许可费也必须是有价值的知识产权的所有者所愿意接受的。(5)从经济角度来看,RAND承诺应该被解释为要求专利权人基于其专利技术自身的经济价值来收取合理的许可费,应区别于由该专利技术被纳入标准所带来的价值。①

RAND原则(Resonable and Non-discriminative)是美国的标准化组织知识产权政策的用语,而FRAND原则,即在合理且非歧视之上再加"公平(Fair)"要求,是美国以外其他地区的标准化组织的用语。二者在本质上并不被认为存在差异,并在很多情况下交叉使用。② RAND或FRAND原则都是各标准化组织知识产权政策中关于授权承诺的最重要的约束,但它实际上是一项自愿的承诺,关于它的法律约束力一直以来有很大的争议。

美国司法部与美国专利及商标办公室于2013年1月8日联合发布的《关于对已有自愿F/RAND授权承诺的标准必要专利的救济的政策声明》指出:自愿的协商一致的标准在很多方面服务于公共利益,并且为技术革新提供保障;但是标准必要专利带来的专利绑架问题,也可能将高昂的费用转嫁给消费者;为了避免这种情况而提出的F/RAND原则是必要的,并且已经被广泛接受;因此美国将继续支持国内或国外的F/RAND原则的适用。③

为了方便陈述,下文将直接采用FRAND一词,其涵盖了RAND的内容。事实上,FRAND原则所包含的公平、合理且非歧视三项要求就是针对前述标准必要专利可能产生的专利绑架、授权费堆架以及歧视性定价弊端而提出的。因此,在个案中具体适用FRAND原则的共同标准其实就是要消除因专利与标准捆绑而可能产生的不公平、不合理和歧视性问题。但是知识产权案件的差异太大,如何衡量"公平、合理且非歧视"仍然是争议很大的问题。

从表5-2可以看出,在美国受理的标准必要专利案件的判决,法官的依据都是FRAND原则,但结论仍然因个案存在很大差异:

---

① Microsoft Corp. v. Motorola Inc., 864 F. Supp.2d 1023 (W.D. Wash. 2012). 本案基本情况梳理参见张吉豫:《标准必要专利"合理无歧视"许可费计算的原则与方法——美国"Microsoft Corp. v. Motorola Inc."案的启示》,《知识产权》2013年第8期。

② See U.S. Department of Justice and U.S. Patent & Trademark Office, Policy Statement on Remedies for Standard-Essential Patents Subject to Voluntary F/RAND Commitments, Jan 8, 2013, at note 2, available at http://www.uspto.gov/about/offices/ogc/Final_DOJ-PTO_Policy_Statement_on_FRAND_SEPs_1-8-13.pdf.

③ Id., at 4-6.

表5-2 美国受理的若干标准必要专利案件

案例	案件名称/管辖法院	专利权人要求权利金	法官判决
1	Apple Inc v. Motorola Mobility, Inc. (Northern District of Illinois)	Motorola 要求权利金：终端产品整机的2.25%	波斯纳法官（Judge Posner）（June 22, 2012 decided）判决：Motorola Mobility 标准授权金，驳回苹果与摩托罗拉申请对彼此的禁售令，并判定将来不得再提起相同诉讼
2	Microsoft Corp v. Motorola, Inc. (W.D. Washington)	Motorola 要求权利金：终端产品整机的2.25%	法院定义的 RAND 范畴： • H.264 视讯标准（MPEG LA）专利授权金：每台 0.555—16.389 美分 • WLAN802.11 标准（Via Licensing）专利授权金：每台0.8—19.5 美分 罗巴德法官（Judge Robart）（Apr 25, 2013 decided）判决： • H.264 视讯标准（MPEG LA）专利授权金：所有产品每台须付 0.555 美分 • WLAN802.11 标准（Via Licensing）专利授权金：每台 Xbox 产品须付 3.471 美分；而其他产品则是每一件需付 0.8 美分
3	Ericsson v. D-Link (E.D. Tex)	Ericsson 提出 Wi-fi 802.11芯片专利授权金：每台 $0.5 美元	戴维斯法官（Judge Davis）（Aug 7, 2013)判决： • Ericsson 标准授权金 WiFi Chip 专利授权金：每台 $0.5 美元 • D-link 侵权其中 3 项 Wi-fi 专利授权金：每台 $0.15 美元
4	In re Innovation IP Ventures, LLC (Northern District of Illinois)	Innovatio IP 要求：每个网络接点 $3.39 美元,每部计算机 $4.72 美元，每部平板机 $16.17 美元，每部库存追踪装置机 $36.90 美元	詹姆斯·F.霍尔德曼法官（Judge James F. Holderman）（Oct 4, 2013 decided）判决：802.11 之 19 个专利标准授权金：每个 wifi 芯片 $9.56 美分
5	Realtek v. LSI (Northern District of California)	LSI 要求 Wi-Fi 标准权利金：终端产品整机的5%	唐纳德·M.怀特法官（Judge Ronald M. Whyte）（Feb 27, 2014 decided）判决： LSI 标准授权金权利金（依产品整机售价之比率）：0.19% Wi-Fi chip 芯片专利授权金：US $0.19—$0.33 美分

资料来源：台湾科技产业资讯室：《浅谈美国联邦法院对于标准必要专利之权利金判决》,2014年3月11日,http://cdnet.stpi.narl.org.tw/techroom/pclass/2014/pclass_14_A085.htm。

涉及标准必要专利中 FRAND 原则的问题有:(1)如何在具体案件中根据双方的交易条件和交易内容,确定标准必要专利权人和专利实施人应负担的公平、合理且非歧视义务?(2)在具体案件中,如何判断哪一方违反了公平、合理且非歧视义务?(3)如何认定标准必要专利权人拒绝授权许可?(4)如何给予被拒绝的专利实施人以救济?(5)受案法院能否直接确定一个公平、合理且非歧视的授权许可条件?①

在标准必要专利领域,审查权利人是否滥用了其市场支配地位可以从两个方面进行:一方面是从反垄断法对于一般性滥用的界定出发,衡量专利权人是否实施了法律所禁止的滥用市场支配地位的行为,包括是否捆绑专利,特别是捆绑不必要的或过期的专利;是否加诸不公平条件,如强制反向授权;以及是否垄断定价,索取不合理的高价等;另一方面,则需要分析该特定产品上 FRAND 承诺体现在哪些方面,考察在具体的案件中专利权人是否履行了 FRAND 承诺,以此作为判定其是否构成反垄断法上的"滥用市场支配地位"的行为的依据。

简言之,在 SEP 领域,比较特殊的是,专利持有人提起的侵权诉讼一般会同时引发使用人对其滥用市场支配地位的反诉,于是专利权民事诉讼就和反垄断的民事诉讼交织在一起;而争议的焦点就是专利持有人是否遵守了 FRAND 原则,如果其未能遵守 FRAND 原则,那么一般情况下就被推定为滥用了由 SEP 赋予的特殊支配地位;关于 FRAND 原则的具体适用标准,则因个案而异。

由于中国是电子产品的生产大国,标准必要专利对中国产品的影响很早就显现出来。举例来说,2001 年的时候中国 DVD 的产量占到世界的 1/3 强,但很快其发展势头就受到由世界几大公司组成的专利联盟 6C、3C 的压制,中国出口产品因未缴纳标准专利许可费而在多国海关被扣押。在全面受阻,又不能停止生产标准制式的 DVD 的情况下,中国企业只好与各专利联盟开始授权费的谈判。

2002 年 4 月 19 日,6C 与中国电子音响工业协会达成协议,中国公司每出口 1 台 DVD,将支付 4 美元专利使用费。2002 年 11 月,持有 DVD 专利的 6C 再次提出要求:2003 年中国的内销 DVD 也得交专利费,要价每台 12 美元。随后,中国电子音响工业协会又与 3C(由索尼、飞利浦、先锋公司组成的专利联盟组织)签订每出口 1 台 DVD 播放机向其支付 5 美元的专利使用费

---

① 叶若思等:《关于标准必要专利中反垄断及 FRAND 原则司法适用的调研》,《知识产权法研究》2013 年第 11 卷,第 7 页。

协议。此外,1C(汤姆逊公司)收取每台售价的 2%(最低 2 美元)的专利使用费,杜比公司每台收取 1 美元的专利使用费,MPEG-LA 专利组织(由 16 家企业组成)每台收取 4 美元的专利使用费(2002 年调整为 2.5 美元)。每台 DVD 高达 16—19 美元的专利费,让前几年还在央视争夺广告标王的中国 DVD 厂商成本骤升,利润极薄而沦为代工,国产品牌大量消亡。[①]

这个案例集中体现了标准绑架、授权费堆叠与歧视定价对专利使用方的严重影响,除此,还有专利池引发的进一步争议。"中国企业出口一台售价 32 美元的 DVD 只能赚取 1 美元利润,而交给国外企业的专利费却高达 60%。同时,6C、3C 等专利联盟在与国内企业签订的协议中共有近 3 000 项专利,在普通 DVD 里有用的不到 10%。"[②]6C 和 3C 据以向中国 DVD 企业征收专利费的专利池中共有 3 000 项左右的专利,而且正是以这全部的 3 000 项专利为基础进行计价来征收费用。但是在这全部的 3 000 项专利中,有相当大一部分专利在中国属于尚未授权专利、已经过期专利等垃圾专利。这就是专利池的恶劣影响。[③]

2008 年,中国最高人民法院在〔2008〕民三他字第 4 号文件中指出:"专利权人参与了标准的制定或者经其同意,将专利纳入国家、行业或者地方标准的,视为专利权人许可他人在实施标准的同时实施该专利,他人的有关实施行为不属于专利法第十一条所规定的侵犯专利权的行为。专利权人可以要求实施人支付一定的使用费,但支付的数额应明显低于正常的许可使用费;专利权人承诺放弃专利使用费的,依其承诺处理。"

2009 年,最高人民法院《关于审理侵犯专利权纠纷案件应用法律若干问题的解释(征求意见稿)》第 20 条对标准必要专利许可费的确定准则进行重新界定,规定:"经专利权人同意,专利被纳入国家、行业或者地方标准制定组织公布的标准中……专利权人要求标准实施人支付使用费的,人民法院应当综合考虑专利的创新程度及其在标准中的作用、标准所属的技术领域、标准的性质、标准实施的范围等因素合理确定使用费的数额。"但是,在最终正式公布的文本中去掉了该条。

2013 年国家标准化管理委员会和国家知识产权局联合发布的《涉及专利的国家标准制修订管理规定(暂行)》规定,在专利被纳入国家标准之前,专利所有人必须作出专利实施许可声明,承诺将在以下三种许可方式

[①③] 李伟华:《DVD 专利费"火烧"中国厂商,"中国制造"亟待成为"中国创造"——DVD 专利费纠纷案对中国企业应对跨国公司专利壁垒的启示》,国家知识产权战略网,http://www.nipso.cn/onews.asp?id=516。

[②] 《DVD 专利之争:中国制造业的蒙羞》,《竞争力》2007 年 5 月 31 日。

中任选一种：专利权人在公平合理无歧视的基础上进行免费许可、在公平合理无歧视的基础上进行收费许可和不同意上述许可方式。而根据第十条、第十一条的规定，除了强制性标准外，国家标准将不得包括专利权人选择第三种方式（即不接受FRAND原则）的专利。在此前的征求意见稿三种方式中的第二种曾表述为"但支付的数额应明显低于正常的许可使用费"，但在正式发布时被删除。于是，关于FRAND收费许可究竟是什么标准，立法并没有给出答案。

这样的立法缺失某种程度上影响了司法实践，如IDC案中，广东省高院关于FRAND原则在本案的适用性的说明难免有些勉强；在高通案中，发改委关于高通要价合理性的判断以及裁定结论也有武断的成分。尽管如此，这两个案件在中国关于标准必要专利的反垄断实践中，具有里程碑的意义，下文将分别评述。

三、InterDigital（IDC）案

美国一家通信大公司——交互数位通信公司（InterDigital Communication，以下简称IDC）于2011年7月26日向美国国际贸易委员会（USITC）提出美国贸易法下337调查申请，同时也在美国特拉华州提起民事诉讼，指控中国华为公司的3G产品侵犯了其7项专利权。IDC公司是美国一家通过研发投入，持有无线通信领域的一些标准必要专利（包括2G、3G、4G和IEEE 802系列标准）的技术公司，它是标准普尔中型企业400指数之一的公司。IDC将其持有的标准必要专利有偿授权给40余家无线通信设备制造企业使用，包括苹果、三星、HTC等主要手机品牌商。根据其年报显示，这家公司本身不从事直接制造，收入主要来自依专利许可协议所收取的专利使用费。

面对IDC的指控，华为如临大敌，因为华为已经与美国的通信运营商签订了手机定制合同，正准备陆续向美国市场供应手机产品。如果337调查裁定华为侵权，出口美国的路径就会被禁令斩断。同年12月6日，华为在深圳市中级人民法院提起对IDC公司的反垄断诉讼，指控其滥用垄断地位，对华为的专利授权申请加诸不合理的要价和条件。该案一审判决IDC败诉并赔偿华为2000万元后，又由IDC上诉至广东省高院，广东省高院维持原判。之后双方达成调解协议，同意撤销针对彼此发起的专利侵权和反垄断诉讼，包括在美国和欧盟的相关诉讼。

但是USITC的337调查仍然在进行中，广东高院的判决对IDC的影响似乎有限。华为又于2013年5月向国家发改委提出举报，要求调查IDC滥

用市场垄断地位对中国企业歧视性定价的问题。2013年6月28日,USITC的主审法官对无线3G设备337调查案做出初裁,裁定IDC所诉的7项专利中1项无效,对另外6项,被告公司华为等并不构成侵权。IDC不服,提出上诉。

而在中国方面,国家发改委在收到华为举报后,确认对IDC发起反垄断调查。IDC迫于发改委的严厉态度和在中国市场的压力,自此大幅调低了与华为谈判的姿态。经IDC与华为双方协商,IDC不仅将之前几年华为没有支付的专利费一笔勾销,而且全面撤销了在美国对华为提起的337调查。双方于2014年1月2日共同向USITC提出了一项终止调查的动议,称达成了一项保密的和解协议。

随后,IDC向中国国家发改委正式提交道歉书并承诺将对中国企业的专利许可遵循公平、合理且非歧视的原则(FRAND),不再收取歧视性的高价许可费,以及不将非标准必要专利与标准必要专利进行捆绑许可,不要求中国企业将专利向其进行免费反许可,即相互交叉授权(reciprocal cross-license),不再通过诉讼方式迫使中国企业接受其不合理的许可条件等。中国发改委随之决定中止调查。

本案前前后后的纠纷中,最引人注意的就是广东省高院对垄断地位的确认和FRAND原则的运用,这是IDC案对中国反垄断司法最大的贡献。本案一审判决后,美国的Microsoft vs. Motorola案对于相似问题也给出了相同的法律结果,它否定了标准必要专利申请侵权禁令的当然性,要求双方按RAND原则谈判,并裁定如果许可价格过高,授权方要承担赔偿责任。虽然美国案件所利用的是合同法而非反垄断法,但法律后果趋同,对于商业上的意义大同小异。此外,欧盟对三星的反垄断调查也遵循了同样的法律逻辑。

在广东省高院的判决书①中,首先确认了IDC具有市场垄断地位。IDC在3G标准的每一个必要专利许可市场,具有阻碍或影响其他经营者进入相关市场的能力。而且,由于IDC不进行任何实质性生产,一般情况下双方藉由专利的交叉授权可能达成的平衡也无法制约IDC。所以,IDC在与华为公司进行3G标准必要专利许可谈判时,具备控制华为公司使用其3G标准必要专利的价格、数量及其他交易条件的能力。这一点虽然没有太多争议,但其判例的确立仍然很重要。依此判例,不从事实质性生产的标准持有企业或组织一般被推定认为具有在相关必要标准市场上的垄断地位。

正如欧盟委员会在其关于谷歌并购摩托罗拉移动案的决定中指出的,标

---

① (2013)粤高法民三终字第305号。

准必要专利的特殊性在于,要符合某个标准就必须实施这个标准下的必要专利,无法设计规避。也就是说,标准必要专利的定义决定了每一个必要专利都没有替代物。因此,欧盟认定,每个标准必要专利都构成一个单独的相关技术市场。①

在广东省高院公布的关于华为诉 IDC 案的判决书中,最引人注意的是 FRAND 原则的采纳和运用。IDC 公司提出,中国法院不能直接援引 FRAND 原则,因为制定该原则的组织 ETSI 所在地是法国。如果中国法院要使用该原则,应该同时适用法国法来查明和解释该原则的真正含义。该公司认为,在法国法上这个原则只是表明一种邀请协商,并非强制缔约。

对此,广东高院合议庭并不认同。这个案件涉及的标准专利是 IDC 公司在中国申请或者获得授权的专利,该专利是根据中国专利法确定的,使用方华为公司住所地、涉案专利实施地、谈判协商地都在中国,与中国联系最密切,应当适用中国法律。而且,华为和 IDC 同为 ETSI 成员,故可以直接依据 FRAND 原则进行判决。即便被许可方不是国际标准化组织会员,专利权利人的 FRAND 承诺依然有效。因为即使中国法律中没有 FRAND 原则的直接规定,但民法上诚实信用、权利不得滥用的精神与之是互通的。②

本案最大的争议点其实就是 IDC 公司的授权要价问题。在这场专利权与反垄断的大战前,华为曾就专利授权问题与 IDC 从 2008 年 11 月就开始了多轮谈判。IDC 曾于 2012 年发出最后通牒,要求华为从 2009 年到 2016 年依据销售额支付 IDC 2‰的专利授权金费。但是,目前一般工业产品利润率仅为 3‰,倘若华为接受 2‰费率,代表着 IDC 仅凭华为手机产品中某些个专利即可取走大部分利润。华为公司在诉讼中请求按照 0.005‰费率支付专利费。

最终,广东省高院核定的 SEPs 专利授权金费率是不得高于 0.019‰。法院的核算有一定依据,主要参考 IDC 与苹果公司的专利许可情况。IDC 许可苹果公司全球范围使用其专利七年,共收取许可使用费 5 600 万美元。苹果公司 2007 年到 2014 年的销售收入,根据相关调查公司的调查和保守估算应为 3 135 亿美元,所以核算苹果公司许可费率为 0.018 7‰,据此判定华为支付 IDC 公司 SEPs 专利授权金费率不超过 0.019‰。

这是中国法院理念先进的一次司法尝试,总体应当加以肯定。本案的主

---

① Case No COMP/M.6381 — GOOGLE/ MOTOROLA MOBILITY, Commission decision of 13/02/2012,§54,61.转引自王晓晔:《市场支配地位的认定——对华为诉 IDC 一案的看法》,《人民司法》2014 年第 3 期。

② 林劲标:《难题这样破解》,《人民法院报》2014 年 4 月 18 日。

要缺陷是 FRAND 原则诠释下恰当授权费的运用问题,对于 0.019% 的费率的合理性问题还是引发很多讨论。但这显然不是广东省高院独有的问题。如前所述,从美国法院的不同判决也可看出,这方面必然会存在较大的法官自由裁量权,而经济学分析或市场调查都不是法官的强项。所以关于费率,乃至赔偿数额的计算,都必然是争议最大的部分,而个案差异如此之大,至今并无可供遵守的统一标准。

四、高通的反垄断调查案

高通是近二十年在全球营运最成功的美国公司之一,拥有大量的无线通信技术标准必要专利,涉及 2G、3G、4G 等标准。所有设备商按照标准生产手机等无线通信设备,都无法规避这些专利,必须向高通缴付专利许可费。同时借助在高端基带芯片上的垄断地位,高通的专利许可定价方式和比例都具有极大的任意性。

高通典型的商业模式是:一是通过强制反向授权形成专利池。购买高通公司芯片和软件的授权厂商拥有使用其他第三方专利的权利,并根据第三方授予高通公司的专利许可的权利用尽机制,不需要支付额外的专利费;该第三方在获得高通授权时也必须按反向授权机制授予高通公司使用其授权产品的相关专利。二是在谈判策略中坚持捉对谈判,一人一价,同时善于利用专利的一系列制度,包括申请侵权禁令等,处于主动地位。在过去的三十多年,高通这套战术通行无碍,斩杀下游企业,获利极高。

事实上,高通按整机价格抽成收费、打包定价、歧视性定价等做法,都反映出其在这个领域说一不二的独家垄断地位。这样的垄断强势必然干预和影响下游竞争,而下游厂商没有任何博弈地位,只有被动地接受要价和重新平衡自己的成本。所以,高通案的关键,不是某些国产中低端品牌手机是否还有利润空间的问题,而是"一人天下"对市场环境的隐患,它不利于下游产业的整体创新与竞争。

高通在中国市场的全面进入以中国联通的 CDMA 建设为契机,而这也是中国加入 WTO 的一次中美国家利益交换。CDMA 是以高通的专利为基础。如果没有中国率先建网,CDMA 标准可能只会在韩国这样的小国建设,很难与欧洲主导的 WCDMA 抗衡。在 CDMA 的成功基础上,高通更进一步,大量收购和自研 WCDMA 专利、TD 专利、LTE 专利,并积累了强大的芯片设计能力。[①]

[①] 刘燚:《调查高通背后的三重逻辑:垄断、竞争和安全》,《21 世纪经济报道》2013 年 12 月 2 日。

另一方面,由于中国是全世界手机的制造基地,高通从中国市场获利颇丰。以2012年10月至2013年9月期间为例,高通来自中国市场的营收为123亿美元,占总营收的49%。不过,Raymond James分析师塔维斯·迈考特(Tavis McCourt)指出,中国制造的许多智能手机均用于出口,因此中国市场实际上占高通芯片销售和授权营收的约1/5。[1]

相应的,高通的市值也超过常年位居芯片市场第一的Intel,成为全球芯片市场的王者。直到今天,高通在移动芯片市场上已经高居第一,在CDMA、LTE基础专利方面有着不可逾越的地位。按照Strategy Analytics统计,如果按照出货量算,2013年Q2全球蜂窝基带芯片市场上,高通达到63%、联发科占据13%、Intel占据7%,位居第四的展讯、第五的博通基本可以忽略不计。[2]

2013年11月,高通宣布正在接受中国发改委的反垄断调查。当时的历史背景是中国4G牌照正式发放,包括中国移动、中国联通和中国电信都获得"LTE/第四代数字蜂窝移动通信业务(TD/LTE)"经营许可。鉴于全球漫游,中国移动要求其4G手机必须满足5模13频(TD-LTE、LTE、TD-SCDMA、WCDMA、GSM五种制式),但目前只有高通具备了芯片批量出货能力,国内厂家中只有华为具备5模10频小规模出货的能力。[3] 由于过去TD-SCDMA终端的出货价格普遍不高,不用缴纳专利费,手机厂商才能保证微利。如果4G时代TD-LTE也按照高通原有方案收取专利费,那么国产手机厂商将陡增成本压力。这意味着中国的4G时代在未来一段时间内仍将受制于高通。

尽管业界对高通的反垄断调查起因有各种各样的猜测,显然对它的调查紧随对IDC的调查之后绝非偶然,事实上IDC的商业模式基本学习高通。之前高通在韩国、欧洲等地都遭受过反垄断调查。韩国政府对高通开出了巨额罚单。[4] 欧盟后来则取消了反垄断调查,因为提请调查的爱立信、诺基亚等企业之后都与高通达成了和解。各国对高通的反垄断指控,包括中国发改委的调查,都聚焦在其商业模式是否构成滥用垄断

---

[1] 《中国对高通开展反垄断调查:涉及4G技术》,2013年11月26日,http://ee.ofweek.com/2013-11/ART-8460-2801-28748483.html。

[2] 刘燚:《调查高通背后的三重逻辑:垄断、竞争和安全》,《21世纪经济报道》2013年12月2日。

[3] 《4G牌照正式发放,三家运营商均获TD-LTE牌照》,2013年12月4日,http://it.sohu.com/20131204/n391263741.shtml。

[4] 日本反垄断执法机构——日本公平交易委员会并未做出罚款决定,而只要求高通公司纠正垄断行为,韩国反垄断执法机构曾对高通公司处以2.08亿美元的罚款。

地位的问题上。

2014年7月,国家发改委就对外公布了高通反垄断案的七个调查方向:(1)以整机售价作为计算专利许可费基础的合理性;(2)将标准必要专利与非标准必要专利捆绑许可的问题;(3)强制免费反向授权协议的合理性;(4)对过期专利继续收费的问题;(5)将专利许可与销售芯片进行捆绑销售的问题;(6)拒绝对芯片生产企业进行专利许可的问题;(7)在专利许可和芯片销售中附加不合理交易条件的问题。换言之,国家发改委对高通公司的反垄断调查主要涉及《反垄断法》第17条第1款第1项规定的垄断高价[前述(1)]、第3项的拒绝交易[前述(6)]、第5项的搭售[前述(2)、(5)]及附加不合理交易条件[前述(3)、(4)]。

但在2015年3月公布的《处罚决定》中,国家发改委最终认定高通公司只违反了《反垄断法》第17条的第1款第1项和第5项,即垄断高价和搭售、附加不合理交易条件的问题,并不包括第3项的拒绝交易。这与拒绝交易的取证相对更加困难不无关系。

国家发改委责令高通公司停止上述滥用市场支配地位的违法行为,具体包括:(1)高通公司在对中国境内的无线通信终端制造商进行无线标准必要专利许可时,应当向被许可人提供专利清单,不得对过期专利收取许可费。(2)高通公司在对中国境内的无线通信终端制造商进行无线标准必要专利许可时,不得违背被许可人意愿,要求被许可人将持有的非无线标准必要专利反向许可;不得强迫被许可人将持有的相关专利向高通公司免费反向许可。(3)对为在中国境内使用而销售的无线通信终端,高通公司不得在坚持较高许可费率的同时,以整机批发净售价作为计算无线标准必要专利许可费的基础。(4)高通公司在对中国境内的无线通信终端制造商进行无线标准必要专利许可时,不得没有正当理由搭售非无线标准必要专利许可。(5)高通公司对中国境内的无线通信终端制造商销售基带芯片,不得以潜在被许可人接受过期专利收费、专利免费反向许可、没有正当理由搭售非无线标准必要专利许可等不合理条件为前提;不得将被许可人不挑战专利许可协议作为高通公司供应基带芯片的条件。

尽管专利所获得的垄断地位豁免于反垄断法,但是滥用这样的垄断地位,仍有可能受到反垄断法的追究。由于垄断者的逐利倾向以及专利授权的有期限,大多数垄断者在没有外部约束的情况下会在有效期内尽量攫取最大利润,这就会滋生所谓的"滥用"。相对于商品的成本和收益总有衡量尺度,专利的定价则很难控制。即便发改委要求高通将整机批发净售价的65%收取专利许可费,对高通全球100%收费模式似乎给予重大一击,但从高通仍决定继续扩大在华业务规模一事来看,其显然仍享丰厚利润。①

在关于高通的处理决定中,发改委要求高通自行披露已到期的专利清单,这也涉及由于专利丛林引起的检索困难问题。由于专利的膨胀申请,使得某个领域的专利库中的专利数量非常庞大,专利之间互相重叠交叉,后续技术创新人以及技术的使用者很难把自己可能要侵权的专利检索完整,检索成本也十分可观。专利制度成了无形的蜘蛛网,不知何处蹲踞着等待的猎手,戕害着创新的源泉。这是专利制度发展到一定阶段的恶劣一面,也是美欧近年来都开始检讨的情况。

在信息经济时代,越来越多的产业依赖于技术创新,主要的价值和利润来自发明和创新。高通的技术许可收入占到其利润的七成。未来,专利产业很可能成为其他实体产业的上游产业。随着专利产业发展壮大,会涌现各个领域的专业专利公司,如高通一样,它们以专利创造和应用为根本任务,大规模"加工、制造"专利将成为这个产业的常态,并必然制约和影响着下游实体产业。因此,今天讨论的如何制约专利的滥用问题,对全世界的工业产业具有非常重大的意义。

尽管从理论上来说,良好的专利制度能够激发创新的动力,保护创新者的前期投入,但专利制度与创新体系本身是存在一定冲突的。因为专利根本上就是法定的垄断权,这种垄断必然妨碍后续创新的开展。所以,关键的问题是如何在专利保护与创新激励之间保持适当的限度与互动。

一台智能手机可能涉及的需要授权的专利数超出想象。今天成长为市值1 100亿美元的高通,在历史上也曾经强烈反对过诺基亚、摩托罗拉等垄断GSM制式标准的通信巨头。必须承认,正是通过高通的强制反向授权的商业模式,使得设备商能获得一站式授权而减少处处触雷。因此,也有人为高通的许可收费制度辩护,认为韩国、中国新崛起的手机厂商大多受益于此。

但问题的关键是,如果一个企业不打算后续创新,那么它可能安于一站式授权,同时也只能获得微薄利润;如果一个企业积极后续创新,那么高通的强制反向授权就接近于对这些后续创新的"巧取豪夺"。通过滚雪球式的反向授权,高通成为无信通信标准的核心,其垄断意图之明显、手段之高明,远超当年的诺基亚。

但是,对于发改委最后接受的高通承诺中,除了罚款以外,包括非强制反

---

① 国家发改委认定,高通公司2013年度在中国境内的销售额为761.02亿元人民币。因高通公司滥用市场支配地位行为的性质严重,持续时间较长,遂决定对高通公司处2013年度在中国境内销售额8%的罚款,计60.88亿元人民币。高通公司在处罚后表示不提出复议或行政诉讼,接受国家发改委的处罚,并将按期缴纳罚款。

向许可,以及授权费6.5折等,许多业界人士认为并未能触动高通的垄断地位和基本商业模式。① 高通公司仅仅在专利许可费的收取额度比例上做了妥协,但却有效保住了作为核心商业模式的整机售价计费模式,得以在中国的4G市场继续施行。另外,一些不具有核心技术、研发投入少的手机生产商,可能会继续自愿延用从前的打包和反向许可模式。

简单来说,高通模式利用专利建立垄断地位,然后又利用垄断强化专利优势,最终盘踞行业核心,这就是过度利用专利制度,建造专利丛林的典型。反垄断是破除这种滥用的工具,但并不充分。从根本上检讨专利制度,特别是行业基本标准的垄断授权,其保护年限、范围和方法等方面都有可探究之处。另一方面,中国国内近年来专利授权数猛增,质量和应用性固然堪忧,但更应当担心的是再过几年同样会出现如欧美一样的专利丛林和专利滥用的问题。

---

① 马金顺:《是什么让高通"认罚"60亿》,《法治周末》2015年3月4日,http://www.legalweekly.cn/index.php/Index/article/id/7029。

第六章 弹性多元的执行与救济

[导读] 互联网反垄断案件在执行与救济方面存在的问题有以下几方面：一是执行与救济的效率，无法赶上技术革新与竞争的速度。许多反垄断措施真正落实时已失去矫正市场的意义。二是执行与救济的恰当性仍待探索。如何合理有效地纠正互联网企业滥用垄断地位的行为也是问题，许多国家尝试采用一些罚金、剥离、拆分等传统救济措施之外的行为性救济措施，如禁令、强制授权、防火墙、业务剥离、第三方监督等。三是行政执法与民事诉讼中关于举证责任、证据获得、集团诉讼等具体问题，仍须做一些调整和特殊处理。总的看来，互联网反垄断案件执行与救济的难题，根源于该产业"动态竞争"的特点，因此在这方面也需要采用更为弹性多元的手段和方式。

第一节 关于执行与救济的争议

一、执行与救济的必要性与恰当性

对新经济企业的反垄断执法，至今批评意见特别多。批评意见集中在救济方式的有效性方面，又分为两类：一类认为以传统的反垄断惩罚方式处理新经济企业，总是力度不够，颇似隔靴搔痒；一类认为对新经济企业的反垄断执法应当尽量克制，因为市场会以更快的节奏处理垄断竞争问题，很多时候等到执法结论出来的时候，早已时过境迁，惩罚意义不大。[1]

在谷歌案中，谷歌与FTC达成的调解协议中，谷歌承诺将进行整改，如允许其他内容提供商的信息不纳入谷歌纵向搜索结果中，同时承诺不会因此在一般搜索中故意歧视它们。这些整改举措被认为并不能动摇谷歌在纵向

---

[1] Kai Huschelrath, "The Costs and Benefits of Antitrust Enforcement: Identification and Measurement", *World Competition*, Vol.35(1), 2012, pp.121-163.

搜索上的比较优势。具有根本性的另一个问题是,谷歌的纵向搜索结果中直接抓取、显示其他内容服务提供商的内容,这明显含有不公平竞争,但这确实也未超出搜索引擎的功能设定,执法者对此没有更好的矫正对策。

在许多双面市场中①,如搜索引擎或排序网站,其对末端客户和消费者提供的服务是免费的,却向被列入搜索结果列表的企业索取费用,因此并不能因为一方面的免费,否定其垄断的危害性。例如,在谷歌纵向搜索中,关于新闻、餐馆、旅游、地图、内容、社交、金融、视频等搜索内容,几乎涵盖了网上经济的方方面面,这些免费信息必然影响到消费者的选择,从而影响到下游竞争。②

目前美国贸易委员会(FTC)要求谷歌对自己的产品明示标签,被一些批评者认为不足以削弱谷歌的竞争优势。但是如果再走极端,禁止或阻挠谷歌进入其他相关领域,似乎也不利于其他相关市场的培育。像当年微软案那样,类似的反垄断阻止了其他领域的垄断者进入新领域,但也扼杀了一个或许会带来巨大创新能力的潜在竞争者,因此微软案十年后仍然被广为诟病,认为政府过度干预了市场竞争。

20世纪90年代开始的对新经济垄断者的围剿热情,其实到2008年金融危机后已经大幅回落。政府对新经济的反垄断执法态度变得谨慎,甚至有些暧昧。尽管2012年5月欧盟委员会已宣布对谷歌四项滥用垄断行为的反对意见,但是,直到2014年年底,其还是通过延长审限,允许谷歌提交主动承诺以换取调解协议。

事实上,在过去的十多年,谷歌曾被美国政府和私人指控至少十项垄断行为,目前仍在遭受多个国家的反垄断调查,因此被称为世界上排名第一位的反托拉斯触犯者(antitrust offender)。谷歌因为谷歌地图、谷歌电子书等被指控侵犯隐私权、知识产权,亦引起多个国家对网络安全的警觉。但谷歌大多数情况都以和解或所谓的"自助和解(self-serving remedy settlement)"结案,这可能是因为面对创新与反垄断的两难命题,执法者存有疑虑,也往往力不从心。

对IT企业的反垄断仍然难以避免关于是否会抑制创新的争议。在美国现代判例法中,基本上已确认,法院鼓励竞争,无论它是价格方面的竞争,还是产品创新方面的竞争,尽管在竞争的过程中可能会伤害某些竞争者。和较

---

① Jean-Charles Rôchet & Jean Tirole, "Platform Competition in Two-Sided Markets", *Journal of European Economics Association*, Vol.4, 2003, pp.990-997.

② Jeffery Katz, "Google's Monopoly and Internet Freedom", *Wall Street Journal*, June 8, 2012, at A15.

早的一些案例比较,现在的法院要求提供更多的证据来证明:被告被指控的具有垄断性质的残酷竞争手段,最终会排斥具有同等效率的竞争者。法院相信,消费者会从残酷的竞争中受益,尽管有些竞争手段带有排斥的特征,他们宁愿容忍可能出现的错误,也不愿意采取干预行动来保护所谓的"竞争性"结构。

在今天的中国,对于互联网企业的反垄断的执法态度仍是相当暧昧不清的。以3Q大战为例,广东高院的宽容态度很大程度上被认为是出于地方保护主义和扶持高科技企业的政策需要。许多业界人士相信,如果竞争够激烈,那么与其进行反垄断执法,不如由市场淘汰弱者。以三星与苹果的全球性知识产权诉讼为例,等到法院禁止某项产品销售,三星和苹果的产品早已更新换代,禁令对其根本没有实质影响。

值得特别关注的是,有一项共识必须坚持:反垄断法与科技创新在目标上存在交集,二者都信奉自由的精神和公平的机会,二者都试图有助于提高经济效率。然而,反垄断法是保障竞争的公器,而科技创新本身就是竞争的工具,因此,有时科技创新的滥用,即竞争工具的滥用可能会限制竞争,从而触犯反垄断法。这时反垄断法的规范作用应当是将竞争手段拉回到合法合理的界限,但在高科技领域,这样的界限很难掌握,即最优结果很难达到。有时,我们必须承认,牺牲个别成功者利益在所难免。

反垄断法并非有意弹压成功者,但在特定的历史时期,执法者必须考量诸多因素作出次优的选择。以微软案为例,从法律、政治、经济等多个角度来看,微软的垄断势力都严重阻碍了公平的竞争机会,如果听任微软继续发展势力,市场结构继续集中化,对于政府、竞争者和消费者而言,未来都缺乏想象力,而创新有一天也会受到阻碍。因此,每一个反垄断案件都有其相应的历史背景,案件本身的启示意义可能较之判决结果更为重要。在许多最终被判违法的案件中,尽管科技创新一直也在法院考虑范围内,但显然法院更关心市场的集中度和垄断者的影响力。

二、公共执行与私人执行

(一)观点的分歧

基本上在所有国家,反垄断法的执行都是双轨制的,包括公共执行(public enforcement)与私人执行(private enforcement)两种途径。这从另一方面也揭示了反垄断法本身介于公法与私法之间的特殊性质(本书不打算展开探讨这个理论问题)。公共执行指的是以特定授权的政府机关为主体进行的调查、和解、处罚和起诉等活动;私人执行主要指的是以私人为原告进行的民事诉讼。

在不同国家,公共执行的设置有很大不同。在美国,联邦反托拉斯法公共执行的职能由司法部(DOJ)和联邦贸易委员会(FTC)承担,但是司法部在确认违法后,最终要将被调查对象起诉到美国联邦法院,而联邦贸易委员会的决定也可以被上诉至联邦上诉法院。在欧盟,欧委会是跨欧竞争案件的公共执行机构,它的权限要远大于美国同行,但其决定仍可被上诉到欧盟法院。

另一方面,私人执行的情况也有所差异。美国支持三倍民事赔偿和集体诉讼,因此民事诉讼非常积极,其活跃度远远超过公共执行;欧盟不支持惩罚式的赔偿和集体诉讼,这使得公共执行在欧盟处于主导地位。[1] 有趣的是,美国国内关于滥诉的反对意见很多,欧盟关于私人诉讼障碍重重的抱怨也很多。[2] 中国基本学习欧盟体制,因此在互联网的反垄断民事诉讼中几乎私人原告清一色败诉,也反映出私人执行过于困难的问题。

相对于公共执行而言,私人执行有三大好处[3]:第一,实现矫正正义(corrective effect)。这是指因反竞争行为而遭受损害的人可以通过私人执行获得赔偿,也有人称这种正义是直接正义(direct justice)。第二,具有威慑效果(deterrent effect)。当民事诉讼导致违法行为人承担较高的损害赔偿责任时,会促使其他公司遵守法律的规定而不是共谋损害消费者和社会的利益。第三,填补执行缺口(enforcement gap)。竞争法的公共执行不可能处理所有的案件。由于资源有限及受到特定政策目标的限制,竞争主管当局总是会有选择地处理案件,而将其他案件交给私人执行来解决。私人执行可以有效弥补公共执行的不足。

但是私人执行也有弊端。首先私人执行极有可能成为竞争策略而引发滥诉问题。在几乎所有涉及垄断者滥用垄断地位的调查和诉讼中,竞争对手都十分活跃,利用冗长高昂的反垄断诉讼拖垮被告,[4]或者至少将之推向公

---

[1] Roger Van Den Bergh, "Private Enforcement of European Competitiion Law and The Persisting Collective Action Problem", *Maastricht Journal of European and Comparative Law*, Vol.20, 2013, pp.12, 13.

[2] Commission Green Paper — Damages actions for breach of the EC antitrust rules, COM(2005) 672 Final, Brussels, 19.12.2005, http://eur-lex.europa.eu/legal-content/EN/TXT/PDF/?uri=CELEX:52005DC0672&from=EN.

[3] See Pieter KalbflEisch, Speaking notes on private enforcement, European Competition Day 2004, http://www.nmanet.nl/nl/Images/11_26055.pdf,转引自王健:《浅议欧盟竞争法的私人执行》,《欧洲研究》2006年第10期。

[4] 例如,为了对抗被告对其的收购行为,原告公司管理层会坚持提起对被告的反垄断诉讼,主要目的是阻止被告对其的收购行为,无论胜诉后是否会获得多倍的损害赔偿,甚至是会使自己的公司股东遭受损失,管理层的利益和股东的利益在此类反垄断诉讼上是有分歧的。

共舆论的祭坛。在美国由于私人执行的活跃,几乎每一家垄断企业都诉讼缠身,不仅给企业增加了讼累,无疑也是一种司法资源的浪费。律师对所有跟进诉讼(follow-on suit)逐利的狂热,又将这种反托拉斯集团诉讼往商业化的道路上推进,偏离了原先矫正和救济的本意。

私人执行方面存在的滥讼的问题,也是许多大陆法系国家偏重公共执行,并且不支持惩罚性赔偿的重要原因。但是考虑到反垄断诉讼的复杂性,以及可能给原告施加的举证困难和诉讼成本,仍然有必要在私人执行方面提供一定的便利性。事实上,关键的问题仍然是条件的平衡和执行的限度。对原告资格、举证责任、诉讼程序、救济手段等方面都可以加以限制以尽量减少滥讼的情况,同时也应当考虑到私人执行对公共执行的必要补充作用,鼓励私人在合理的范围内主张自己的权利。

反垄断法已经比较成熟的法域都通过采取细化和落实措施,如发布实施细则、指南、通知等,以更有利于企业或个人自行判定某个行为是否可能违反反垄断法。例如,欧盟《欧共体条约》虽仅在第81条和第82条(里斯本条约第101、102条)对竞争规则作了非常原则性的规定,"但是欧洲理事会和欧洲委员会发布了大量的条例、指南、通知、建议,对反垄断法规则进行阐释,内容细化到对具体条款(如第81条第3款)、具体概念(如贸易影响的概念)的理解,对具体交易类型(如研发协议、横向合作协议)的规制。这些措施可以帮助企业更加明确地判断何种行为违法,帮助私人原告和法院更方便地证明和认定违法行为的存在。尽管有些措施并没有法律约束力,但至少可以起到一定的指引作用"。[①] 同样,在反托拉斯体系最为庞杂的美国,FTC与DOJ联合发布的指南和诠释数量也十分惊人。

值得一提的是,由于反垄断法具有"维护竞争或消费者利益"这个公益目的,公共执行仍然是反垄断法的主要手段,但是关于公共执行与司法审查之间的关系,各国的设置又有明显差别:相对来说,大陆法系国家的行政机构的公共执行权限较广,而普通法系国家则普遍要求法院的更多介入。"反垄断法的私人执行已经成为各国反垄断法执行体制中不可缺少的一个有机组成部分,很多国家都在致力于发展私人执行制度,但是由于各国的立法、司法、行政权力的分配存在诸多差异,各国无法在具体方面实现具有普遍性的统一。"[②] 美国和英国都走在欧洲大陆的前面,欧洲大陆近年也在努力鼓励私人执行;相较而言,新兴市场国家私人执行方面则普遍薄弱。

[①][②] 王琢:《反垄断私人诉讼研究》,《法制与经济》2014年第4期。

(二)实践的融合

在美国的反托拉斯实践中,私人执行是与公共执行紧密联系在一起的。私人原告会想方设法促使政府启动对被告的反托拉斯调查。因为政府公共执行中所获得的所有调查成果和证据,私人原告都可以在私人诉讼中援引。如果政府的公共执行的结果(经法院判决或 FTC 独立决定)是被告确实存在违法行为,那么这个结果可以在私人诉讼中作为表面充分的证据,私人原告无须再证明违法事实。因此,在许多公共执行案件后,随之而来大量的私人诉讼,被称为跟进诉讼(follow-on litigation),这也是在公共执行中被判定违法的垄断企业最头痛的一项后果。另外,政府在反托拉斯公共执行程序中的中止、和解,也并不影响私人诉讼的提起,但是这种情况下,私人诉讼能从公共执行中依赖和援引的内容往往有限。

在欧盟竞争法的设计中,公共执行显然是主要的力量。由于欧共体条约(现在的里斯本条约)并没有规定私人执行,所以在欧盟这个层面实际上没有私人执行,欧洲法院不受理私人当事人因违反欧盟竞争法而提出的损害赔偿诉讼,但私人可以依据各成员国国内竞争法在国内法院提起民事诉讼。近些年,随着公共执法日渐成熟和频繁,私人执行也开始活跃,并引起了欧盟层面的重视。

在欧盟委员会的建议下,欧盟理事会于 2002 年通过了第 1/2003 号条例(又称"现代化条例"),[1]该条例规定自 2004 年 5 月起在各成员国全面推行反垄断私人诉讼,但这并未完全解决私人执行中的困难。2004 年由欧共体委员会资助的一项研究报告[2]中所统计的数据表明,"从 1962 年至 2004 年 8 月,在所有的 25 个欧盟成员国中,总共只有 50 件私人执行案件(其中依据欧共体竞争法提起的是 12 件,依据成员国竞争法提起的是 32 件,还有 6 件案件依据成员国和欧共体竞争法提起)。在这些案件中只有 28 件案件胜诉(其中依据欧共体竞争法的是 8 件,依据成员国竞争法的是 16 件,还有 4 件案件依据成员国和欧共体竞争法)。该报告进而认为,欧盟 25 个成员国现有的反托拉斯损害赔偿制度正处于一种"异常多样(astonishing diversity)"和"完全落后(total underdevelopment)"的状态,欧洲竞争领域的受害人在法庭上获得

---

[1] Council Regulation (EC) No.1/2003 of 16 December 2002 on the implementation of the rules on competition laid down in Articles 81 and 82 of the Treaty.

[2] Denis Waelbroeck, Donald Slater and Gil Even-Shoshan, "Study on the Conditions of Claims for Damages in Case of Infringement of EC Competition Rules", 31 August 2004, http://ec.europa.eu/competition/antitrust/actionsdamages/comparative_report_clean_en.pdf. 转引自綦书纬:《〈违反欧共体反托拉斯规则的损害赔偿诉讼白皮书〉述评》,《经济法论丛》2010 年 11 月 30 日。

赔偿面临诸多实质性障碍。"①

自 2004 年开始,委员会采取了一系列措施激起社会各界对以上问题的讨论,在对各成员国限制竞争行为受害人的求偿条件和便利受害人损害求偿的各种建议措施进行比较分析之后,委员会于 2005 年 12 月 19 日发布了《违反欧共体反托拉斯规则的损害赔偿诉讼绿皮书》(以下简称"绿皮书")②。绿皮书的目的在于厘清建立有效损害赔偿机制的主要障碍,并针对问题提出了可供政策选择的不同方案,进而采取措施促进跟进诉讼(follow-on actions)和独立诉讼(stand-alone actions)。在绿皮书中,委员会主要围绕证据开示、归责原则、排场原则、转嫁抗辩、集体诉讼、成本分配原则、因果关系规则等问题展开讨论并公开征询意见。③

在绿皮书的基础上,2008 年 4 月 2 日,欧盟委员会终于发布了各界期待已久的《违反欧共体反托拉斯规则的损害赔偿诉讼白皮书》(以下简称"白皮书")④,白皮书在欧盟范围内为限制竞争行为的受害者提出了旨在创建一套有效私人执行机制的诸多建议。但白皮书和绿皮书一样,是一份对成员国的指导文件,不具有约束力。

2014 年 11 月 26 日,欧盟议会和部长理事会采纳了欧盟委员会一项关于竞争法损害赔偿诉讼指令的提议。⑤ 这项指令(以下简称"2014/104/EU 指令")旨在使得欧盟竞争法规执行更为有效,尤其是通过扫清现实障碍(举证、资格、时限等)帮助个人和公司请求赔偿。这项指令是对近年来私人诉讼的要求的一种响应。进一步强化原告的权利,并加强遍布欧盟各国的私人执行系统。这将使得私人起诉并取得胜诉更为容易。

---

① Denis Waelbroeck, Donald Slater and Gil Even-Shoshan, "Study on the Conditions of Claims for Damages in Case of Infringement of EC Competition Rules", 31 August 2004, http://ec.europa.eu/competition/antitrust/actionsdamages/comparative_report_clean_en.pdf. 转引自綦书纬:《〈违反欧共体反托拉斯规则的损害赔偿诉讼白皮书〉述评》,《经济法论丛》2010 年 11 月 30 日。

② Gree Paper on Damages Actions for Breach of EC Antitrust Rules, Brussels, 19.12.2005, SEC (2005) 1732, http://ec.europa.eu/competition/antitrust/actionsdamages/sp_en.pdf.

③ 綦书纬:《〈违反欧共体反托拉斯规则的损害赔偿诉讼白皮书〉述评》,《经济法论丛》2010 年 11 月 30 日。

④ White Paper on Damages Actions for Breach of EC Antitrust Rules, Brussels, 2.4.2008, COM (2008) 165 final, SEC (2008), http://ec.europa.eu/competition/antitrust/actionsdamages/files_white_paper/whitepaper_en.pdf.

⑤ Directive 2014/104/EU of the European Parliament and of the Council on Certain Rules Governing Actions for Damages under National Law for Infringement of the Competition Law Provisions of the Member States and of the European Union, http://eur-lex.europa.eu/legal-content/EN/TXT/PDF/?uri=CELEX:32014L0104&from=EN.

事实上,近些年来欧委会和各成员国竞争执法机构都表现出了前所未有的积极调查和起诉违反竞争法行为的意愿,伴随而来的大量认定侵权的公共执法的决定,为遭受侵权的私人主体寻求救济并在各成员国内法院提起高额的赔偿请求提供了充分的"弹药"。各成员国法院自己正越来越熟练地管理这类诉讼请求。因此,包括英国、德国、荷兰在内的欧盟国家都或多或少地将美国民事诉讼中的一些便利性规则引进本国国内竞争法。

所以,可以说全球反托拉斯的民事诉讼正在达到一个高峰,即便没有美国三倍民事赔偿的鼓励,如果降低相应的举证困难并提高民事诉讼的胜诉率,那么民事诉讼的意愿和能动性不失为公共执行的有益补充。另外,尽管大多数国家的法律都规定私人执行与公共执行可以并行不悖,但是私人执行发生在公共执行之后已经是普遍趋势。可以预见,由于胜诉率太低而被抑制的新兴市场国家的私人执行也会逐渐活跃起来。

(三)中国的情况

中国《反垄断法》基本同欧盟体制,以公共执行为主,不支持三倍赔偿,不支持集团诉讼,也未明确规定公共执行中的调查结果有多少可以为私人执行所援引。事实上,由于执法经验仍处初级阶段,信息的公开和透明目前仍是中国反垄断公共执行中的重大缺陷,私人执行也无从得知政府调查中掌握的信息和相应的具体结论。

《反垄断法》专设一章"第六章"规定反垄断执法机构的调查,包括其权限和程序。第七章"法律责任"中规定反垄断执法机构可以作出没收违法所得、罚款、减轻以及豁免的处理决定。而对于并购审查还特别赋予反垄断执法机构"责令停止实施集中、限期处分股份或者资产、限期转让营业以及采取其他必要措施恢复到集中前的状态,可以处五十万元以下的罚款"等权限。对于反垄断执法机构并购审查结果不满的,必须先行政复议,仍然不服的才能提起行政诉讼;对其他决定不服的,则可以选择提起行政复议或行政诉讼。

《反垄断法》只在第 50 条涉及了私人执行,措辞非常简单:"经营者实施垄断行为,给他人造成损失的,依法承担民事责任。"不具操作性的规定也使得民事诉讼在《反垄断法》实施的头几年数量很少。根据最高人民法院公布的数据,截至 2012 年,全国地方法院共受理 61 件反垄断民事诉讼案件,审结 53 件。为了鼓励民事诉讼,也为了填补立法空白,2012 年 5 月最高人民法院发布了《关于审理因垄断行为引发的民事纠纷案件应用法律若干问题的规定》(简称《民事案件司法解释》),自 2012 年 6 月 1 日起实施。

此项《民事案件司法解释》出台时,尽管有些规定仍存争议,但还是得到了业界的一致好评,认为是中国开始重视双轨执行的信号。但事实上,这些规定中有很多仍然不利于原告,而且还是含糊不清。例如,第二条规定:"原告直接向人民法院提起民事诉讼,或者在反垄断执法机构认定构成垄断行为的处理决定发生法律效力后向人民法院提起民事诉讼,并符合法律规定的其他受理条件的,人民法院应当受理。"从这条规定看来,即使反垄断执法机构尚未作出生效行政决定,人民法院依然会受理案件。但两个程序并行时,司法程序是否要终止?行政机构的决定在司法程序中是否可以援引?如果行政和司法对违法的认定结果不一致,要怎么处理?这些问题在该司法解释中都没有得到解决。

与欧美等国家的机构建制不同,我们国家的行政与司法之间的关系究竟是平行的还是以司法审查为主,法律并没有明确的规定。除了民事诉讼以外,对于行政机构的反垄断调查和结果,司法机关在多大的范围具有审查纠正的权力,即行政诉讼的问题,在中国的反垄断法中也没有得到解决。如果按照一般的行政诉讼原则,法院对行政处理决定只能进行法律审,不能进行事实审,那么私人几乎不可能挑战行政机关的反垄断处罚决定,事实上,至今尚无这方面的案例。

不过,在《民事案件司法解释》通过后的2013年全年,根据最高人民法院在"2014反垄断民事诉讼论坛"公布的数据:法院系统一共受理了反垄断民事案件71件,审结69件,比2012年增长了30%。这说明《民事案件司法解释》的效果还是明显的,尽管胜诉率仍然很低,但私人执行的意愿在不断提高中。

中国反垄断执法中存在的问题,有些可以向从欧美经验中学习和借鉴解决方法,有些则是中国所特有的,必须自行厘清。具体来说,包括以下几点:

(1) 公共执行太强势,监督力量不足。对于行政执法机构的反垄断决定,法院应当可以做出实质性审查和完全推翻的行政诉讼裁判,这几乎是大多数国家的通例。

(2) 公共执行三头分立,权限之间存在交叉,既可能引起管辖冲突,又可能导致结论不一致(见本章第二节)。

(3) 私人执行仍然有很多进一步便利化的空间,尤其是举证责任和集团诉讼方面都可以考虑学习欧美经验改进(见本章第三节)。

(4) 公共执行与私人执行之间,在程序的衔接、证据的开示和互用、听证与第三方介入、结论与跟进诉讼等方面,都需要进一步厘清(可参考欧盟鼓励私人执行的最新经验)。

第二节 公共执行机构分立的问题：
以滥用垄断地位为例

一、美国经验

在美国，反托拉斯法的执行程序(enforcement procedure)包括两方面：政府调查与法院程序。司法部(DOJ)与联邦贸易委员会(FTC)是主要的调查机关，拥有主动发起调查的权力，也接受私人的请求，或其他政府部门(如国会)的要求发起调查。在 DOJ 和 FTC 的调查过程中，它可以在调查对象或第三方自愿配合下工作，也可以通过两种强制的程序要求获得某项文件、书面答复或听证：传讯(subpoenas)和民事调查请求(civil investigation demands)。[1]

美国的反托拉斯公共执行是典型的双元体制，DOJ 和 FTC 的权限有很大的重合，除了个别专属权限外。例如，依据《谢尔曼法》提起刑事诉讼的任务是由 DOJ 来承担的，因为 DOJ 一直承担检察官的角色；而 FTC 在执行《联邦贸易委员会法》方面有着排他的权力，此法还包括一些消费者保护和贸易救济的内容。但是，在反托拉斯问题上这两个机构的管辖权重合之处较大。例如，它们都有权执行《克莱顿法》。

为了减少摩擦，DOJ 和 FTC 曾在 1948 年达成一个备忘录。即双方一致同意，在一方发动反托拉斯调查之前，需通告另一方，以避免管辖权的冲突或民事诉讼冲突。此外，这两个机构还设置了"联络官"，负责双方之间的沟通。这种沟通除了发生在一方对限制竞争案件的调查之前，也会发生在一方对某个行业的竞争环境进行调查之前。一方通告另一方之后，如果对方没有异议，那就是得到了对方的认可(clearance)。如果一方在没有得到对方认可的情况下就开始调查企业，在这种情况下，两个机构的矛盾就不可避免。如果出现了这种情况，根据备忘录，首先是由 DOJ 反托拉斯局一位副局长和 FTC 竞争局的局长进行协商。如果不能达成协议，便由反托拉斯局的局长和 FTC 主席出面协商。此外，反托拉斯局局长和 FTC 主席还定期举行会议，协调两个机构在执法中的问题。[2]

---

[1] See 15 USC Sections 46, 49, 57b-1; 15 USC Sections 1311-1314.
[2] 王晓晔：《我国反垄断行政执法机构多元化的难题》，《中国发展研究》2006 年第 9 期。

在实践中，两个机构在划分管辖权方面基本上按照约定俗成的标准，这个标准其实就是依据两个机构的专家各自偏重在不同领域的执法经验。一般来说，DOJ 反托拉斯局负责处理计算机软件、金融服务、媒体和娱乐以及电信市场的竞争问题，FTC 负责处理汽车和运输、计算机硬件、能源、医疗、药品制造和生物技术等领域的反竞争行为。①

一项调查可以在任何时候被中止或放弃（dropped），法院无权审查行政机构中止调查的决定。一项调查也可以在任何时候达成和解而结案。FTC 作为独立的行政部门，可以经全体委员的多数投票自行同意一项和解协议；而 DOJ 作为检察执法机构，其达成的和解协议必须得到法院的同意。

一项调查也可以引发诉讼。DOJ 调查完成后须在联邦法院起诉，按联邦司法程序进行一审二审；FTC 则有自己的行政法庭，对 FTC 决定不服的可以上诉至委员会，然后才能申诉至联邦上诉法院。需要注意的是，美国联邦制的双轨法院体系决定，适用联邦反托拉斯法的案件由联邦法院听审，州法院可以处理违反州反托拉斯法的案件。

值得一提的是，DOJ 和 FTC 都向企业提供指导服务，DOJ 该程序称为"商业评论程序（business review process）"；FTC 称为"咨询建议程序（advisory opinion process）"。② 在对计划中的某项行为的违法性感到不确定时，企业可以向 DOJ 或 FTC 提交书面请求，描述相关的行为和提供相应的文件和信息。DOJ 或 FTC 只能对计划中的行为，而不是已经发生的行为提供指导，他们也可以拒绝提供指导。此类指导将对外公布，但并不具有约束力。不过实践中，DOJ 和 FTC 都不太可能就某项已经遵照其指导意见开展的商业行为再进行反托拉斯调查。

美国的公共执行受经济学影响很大，芝加哥学派对 FTC 的影响、哈佛学派对 DOJ 的影响都可以从他们的执法风格上寻到痕迹。互联网滥用垄断地位的调查目前来看主要由 FTC 负责。近些年来对维护动态竞争、效率和本国创新优势的观点在 FTC 渐占上风，这也直接导致了许多关于互联网企业的调查被中止或和解，没有再发布行政决定或认定，因此也直接影响了跟进民事诉讼的开展。

相对于行政执法的宽松倾向，在司法裁判程序中，法院的态度有很大的分歧。不同的地方法院、巡回上诉法院对反托拉斯法的执行态度有很大差别。例如，在苹果电子书案中，主审的地方法院法官不仅完全驳回苹果的抗

---

① 王晓晔：《我国反垄断行政执法机构多元化的难题》，《中国发展研究》2006 年第 9 期。
② See 16 C.F.R Section 1.1 - 1.4；28 C.F.R. Section 50.6.

辩，判决 4.5 亿美元的民事赔偿，而且要求苹果在五年内不得与美国五大主要出版商签署新的电子书经销协议。此外还要求苹果聘请外部观察员，负责监控苹果的电子书商业策略不违反反垄断法，为期两年。这使得苹果深陷泥潭，电子书业务陷入停顿。

二、欧盟经验

欧盟是典型的一元执法体制。欧盟委员会承担主要的反垄断公共执行职能。欧盟委员会负责对反垄断案件进行调查，与美国同行不同的是，欧盟委员会可以对案件作出决定，包括作出判定企业违反欧盟竞争法的决定。如果判定企业违法，或者在企业不服禁令或在案件调查中不与其配合时，欧盟委员会还有权对企业课以罚款等。

欧盟委员会的行政裁决具有执行力。但是，如果被告或者任何第三人对欧盟委员会的行政裁决不服，可以到欧洲初审法院以欧盟委员会为被告提起诉讼。欧洲初审法院既可审查欧盟委员会对事实的认定，也可审查其适用法律是否适当。对欧洲初审法院判决不服的当事人有权向欧洲法院提出上诉。欧洲法院不进行事实审，只审查欧洲初审法院适用法律是否正确。欧洲法院的二审是终裁判决。

欧盟的特有问题是欧盟执法与各成员国国内执法之间的关系。2002 年通过的 1/2003 号条例，规定各成员国在处理影响成员国之间贸易的案件时应当直接适用欧共体条约第 81、82 条（里斯本条约第 101、102 条），并且力促欧委会与各成员国执法机构和法院的合作，包括信息共享和联合执法等，即建立"欧盟竞争网络（European Competitioin Network）"。同时，该条例赋予欧委会在调查和和解上更大的权限。

在 1/2003 号条例实施的十年间（2004 年 5 月 1 日到 2013 年 12 月 31 日），适用欧盟竞争法的案例达到 780 多件，其中欧委会处理 122 起，而各国执法机构调查的数量达到 665 起，最大的改观是各国执法机构法律适用的一致性明显提高。适用欧盟竞争法的案件中半数以上全部或部分涉及卡特尔。其中，欧委会调查的案件中只涉及滥用垄断地位的案件占到约 20％，20％中又有 84％都是涉及排他性滥用（exclusive abuse），盘剥性滥用（exploitive abuse）较少。[①]

[①] European Commission, Ten Years of Antitrust Enforcement Under Regulation 1/2003: Achievements and Future Perspectives, COM (2014) 453, http://ec.europa.eu/competition/antitrust/legislation/antitrust_enforcement_10_years_en.pdf.

值得特别注意的是,一方面是为了应对美国在互联网行业上的竞争优势,一方面是出于建立欧盟数字单一市场的考虑,欧委会近几年在对互联网企业滥用垄断地位的调查上不遗余力,表现出强烈的消除市场障碍的决心。欧委会2015年6月4日发布《竞争政策2014年度报告》[1]称,竞争政策能够帮助建立真正的数字单一市场(digital single market),欧盟数字单一市场的整合需要竞争政策来保障数字领域的公平竞争;需要根据知识产权、数字内容和技术转让协定的新发展,将知识产权方面的规则与竞争执法结合起来;知识产权对于创立数字单一市场至关重要,欧委会正在考察知识产权法律框架是否适应数字时代的要求。

欧委会在报告中指出,欧委会对互联网行业的竞争调查主要集中在消费者通信服务、社交网络服务、在线广告服务三个领域。智能手机领域的关键是标准设定程序及其兼容性。2014年,欧委会就标准必要专利做出了两个重要决定,一是认为摩托罗拉禁止苹果在德国使用其标准必要专利是滥用主导地位,二是要求三星承诺五年之内不会禁止在欧洲经济区内使用其标准必要专利。此外,对高通的芯片垄断问题进行了两次调查,最近的一次调查仍在进行中。最引起轰动的是,经过7年对谷歌网络搜索引擎可能滥用市场主导地位的问题的调查,2017年6月欧委会对谷歌操纵纵向搜索结果行为开出了高达24.4亿欧元的罚单。欧委会对谷歌的安卓手机软件与在线广告服务的调查则还在进行中。可以预见,为了促进欧盟数字单一市场的形成,欧委会还将在未来一段时间内保持互联网竞争执法上的活跃态度。

三、中国的特有实践

与欧美的做法不同,中国的公共执行将权限按照涉案行为类型分配给三个机构:商务部(负责合并控制)、国家工商行政管理总局(简称"工商总局",负责不涉及价格的限制竞争行为)以及国家发展与改革委员会(简称"发改委",负责涉及价格的限制竞争行为)。其中,商务部的权限是较为明确的,而工商总局与发改委之间的权限则存在交叉和重叠。

在几个政府部门都有权制止限制竞争行为的情况下,它们之间即便不存在管辖权的冲突,实践中有时也很难操作。例如,一个占市场支配地位的企

---

[1] European Commission, Ten Years of Antitrust Enforcement Under Regulation 1/2003: Achievements and Future Perspectives, COM (2014) 453, http://ec.europa.eu/competition/antitrust/legislation/antitrust_enforcement_10_years_en.pdf.

业同时有操纵价格和强制交易行为,前一个行为应由发改委管,后一个行为应由工商总局管。"在这种情况下,即便两个部门没有法定管辖权的冲突,两班人马处理同一个企业的违法行为也明显存在执法资源配置不当的问题。"①

以目前互联网行业的垄断问题而论,大多涉及非价格竞争,表现为典型的排他行为,理论上应当是由工商总局负责执法。但是在互联网的双面市场中,许多滥用垄断地位可能涉及盘剥式高价,这种情况下不可能将一面市场从另一面割裂开来,同时也会造成重复调查的问题。出于近些年国家培育互联网创新的战略和产业政策的考虑②,目前对互联网尚无一例反垄断公共执行,但从各国的实践来看这个领域被纳入反垄断公共执行只是时间问题。

为了协调三头执法的问题,2008 年又成立了国务院反垄断委员会,主要负责拟订相关政策、协调反垄断行动。反垄断委员会办公设在商务部反垄断局,与其合署办公,至今只发布过一项指南,未见明显的作用。另一方面,三个执法机构(反垄断执法具体部门)的行政级别都是司局级,而一些具有垄断地位的大央企是部级,反垄断对调查大型国企明显力不从心,更遑论破除行政垄断。

在《反垄断法》实施之初,商务部是最活跃的执法者,因为立法要求达到门槛的并购大案必须事前向商务部申报。商务部不仅受理案件数多,而且发布的指导意见和配套性法规数量也多。但是,在最近三五年,发改委进行价格反垄断调查的频率明显提高,涉及的行业面也非常广。相形之下,工商总局在制订和发布部门规章和指南上比较勤力,但依《反垄断法》实际调查案件数较少。

截至 2014 年 8 月,在《反垄断法》实施的 6 年里,商务部共立案 945 件,审结 875 件,后 3 年年均审结 210 件左右。6 年里,商务部无条件批准 849 件案件,约占全部审结案件的 97‰;附条件批准 24 件,禁止 2 件,两者加起来约占全部审结案件的 3‰,这个比例和其他司法辖区反垄断执法机构附条件和禁止案件的比例大体一致。除了对经营者集中申报进行审查外,商务部还负责对未依法申报的经营者集中进行监管,并为此专门制定了配套立法和工作规则,依法查处未依法申报案件。商务部于 2014 年 5 月 1 日开始对查处的

---

① 王晓晔:《我国反垄断行政执法机构多元化的难题》,《中国发展研究》2006 年第 9 期。
② 《法制日报》2017 年 12 月 6 日登文《对互联网企业要慎用反垄断大棒》,反映了目前的官方观点, http://www.legaldaily.com.cn/commentary/content/2017-12/06/content_7412926.htm?node=34254。

未依法申报案件的审查决定予以公开。①

同期,工商总局立案3件,授权省级工商局立案36件,共39件,其中外资案件只有2件(即由国家工商总局立案调查的微软、利乐涉嫌垄断案),仅占案件总数的5%,现已结案15件,中止调查1件。②作为对比,工商部门仍然把工作的重心放在对不正当竞争行为(包括仿冒、虚假宣传、商业贿赂、侵犯商业秘密、公用企业和依法具有独占地位经营者限制竞争等)、流通领域商品质量、无照经营、商标广告违法行为、侵害消费者权益等行为进行监管。2014年上半年,工商部门全系统共查处相关违法行为28.2万件,罚款和没收违法所得共计27.7亿元,与反垄断执法形成鲜明对比。③

而从2013年开始表现最为活跃的发改委,并没有对外公布执法情况。曾经有律师要求发改委公开自2008年8月1日反垄断法实施以来,收到的反垄断举报材料数量、未立案调查的举报材料数量、立案调查的案件数量、作出反垄断处罚决定的案件数量、结案案件数量和正在反垄断调查的案件数量,但发改委以"此类信息属于加工汇总信息,发改委无此公开义务"回复。④

除了商务部必须公布其禁止经营者集中和对经营者集中附加限制性条件的决定外,发改委和工商总局并无义务公布其行政执法决定(虽然发改委有时会主动在媒体上曝光其行动,但不涉及详情)。在提高透明度方面,商务部虽然先行一步,但从公布的内容来说大多十分简单,几乎不可能成为民事诉讼可援引的证据。而发改委零星公布的一些决定,也大多数是情况说明,并没有具体的理由和调查依据。相对应地,法院在提高透明度、公开裁判文书方面,这些年来的举措幅度更大。

具体来说,中国公共执法中必须解决的几大问题是:

(1) 发改委与工商总局之间因历史原因形成的权限分割,在滥用垄断地位的案件中很难加以区分,有必要重新按标准厘清。建议按照美国的做法,发改委重点负责管制行业或重大战略行业的反垄断调查,而工商总局则负责一般民生行业的反垄断调查。考虑到工商总局的工作重心和人力配置,长远来看,宜将工商总局的反垄断执法权剥离出来并入商务部。⑤

(2) 明确规定反垄断执法部门与行业主管部门、央企主管部门之间在调查中的独立与合作问题,保障反垄断执法的独立性和权威性。

---

① ② ③ 国新办新闻吹风会:《反垄断执法工作情况介绍》,2014年9月12日,http://fldj.mofcom.gov.cn/article/i/201409/20140900733559.shtml.

④ 王晓雁:《国家发改委称无加工汇总信息义务》,《法制日报》2013年7月18日。

⑤ 本书定稿之后,国务院机构改革方案于2018年3月通过,成立国家市场监督管理总局作为国务院直属机构,承担反垄断统一的执法职能,下设反垄断局。

（3）全面提高透明度，对收受的举报、并购前通报都应书面回复，对正式受理的案件具体事由都应公开，对处理结果更应书面公开（涉及企业商业秘密的除外）。反垄断主要涉及经济利益和竞争秩序，它应当是公开行动，而不是秘密调查。

（4）必须警惕公共执法过于强势的问题，加大司法审查的监督，进一步规范和理顺行政诉讼的范围和程序。

（5）加强对经营者的指导，通过联合公布指导文件引导市场竞争，而不是分散立法，在"滥用垄断地位"问题上尤其如此，不应也无法将价格垄断与非价格垄断区分开来。

第三节 民事诉讼的难题：就互联网案件

欧盟委员会于2005年公布的《绿皮书》旨在消除损害赔偿诉讼中的制度性障碍。[①] 经过调查，《绿皮书》列出了以下构成障碍的程序性事项：（1）大多数成员国对集体诉讼的限制；（2）部分成员国要求提供主观故意或过失的证据；（3）原告对损失和因果关系承担举证责任；（4）部分成员国的证明标准较高；（5）部分原告要求提供证据的权利有限；（6）大多数成员国法院所作出的裁判在其他成员国无约束力；（7）证明垄断损害的过程不仅复杂而且困难；（8）允许传递抗辩[②]（从某种程度上减少了直接购买者应该获得的利益）；（9）大多数成员国在涉及间接购买者提起诉讼的问题上缺乏一致性；（10）限制损害赔偿的数额（比如不适用惩罚性损害赔偿）；（11）诉讼时效太短；（12）漫长的诉讼过程所带来的高成本和高风险；（13）各成员国法院对各自国内的垄断损害的判定和测算适用各自的国内法。[③]

列举的障碍中有些是欧盟特有的，比如成员国在一致性和判决的相互承认方面的问题；有些则是很多国家共同面临的问题，如成本高、时间长、举证难、胜诉率低等。国内外关于反垄断民事诉讼难题的相关文献近些年来也特

---

① Commission Green Paper — Damages actions for breach of the EC antitrust rules, COM (2005) 672 Final, Brussels, 19.12.2005, http://eur-lex.europa.eu/legal-content/EN/TXT/PDF/?uri=CELEX:52005DC0672&from=EN.
② 传递抗辩指的是垄断者经常以损害可以从直接购买者转移至再下家为根据提出直接购买者实际上未受损害的抗辩理由。
③ 万宗瓒：《欧盟反垄断私人诉讼制度的最新发展及启示》，《法学研究》2013年第7期。

别多,本书不打算面面俱到,仅就互联网反垄断民事案件涉及的几点突出问题进行阐析。

一、原告资格

（一）美国

在美国,由于三倍民事赔偿的鼓励,私人提起反托拉斯民事诉讼非常活跃。美国允许个人提起诉讼或者参加"退出制(opt-out)"集团诉讼。集团诉讼被认为是反托拉斯诉讼中非常必要的一种诉讼形式,因为一项滥用垄断行为往往影响到多个竞争者或广泛的消费者,他们的诉由和诉求都基本一致,可以合并审理。另一方面,每个消费者的相应诉讼金额可能很小,单独提起复杂的反托拉斯诉讼成本和风险都很高。

值得注意的是,在美国传统反托拉斯诉讼中,客户(customs)和竞争者(competitors)被认为有权利提起损害诉讼;客户可以诉求补偿因为垄断行为而多付的数额,竞争者可以诉求因为垄断行为而损失的利润。在这两种情况下,具体的金额其实都是一种估算(a rough approximation)。在实践中,典型的做法是比较实际情况与垄断行业不存在的假设情况之间的差额,一般在此类民事诉讼中会运用某种计量工具来计算"损失"。

原则上,非直接交易的企业(indirect transactor)按照联邦反托拉斯法没有起诉资格,但是很多州的法律中允许他们按州反托拉斯法起诉。[1] 值得一提的是,在新经济中,由于网络效应的存在,可能相关市场的关联者也有起诉的立场。在 Novell v. Microsoft 案[2]中,原告是一家应用软件的生产商,为了能与微软的 Windows 兼容,它被迫接受采用与 Windows 系统兼容的技术,这就排除了其将应用软件适用于其他操作系统的可能性。美国联邦第四巡回法院认定 Novell 有起诉资格,尽管它并不是直接的客户或竞争者。[3]

（二）欧盟

欧盟在推进民事诉讼的数次报告中,也曾就"间接购买者"是否可以具有原告资格而进行过争论,因为牵涉到"传递抗辩"的问题。"传递抗辩"指的是,垄断者经常提出抗辩:直接购买他们商品的下游顾客能够将承担的过高

---

[1] 如对固定价格的垄断行为,新墨西哥州的反托拉斯法允许间接购买者提起诉讼。
[2] Novell v. Microsoft Corp., 505 F.3d 302 (4th Cir. 2007).
[3] 有趣的是,法院在认定这样的起诉资格的态度上并不十分确定。同样是美国联邦第四巡回法院,在 Kloth v. Microsoft Corp., 444 F. 3d 312 (4th Cir. 2006)一案中对几乎同样的事实,却认定原告不具有反托拉斯法上的起诉资格。

价格向再下游市场的顾客(间接购买者)转嫁,因此直接购买者实际上并未因被指控的行为受到损害。

依据欧洲法院的相关规定,间接购买者有权将被传递的过高价格作为损害赔偿诉讼的基础。在 2014/104/EU 指令中,欧盟要求所有成员国也应当允许所有因为反垄断侵权行为受到损害的私人——无论是直接还是间接的购买者——都可以提起诉讼,以实现"完全的赔偿(full compensation)"。因为只有允许间接购买者提起诉讼,才能避免赔偿不足或者对于直接购买者过度的补偿。

但允许间接购买者提起反垄断赔偿要求,将使得法院计算赔偿额的难度进一步增加,因为法院要保证"在供应链上每一层级的赔偿金额不超过该层级所受的损害",这意味着法院还要学习如何分配涉案供应链上的损害。但是,层级越多,一般意味着损害的传递越复杂。

为了减轻讼累,2014/104/EU 指令又提出,所有成员国法院应当允许被告提出"传递抗辩",即可以主张某一层级的损害已经传递给下一层级,但对这种可能过度赔偿的举证责任在被告。为了能有效举证,被告被允许可以合理地向原告或第三方要求信息披露。同样,如果间接购买者主张损害赔偿,他也要证实该损害传递到自己所在层级,他也可以要求被告或第三方合理的信息披露。

值得一提的是,英国、爱尔兰、塞浦路斯、德国等欧盟成员国国内法都支持竞争法的私人执行;而在其他欧盟成员国,包括法国和比利时,原告可以按照民法的侵权赔偿原则提起针对垄断行为的诉讼,但不能直接援引竞争法;在其中一些国家,举证责任要求满足"过错标准(fault standard)",即要证明被告存在民法上的过错才能索赔。[1]

(三) 中国

目前,中国确定反垄断民事诉讼原告资格的相关法律法规主要有《反垄断法》第 50 条、《反垄断司法解释》第 1 条、《民事诉讼法》第 119 条及第 55 条。总体来看,相关规定仍过于原则,可操作性较低。《反垄断法》第 50 条规定:"经营者实施垄断行为,给他人造成损失的,依法承担民事责任。"2012 年《民事案件司法解释》第 1 条规定:"本规定所称因垄断行为引发的民事纠纷案件,是指因垄断行为受到损失以及因合同内容、行业协会的章程等违反反

---

[1] Edward B. Schwartz & Martin Rees, "Private Antitrust Enforcement in Europe: Are American-Style Class Actions on the Way? Andrews Litigation Reporter", *Antitrust*, Vol.15, October 2007.

垄断法而发生争议的自然人、法人或者其他组织,向人民法院提起的民事诉讼案件。"

2012年《民事案件司法解释》同时允许"因合同内容、行业协会的章程等违反反垄断法而发生争议"提起的诉讼。上述后一种情况,即因合同内容或行业协会章程违《反垄断法》而导致的诉讼,并未将受到垄断行为的侵害作为一项必需的前提,因此《民事案件司法解释》允许未受到垄断行为侵害的原告针对以合同和协会章程为载体的垄断行为提起诉讼。

但是《民事案件司法解释》没有解决"因垄断行为受到损失"必须是直接购买者还是间接购买者的问题。目前两大法域美国和欧洲的做法实际上有明显差别,美国联邦法律不允许间接购买者提起诉讼,而欧洲则鼓励传递抗辩和间接购买者的原告资格。这两种做法都有利有弊。美国认可三倍惩罚性赔偿,滥诉的风险比较大,因此不支持间接购买者的原告资格;欧盟强调"完全的赔偿",认为损害会被传递,如果不允许间接购买者提起诉讼,会导致对直接购买者的"过度赔偿"。

仅从中国《民事案件司法解释》的文义来说,"损失"应当包括"直接损失"和"间接损失"。但是"间接损失"的证明责任应当由间接购买者承担。因为中国基本效仿欧盟体例,私人执行本身就较为弱势,无法成为公共执行的有效补充,因此允许间接购买者的原告资格更符合目前状况。

必须指出的是,许多互联网商业形式涉及双面或多面平台,比如搜索引擎既向消费者提供一般搜索和纵向搜索,又向广告商提供广告服务,还可能存在对下游企业的搜索歧视问题,其中涉及的可以提起反垄断民事诉讼的原告应当包括一般用户、被纳入或排除出搜索结果的企业、广告商等,他们与搜索引擎垄断者之间是直接关系,不是间接关系。

互联网行业反垄断原告资格中最特有的一个问题是,免费服务是否构成交易,因免费服务而受到的损失是否可要求赔偿?显然,如果仅就《反垄断法》和《民事案件司法解释》相关条款的文义,并不要求存在付费意义上的"交易关系",只要遭受损失,即可要求赔偿。理论上认为,互联网的服务不是公益服务,它的免费具有商业目的。因此如果消费者或下游企业主张因垄断性捆绑或搜索歧视等行为(即使其是免费的)遭受了损失,在原告资格上应当没有问题。例如,在人人诉百度案中,法官明确驳回了百度提出的免费服务的抗辩理由。

二、举证责任

《最高人民法院关于审理因垄断行为引发的民事纠纷案件应用法律若干

问题的规定》第 8 条规定:"被诉垄断行为属于反垄断法第十七条第一款规定的滥用市场支配地位的,原告应当对被告在相关市场内具有支配地位和其滥用市场支配地位承担举证责任。被告以其行为具有正当性为由进行抗辩的,应当承担举证责任。"

因此,在反垄断诉讼中,市场份额的举证责任依法都是由原告承担。在几乎所有的民事诉讼中,法院都把证明被告具有市场支配地位的举证责任加诸原告身上。但是,在实践中,由于中国对市场份额证据的法定要求比较高,对市场份额的举证往往超出原告的能力范围。一方面,中国目前企业信息不透明,官方公布的统计数据也十分粗略,基本未细化到企业一级。关于市场结构、情况与单个企业的市场份额等方面的举证责任,对于私人来说几乎是不可能完成的任务。另一方面,在许多已有判例中,法院对于原告提供的一些新闻报道或第三方调研报告所测算的市场份额均不采信,要求原告提供更详细的依据和测算方法。

《最高人民法院关于审理因垄断行为引发的民事纠纷案件应用法律若干问题的规定》第 10 条规定:"原告可以以被告对外发布的信息作为证明其具有市场支配地位的证据。被告对外发布的信息能够证明其在相关市场内具有支配地位的,人民法院可以据此作出认定,但有相反证据足以推翻的除外。"依据该解释,能用作证明被告市场支配地位的证据(含市场份额)仅有被告自行对外发布的信息(可视为自认),对其他信息或统计结果的适用,法律没有明确规定,这对原告的举证极为不利。[①]

相比而言,该司法解释在其《征求意见稿》中对证明市场支配地位的证据规定更为宽泛。《征求意见稿》第 9 条第 4 款规定:"受害人提供了证明被诉垄断行为人具有市场支配地位的初步证据,被诉垄断行为人未予否认,或者虽予以否认但未提交足以支持其否定主张的证据的,人民法院可以认定其具有市场支配地位。上市公司的披露信息、被诉垄断行为人的自认信息、具有相应资质的第三方机构独立作出的市场调查、经济分析、专题研究、统计结果等,均可被视为前述初步证据。"由此可见,《征求意见稿》对举证责任的规定是:原告承担初步举证责任,如果被诉垄断行为人未予否认,则认定其具有市场支配地位;如果被诉人予以否认,则将举证责任倒置,转由被诉垄断行为人承担。[②]但是,《征求意见稿》的该条争议太大,正式稿推翻了这种举证模式,将举证责任完全加诸原告。

[①②] 胡丽:《互联网企业市场支配地位认定的理论反思与制度重构》,《现代法学》2013 年第 2 期。

在中国影响较大的反垄断案件中,大多以原告不能证明被告具有市场支配地位而败诉。① 即便是在公众看来,这些被诉主体在相关市场中应当具有市场支配地位(如盛大网络在中国网络文学市场、百度公司在中国搜索引擎市场中的支配地位),但由于原告举证不能,法院无法认定商品在相关市场中的市场份额。② 特别是在互联网的特殊背景下,关于市场份额的举证更加困难(见表6-1)。

表6-1 中国若干反垄断民事诉讼案件简要

案件名称	原告主张的相关市场及证据	被告抗辩理由及证据	法院的认定
人人诉百度	1. 原告主张相关市场为中国搜索引擎市场 2. 原告的主要证据来源于媒体报道,比如《百度坐拥中国搜索市场近2/3份额》的文章	被告主张搜索引擎服务对用户是免费的,免费服务不是《反垄断法》所约束的领域,因此,本案并不存在《反垄断法》意义上的相关市场	法院认定本案相关市场为中国搜索引擎市场,但原告证据中所提到的"市场份额"所依据的相关市场的范围与本案中所定义的相关市场的范围是否一致无法确定,因此不能证明被告在相关市场上具有支配地位
书生诉盛大	1. 原告主张相关市场为中国网络文学市场 2. 原告的主要证据是刊登在起点中文网、盛大公司官网、新华网上的若干文章,称两被告经营的起点中文网、晋江原创网、红袖添香网占有中国网络文学市场80%以上份额,占有中国网络原创文学市场95%以上份额等	被告主张不具有市场支配地位,理由系原告及其他文学网站的自我介绍,宣称自己在网络文学领域内具有支配地位或拥有较大的市场,证明被告不具有市场支配地位	法院对本案相关市场未作认定,但认为原告提供的证据仅仅是各网站上的宣传内容,这些宣传未经核实且无其他证据可以印证,故原告将宣传的市场份额等同于实际所占的市场份额,其依据不足。此外,作为与起点中文网经营范围相似的网站,原告的读吧网亦自称是全球最大的电子书门户网站。因此不能认定两被告在中国网络文学市场具有支配地位

---

① 如北京书生电子技术有限公司诉被告上海盛大网络发展有限公司案、上海玄霆娱乐信息科技有限公司垄断纠纷案(2009)以及唐山市人人信息服务有限公司诉北京百度网讯科技有限公司垄断纠纷案。

② 胡丽:《互联网企业市场支配地位认定的理论反思与制度重构》,《现代法学》2013年第2期。

续表

案件名称	原告主张的相关市场及证据	被告抗辩理由及证据	法院的认定
李方平诉中国联通	1. 原告主张相关市场为北京地区的固定电话、小灵通及 ADSL 市场 2. 原告的主要证据系《网通上市》《中国网通固网客户增长155% 去年扭亏92赚亿》等文章	被告主张相关市场为北京地区的语音通话市场，提供了相关经济分析报告	法院对相关产品市场未明确界定，但认为固定电话、小灵通与移动电话之间，计算机的 ADSL 上网与无线上网之间分别存在较强可替代性，因此原告主张的市场范围过于狭窄
奇虎诉腾讯（一审判决）	1. 原告主张相关产品市场综合了文字、语音、视频的电脑端即时通信软件和服务市场，相关地域市场为中国 2. 原告的主要证据为腾讯公司在香港发行股票的中文招股说明书，媒体报道，艾瑞咨询集团、中国互联网络信息中心、经济分析机构的报告等	被告主张相关产品市场远大于原告主张的范围，相关地域市场为全球。其主要证据为互联网上的报道文章，证明即时通信市场竞争激烈	法院对相关产品市场未明确界定，但认为即时通信产品与微博、SNS 社交网站具有紧密替代性，构成同一相关市场。因此原告主张的市场范围过于狭窄。认为相关地域市场全球。结论是被告不具有市场支配地位

资料来源：引自谢冠斌、金毅：《浅析滥用市场支配地位诉讼中的举证责任》，2013年9月12日，http://www.lifanglaw.com/_d276326241.htm。

在北京书生电子技术有限公司诉上海盛大网络发展有限公司案以及上海玄霆娱乐信息科技有限公司垄断纠纷案（2009）中，二审法院认为：上诉人对被上诉人市场地位的评价没有测度依据。在罗列的上诉人用以证明被上诉人具有市场支配地位的被上诉人及第三方网站的宣传描述中，尽管有"80%以上""95%以上"等关于市场份额的数据表述，但这些数据如何计算得出，具体数字是多少，是否真实，均不得而知。因此，上诉人对被上诉人市场地位的评价并没有建立在对被上诉人影响市场力量的度量基础上。法院最终以上诉人不能对被上诉人的市场份额进行充分举证而判决上诉人败诉。[1]

过去的反垄断司法实践已经暴露出原告举证难的问题。被告往往不会自行承认其在相关市场具有市场支配地位，并以涉及商业秘密甚至国家机密为由，拒不提交相关证据，特别是流量、访问量、份额、销售额等数据。原告难以获取被告的经营信息，也难以获取其他竞争者的经营信息。原告通常只能

---

[1] 胡丽：《互联网企业市场支配地位认定的理论反思与制度重构》，《现代法学》2013年第2期。

提出在公共媒体中有关被告经营情况的报道作为证据,而被告可以轻易地以该报道并非被告或官方权威机关发布,内容不真实为由不予认可。目前,法院一般也不会主动去调查相关事实。

值得一提的是,最高院在关于奇虎360诉腾讯案的判决书中对地方法院这种流行做法有所矫正。我们看到,最高院不仅多处援引CNNIC的《中国互联网发展状况统计报告》和各细分市场的用户调研报告,也采用和援引了较有权威的第三方调研报告,如艾瑞咨询和IDC的研究报告。在关于市场份额的计算部分,最高院援引了上诉人(奇虎360)所委托的专家的计算结果,在2009年至2011年期间,被上诉人的平均市场份额在PC端和移动端都超过了80%。

如第四章第一节所述,互联网市场面临的第一个问题就是市场份额的计算。大多数第三方统计或调研公司采用的都是"流量"占比,这有别于传统行业的"销售额"占比,它反映的往往是免费端的客户拥有量,其界定市场的依据和统计方法并不完全符合反垄断法和司法解释的规定。在最高院腾讯案判决中,专家对份额的计算是依照有效使用时间和使用频率。同时,最高院直接采信艾瑞咨询《2010—2011即时通信年度监测报告》的统计数字,都未进一步考察其统计方法和依据。

显然,在法院没有能力,依照前述司法解释也没有义务对相关市场份额进行测算的情况下,直接援引和采信第三方权威机构的统计数据,是较为可行的方案。但值得注意的是,对于凤凰网、环球网等一般媒体报道甚至访谈的可信度,在腾讯案中最高院也采取了较为宽容的态度,认为"……业内知名网络媒体,具有一定可信度,在没有相反证据的情况下,予以采纳"。这个态度,实际上缓解了原告举证难度。

在腾讯案中还涉及专家证言的效力问题。最高院提出几项原则:应重点审查该意见是否具有充分的事实或者数据基础;是否运用了合理、可靠的市场调查或者经济分析方法;是否考虑了可能改变市场调查或者经济分析结果的相关事实;专家是否尽到了专业人员所应具有的谨慎和勤勉。至于专家的教育背景、工作经历、研究成果应适当留意但不必苛求。最高院也明确地反对经济专家超出其专业范围评判法律问题,并表示将优先考虑出庭接受质询的专家的证言。

尽管最高院对原告提供的证据采取了较为宽容的态度,但在腾讯案中显然最高院仍然没有主动对相关事实进行调查,恪守民事诉讼的法院中立被动地位。值得探讨的是,这种中立立场在判定是否存在滥用行为时是正确的,但在判断是否存在支配地位时并不一定合适。对于市场的界定和市场份额的认定,考虑到其是一项客观事实,并且会影响之后的判决,笔者建议法院应当采取更积极的态度。

笔者支持法官采取以下的步骤。第一,应由原告明确诉讼主张,并针对其诉讼主张提交证据证明相关市场的范围,至少应明确其主张的相关市场的含义并进行说明,否则可视为其诉讼主张不明确,法官可以裁定驳回其起诉。当然,对此法官应积极进行释明,加强对当事人的指导。第二,在原告提出相应的证据之后,举证责任发生转移,由被告进行举证。如果被告不履行相应的举证责任,法院可根据原告的诉讼主张、证据及说明,结合日常生活经验等确定相关市场的范围。第三,对于重大复杂的反垄断纠纷案件,法院可以通过咨询相关行业主管部门、行业协会及专家等方式,以正确确定相关市场的范围。①

2012年6月1日开始实施的《关于审理因垄断行为引发的民事纠纷案件应用法律若干问题的规定》第8条明确规定,涉有滥用市场支配地位的,原告应当对被告在相关市场内具有支配地位和其滥用市场支配地位承担举证责任。在过去的实践中,有很多原告承担了举证不能的后果。但是随着实践的发展,法院变得比以前主动去接受和判定是否存在"市场支配地位"的事实。综上所述,除了该司法解释明确规定的被告自证和专家证言,包括第三方统计机构、知名媒体报道、委托机构报告等,都有可能被法院纳入综合衡量市场支配地位的证据中,这就减轻了原告的举证负担,也使得对滥用市场支配地位的民事诉讼的可行性和便利性有所提高。

三、证据获得

(一)美国

在美国反托拉斯法上,为了获得支持三倍赔偿的判决,除了证明存在违反反托拉斯法的行为外,私人原告还需要证明以下几点:(1)其受到损害;(2)违法行为是损害的实质原因(material cause);(3)损害与违法行为之间是密切联系的(sufficciently closely related to);(4)损害是由违法行为的反竞争的效果引起的;(5)必须证明损害的数额。

这些证明责任对于私人来说是非常严格的。在美国,法院庭审的证据开示程序(The Discoveray Procedure)通过披露信息帮助私人诉讼扫清了障碍。即使FTC和DOJ的卷宗不允许私人查阅,其指控信息和证据仍然会通过政

---

① 冯刚(北京第二中级人民法院):《反垄断民事诉讼中的举证责任问题初探》,http://bj2zy.chinacourt.org/public/detail.php?id=865。

府在法院的民事诉讼披露出去,传递给潜在的原告或者已经在诉讼程序中的原告,这是私人诉讼信息的有效来源。

美国联邦层面的审前证据开示制度起源于1938年的《联邦民事诉讼程序规则》,经过了近80年的演变和改进。除美国外,其他普通法系国家,如英国、澳大利亚、新加坡等也有证据开示制度,但都不及美国适用广泛,而大陆法系国家普遍没有审前证据开示制度。

证据庭前开示是指双方当事人将已经掌握的,对各自的诉讼主张能够起到支持作用的证据材料,在法庭开始审理前,向对方公开进行展示和交换的制度。展示的内容只限于相关的证据清单,并不涉及实质内容。此项规则适用于事实复杂、证据较多的案件,可以防止当事人一方在审理过程中进行"证据突袭",同时也提高了诉讼效率。[①] 在美国反托拉斯诉讼中,法院可以对那些寻求损害赔偿的原告在证据方面提供必要的帮助。根据《联邦民事诉讼程序规则》第38条的规定,法院对那些妨碍证据获得或者毁灭证据的行为,可以藐视法庭的罪名判处最高刑期为5年的监禁。

根据美国联邦民事诉讼规则,开庭审理之前当事人可以用以下五种方法向对方和诉讼外第三人收集与案件有关的信息:采取庭外录取证言的方法,在法庭之外询问对方当事人和证人;向对方当事人送达质问书,对方当事人必须答复所质问的内容;向对方当事人或第三人要求提供文书或物证并可以调查对方当事人的有关地产;要求对方当事人对某个事实和文书的真实性作出自认;在人身伤害的损害赔偿等案件中,当事人经法院同意还可以检查受害人的身体和精神状态。[②]

在证据开示的过程中,法官主要通过强制开示、保护令以及制裁来实现管理和控制。强制开示和保护令是对双方当事人相对应的程序保障方式,即一方可以向申请对方强制开示,对方可以申请对特殊利益的保密特权。对证据开示程序中的违法行为,法官有权按藐视法庭罪论处,施以罚款、要求承担费用等。

除了证据开示以外,另一项对私人执行极为有利的证据制度是"表面证据(prima facie evidence)"。依据《克莱顿法》第5(a)条规定,任何代表美国政府提起的民事或刑事诉讼程序中的最终判决或命令,都可以在此后由另一方提起的民事案件中作为违反反托拉斯法的表面证据。[③] 依靠"表面证据"制

---

① 万宗瓒:《论反垄断民事诉讼中证据规则的改进》,《河北法学》2012年第9期。
② 崔婕:《英美两国民事证据开示制度比较及其对我国的启示》,《学术研究》2002年第2期。
③ 《克莱顿法》该条所指的违法应当是第1条罗列的行为,因此如果是联邦贸易委员会依据《联邦贸易委员会》第5条作出的最终决定,并不能构成《克莱顿法》所称的"表面证据"。

度,如果之前已有成功的公共执行案件,①跟进诉讼中的私人原告只需证明其起诉资格、损害数额等事实,由于举证非常容易,被告多有忌惮,这样的私人执行案件多以和解(settlement)结案。

(二) 欧盟

在法律的语境中,"证据"一词通常涉及对侵害行为、损害事实以及行为与结果之间的因果关系的证明。欧洲的竞争法学者提出,当前亟须理论界关注原告和法院之间存在的信息不对称(不包括财政资助的案件)。在许多竞争案件中,原告要获得上述证据存在很多困难;为使原告成功获取进一步的材料,必须对有关技术性的证据作出明确而清晰的界定。这些证据涉及对相关市场的界定、对市场支配力的界定,以及评估垄断违法行为的市场影响,等等。②

《欧洲民事程序法》第4条规定,在听取各方当事人的意见后,法院可以命令诉讼中的一方当事人提供一份供其他相关方占有和保管的证据清单,如果这些证据是之前没有向其他各方提供的。第5条规定,提供证据清单的当事人一方应送达或允许其他各方复制或检查证据清单。此外,国内法普通规则可以规定当事人一方有权拒绝送达或者披露。如果送达、复制或者检查证据清单将给一方当事人造成损害时,法院可以减轻或者免除该方的开示义务。法院根据当事人一方的申请,也可以命令第三方送达或允许其他各方复制或检查证据清单。③

欧盟2014/104/EU指令规定,国家竞争法主管机构、法院或欧盟委员会对于竞争法违反行为的认定,根据TFEU第101条和102条或相关国家竞争法,在私人损害赔偿诉讼中是不可辩驳的证据。基于成员国法院受到竞争法主管机构决定的约束,这个至关重要的指令,确保了原告在欧盟成员国国内法院诉讼的权利。在成员国的法院,欧委会和竞争执法机构的决定会作为认定侵权的表面证据(prima facie evidence,或被译为"自明证据")。这将给予原告在管辖法院上更多的选择。

指令还为文件证据披露(disclosure of evidence)开辟了道路,使得原告在私人诉讼中从被告、第三方和相关竞争执法机构身上获取文件证据更为容易。它要求各成员国法院有权命令特定证据或相关证据目录的开示,但这样的开示也需考虑被告的利益,尽量精确、狭窄和控制在合适的限度,应当考虑

---

① 值得注意的是,公共执行案件中执法机构与被告达成的和解协议,包括认罪和解(guilty plea),即使由法院签发"同意令(consent decree)",这不能作为"表面证据"。
② 万宗瓒:《欧盟反垄断私人诉讼制度的最新发展及启示》,《法学杂志》2013年第7期。
③ 万宗瓒:《论反垄断民事诉讼中证据规则的改进》,《河北法学》2012年第9期。

的因素包括证据的相关性、必要性、披露的成本、范围和商业秘密的保护等。对于不配合开示的当事人或第三方,法院有权施以罚金。

指令要求,各成员国法院应当有权命令披露竞争执法机构的决定中可能包含的证据。但是对于已经达成的宽免声明(leniency statements)或和解请求(settlement submmissions),法院应当无权要求披露。这两项程序实际上涉及所谓的"诉讼交易",是为了提高司法效率,其内容不能确认为一种事实或证据。

此外,各成员国法院可以命令诉讼当事人或者第三方当事人披露相关证据的种类,但必须符合以下条件:第一,原告已经展示自己能够掌握的所有证据材料,并且这些证据材料足以证明被告垄断违法行为的存在;第二,原告必须表明自己竭尽全力也无法获得所需要的证据;第三,必须满足证据披露是相关的、合理的和恰当的要求;第四,证据的披露应当避免与反垄断宽免程序和主管机关的调查相冲突。[①]

(三) 中国

1. 举证责任

对于《反垄断法》第 13 条第 1 款第(1)项至第(5)项所禁止的横向垄断协议,《民事案件司法解释》明确要求,一旦证明存在上述协议(推定由原告证明),被告就应当对该协议不具有排除、限制竞争的效果承担举证责任。这种举证责任倒置的要求,是因为横向垄断协议被认为是"本身违法"的行为,即行为本身的存在即可认定违法,而被告要有效抗辩必须自己举证不具有排除、限制竞争的效果。

《民事案件司法解释》将所有涉及《反垄断法》第 13 条的横向协议案件中的上述举证责任直接分配给被告的做法,仍可能产生一些问题。虽然大多数此类协议被世界上多数法域视为表面违法的"核心(hard-core)"卡特尔行为(即无须证明其排除、限制竞争的效果),但是《反垄断法》第 13 条的规定还涵盖了一些可能并非核心卡特尔行为的协议,如"限制购买新技术、新设备或者限制开发新技术、新产品"的协议。针对此类协议,美国或其他地区会运用"合理规则"予以处理。

与横向协议的举证责任设定不同,对于滥用市场支配地位,尽管原告应当对被告在相关市场内具有支配地位和滥用市场支配地位的行为承担举证责任,《民事案件司法解释》却同时规定,"被告对外发布的信息能够证明其在相关市场内具有支配地位的,人民法院可以据此作出认定,但有相反证据足以推翻的除外"。因此,公司在发表有关其市场地位的公开声明时需要小心

[①] 万宗瓒:《论反垄断民事诉讼中证据规则的改进》,《河北法学》2012 年第 9 期。

谨慎。目前各大互联网公司都在其网站和广告中删除了关于市场份额和销售额的一些宣传和声明,只保留了一些关于用户数和流量的数据。

《民事案件司法解释》还删除了一些关于推定公用企业或其他依法具有独占地位的经营者具有市场支配地位的具体规定,但仍然规定,法院可以仅依据市场结构和/或竞争状态的具体情况认定上述企业在相关市场具有支配地位,除非被告有相反证据足以推翻上述认定。此外,同样值得注意的是,《反垄断法》推定市场份额大于50%的公司具有市场支配地位,但被告有相反证据足以推翻的除外。

2. 证据开示

在民事审判实践中,2001年以前,中国部分地区仿照国外的证据开示制度试行了庭前交换证据制。2001年12月21日,最高人民法院出台《最高人民法院关于民事诉讼证据的若干规定》(以下简称《若干规定》),正式地将证据交换作为民事审前程序的一项基本制度固定了下来。中国的证据交换制度改变了过去民事诉讼以职权主义为特征的审判机制,被认为是迈向"当事人主义"、"对抗制"的重要举措。①

中国的证据交换程序指的是人民法院在审理民事案件时,根据当事人的申请,或者主动对于证据较多及复杂疑难案件,于答辩期满后、开庭审理前,由审判人员主持,双方当事人将能够证明各自主张的所有证据进行交换。如在规定期限内任何一方不提出相关证据,则被视为放弃举证权利。通过强制的证据交换,能够在开庭前固定、限制或撤销部分证据,使得开庭时能明确案件争议焦点,同时保证各方都有充分的知情和抗辩权。

中国的证据交换与美国的证据开示和欧盟的证据披露最大的不同有三点:其一,中国的证据交换是在人民法院的主持下进行;美国证据开示制度则主要是当事人之间进行证据交换,该证据交换一般无须法院主持。其二,美国的证据开示制度和欧盟的证据披露制度都包括了法院对当事人以及相关第三人在一定条件下的强制性开示,即通过某种方式要求提供证据信息,有主动调查的成分;而中国的证据交换不包括强制性开示,更不包括对第三人的要求。其三,欧美因为有强制性开示,对于举证不能的当事人或第三人,法院可以加诸罚金或其他强制手段;而在中国的举证不能的后果是未能及时提出的证据不能再在庭审时使用。

在迄今为止的涉及互联网行业的反垄断民事诉讼中,主要涉及的问题就是原告举证困难。仅以证实被告具有垄断地位一项,对于许多原告来说就是

---

① 孙玉明:《论证据交换制度在司法中的运用》,《理论界》2013年第12期。

不可能完成的任务。除了上市公司有公开的营业情况数据外,其他企业数据在中国几乎是无法有效获得的。而原告援引的一些新闻报道、访谈甚至第三方调查机构的报告,都被认为不能成为判断垄断地位的依据,因为无法得知具体的数据和计算方法。

显然,依照中国的证据交换规则,被告是不会主动提交证实其具有垄断地位的证据,而原告必须承担举证不能的责任。简言之,在反垄断民事诉讼中,当前的证据交换规则对原告获得证据是极为不利的。强制开示或强制披露,应当是反垄断民事诉讼中一项被引进并强调的措施。在这方面,相对于美国复杂的证据开示制度,欧盟关于证据披露的一些要求和限制更适合中国学习与借鉴。

3. 获得公共执法程序中的证据

反垄断主管机构在证据收集方面具有独特的优势,他们在反垄断公共执法调查中获得的证据,往往更全面深入和专业。如果私人能够共享或部分获得公共执法程序中的证据,将极大地减轻举证负担,也可以节约整个社会在证据收集上的成本。在私人获取反垄断主管机关相关证据的途径方面,中国尚无相关法律规定。事实上,许多调查的基本信息都未能有效向社会公布。

不过,国务院2007年颁行的《政府信息公开条例》可以作为这方面的法律依据。其中,第13条规定,公民、法人或者其他组织可以根据自身生产、生活、科研等特殊需要,向国务院部门、地方各级人民政府申请获取相关的政府信息。因此,反垄断诉讼的原告可以根据该条例向中国反垄断主管机关申请获取相关的证据。但该条例没有进一步明确,申请在何种情况下是必须回应,或得到保障。

4. 公共执行的决定在民事诉讼中的效力

最后,反垄断执法机关的行政决定在民事诉讼中是否具有效力,牵涉到民事诉讼与行政执法之间的协调和衔接问题。在欧美发达国家,反垄断执法机关的行政决定在民事审判中具有一定的效力,甚至具有司法执行力。中国尚无明确规定,只有《票据法》第64条第2款规定,付款人因违法行为被责令终止业务活动的,行政主管机关的处罚决定具有拒绝证明的效力。

基于前述欧美国家的比较研究可以发现,公共执法中对被告的否定性判决或行政决定,在民事诉讼中都认可其作为证据的效力。基于司法的成本、效率与一致性原则,应当规定反垄断执法机关作出的决定对民事案件的审理具有约束力,即不经司法审查就可以作为直接证据使用。[1] 但是如果被告对

---

① 万宗瓒:《论反垄断民事诉讼中证据规则的改进》,《河北法学》2012年第9期。

该行政决定提起行政复议或诉讼的,应当中止民事诉讼程序,留待行政诉讼判决结果。

四、集团诉讼

(一)美国

为保证作为弱势群体的个人的利益,美国反托拉斯法特别引入了集团诉讼制度(class action),包括由州检察长提起的集团诉讼和非由州检察长提起的集团诉讼。前者实际上是州政府作为监护人提起的集团诉讼。依据1976年《哈特-斯科特-罗丁诺反垄断改进法案》(*Hart-Scott-Rodino Antitrust Improvements Act*),各州的检察长(Attorney General)可以代表其州内自然人的利益,以本州的名义,向对被告有司法管辖权的美国联邦地区法院提起民事诉讼,以确保其自然人因相关被告违反《谢尔曼法》所遭受的金钱损失得到补偿。这种请求因为是代表自然人的利益,所以可以得到三倍赔偿和合理律师费用补偿。后者则是非由州检察长提起的集团诉讼,即由消费者依据《美国联邦民事诉讼规则》第23条提起的消费者集团诉讼。

美国的集团诉讼是其他国家反垄断集团诉讼制度参照的典范。其先决条件是:(1)集团成员人数众多,合并当事人存在实际上的困难;(2)集团所有成员存在着共同的法律问题或事实问题;(3)集团诉讼代表人提出的请求或抗辩为集团其他成员的请求或抗辩的典型;(4)代表当事人能够公正而且适当地维护全体集团成员的利益。[①]

在私人提起的反垄断诉讼中,运用集团诉讼除了符合上述四个条件外,同时还需要满足联邦民事诉讼规则第23条b款(2)、(3)规定的两个条件:首先,这种广泛的损害或是救济对整个集团来说是必需的;其次,法院在确定采用集团诉讼时必须证明集团成员的问题适用的法律是一样的,同时集团诉讼比其他方法更加有利于公平和效率,即使集团成员之间在损害赔偿上的要求不同,只要不影响诉讼进行就是允许的。[②]

美国采取的集团诉讼模式是"选择退出(opt-out)"模式。1966年,美国联邦最高法院对《联邦民事诉讼规则》中有关集团诉讼的规定进行了修改,对集团诉讼的具体程序做了较为详细的规定,从而使集团诉讼进入了相对比较成熟的阶段并在美国得到了更为广泛的运用。在1966年修改规则之前,所有以集团诉讼方式寻求金钱赔偿的个人必须明确签字加入(opt in);1966年

[①] 范愉:《集团诉讼问题研究》,北京大学出版社2005年版,第158页。
[②] 刘宁元:《中外反垄断法实施体制研究》,北京大学出版社2005年版,第96页。

规则规定,除非明确选择退出(opt out),否则那些被"牵头原告(leading plaintiff)"声称所代表的人将被视为是原告集团的一员。

选择退出有两方面的法律含义:一方面,准许集团成员在一定的时间内通过向法院明确表示自己不愿意被包括在集团诉讼内,因而被法院排除在集团诉讼之外。被排除的当事人在该纠纷中的诉权尚未行使,在诉讼时效有效期内他随时可以提起诉讼。另一方面,如当事人不选择退出,法官进行集团界定时将自动将其纳入集团,集团诉讼后果将直接对其产生拘束力,他有权获得集团诉讼争取到的权益,但失去了就该纠纷另行起诉的权利。[①]

美国的集团诉讼大致分为三个阶段:诉讼提起阶段、和解阶段和执行阶段。在诉讼提起阶段,律师向投资者发出诉讼通知,如果投资者不明确表示退出,就是默认加入诉讼,这确实有利于律师计算赔偿诉求金额并提起诉讼。和解协议达成后的执行阶段是由一个称为"和解管理人"的机构具体负责,这个机构由法院任命或由律师选择,执行方案和结果都要向法院报告。如果执行环节缺乏有效监督,很可能会导致分配不公甚至腐败。[②]

1998 年 NASTAQ 做市商反托拉斯诉讼[③]中,有超过 100 万的个人和机构投资者宣称因 NASTAQ 做市商在股票指数上的固定价格行为受到损害。该案的被告有 37 个,最后以调解结案,原告获得的赔偿总金额超过 10 亿美元,而采用风险代理后律师获得其中 14% 的报偿。该案中各个原告的申诉金额从 1 000 美元到 330 万美元不等。因为这是个举证困难的复杂案件,成本和风险都很高,所以任何一个机构或个人投资者都不太愿意单独聘请律师起诉。而以集团诉讼的方式,律师费和成功率问题都得到解决。

美国的集团诉讼作为在侵权损害的小额多数救济方面最有成效的制度,受到全世界的关注。但美国集团诉讼存在的问题也是最突出的,在美国本土,集团诉讼存在极大的争议。批评者认为,1966 年退出制集团诉讼的确立,使得集团诉讼包容空前规模的当事人成为可能,诉讼的规模以及所需的花费一夜之间暴涨。庞大的原告集团使得原告方请求赔偿金额累计达到或超过违法行为人的违法收益。巨额的诉讼费用也使被起诉的公司往往选择与原告的律师达成和解以换取原告方的撤诉。[④]

由于可能得到巨额的诉讼回报,一些律师专门关注可能存在诉求的潜在集团案件,恶意兴讼以谋求高额的律师费,批评者把此类诉讼称为"合法化的勒索(legalized black mail)";另一方面,真正的受害者却没有得到足够合理的

[①][②][④] 杨严炎:《当代世界群体诉讼的发展趋势》,《河北法学》2009 年第 3 期。
[③] In Re NASDAQ Markets Antitrust Litigation, 187 FRD 465 (1998).

赔偿。有研究数据表明，一些案件中律师团的费用大大超出了所有原告集团成员获得的赔偿金的总和。在一些诸如环境污染侵权、工业事故侵权等大众侵权案件中，有学者认为，如果受害者单独提起诉讼，也许能比以和解告终的集团诉讼获得更好的赔偿。①

美国集团诉讼模式被认为与其整体诉讼制度和文化是紧密相联的。相联系的诉讼制度包括政府监护人诉讼、律师风险代理、三倍惩罚性赔偿、证据开示以及指定管理人等制度安排。如果没有这些辅助机制，美式集团诉讼的推进将是困难的。考虑到这个诉讼机制与本国法制往往很难契合，世界上其他国家对引进美式集团诉讼都非常审慎。

（二）欧盟

2012年2月2日，欧洲议会采纳了一项名为"通往一项在欧盟融贯一致的集体救济制度"的决议。在欧盟委员会2013年的提议中，建议各成员国于2015年7月26日全面实施集体救济制度。尽管该提议并不具备法律强制约束力，但委员会提到它将会评估集体救济在成员国的地位，如果合适，则于2017年提起进一步举措。在2014/104/EU指令中最终没有纳入集团诉讼问题，说明这个问题仍然有较大的争议空间。

前文提到的2008年关于民事诉讼的白皮书专门提出了集体救济制度（collective relief machnisms）。欧盟委员会认为有必要建立允许因反托拉斯违法行为而受害的不同主体的赔偿请求聚合在一起的机制。为使欧盟竞争规则能够更有效地实施，委员会建议将代表诉讼（representative actions）和选择加入式集体诉讼（opt-in collective claims）两种集体救济机制有机结合以有效地处理上述问题。②

"选择加入"式集体诉讼有别于美式"选择退出"式集团诉讼之处在于，它要求被影响的受害者必须明示同意（an explicit approval）加入该诉讼，否则不能将该部分受害者涵盖在该诉讼中。从法律的角度来看，"选择加入"式集体诉讼能保证所有原告起诉被告是自愿的，符合民事诉讼的"不告不理"原则；其次，在欧洲坚持的"正当程序（due principle）"原则下，"选择加入"集体诉讼才能保证私人的起诉自由；③同时，"选择加入"集体诉讼也可以避免美国出现的律师为赚取高额律师费利用"选择退出"式集团诉讼扩大与被告谈判筹

---

① 杨严炎：《当今世界群体诉讼的发展趋势》，《河北法学》2009年第3期。
② 綦书纬：《违反欧共体反托拉斯规则的损害赔偿白皮书〉述评》，《经济法论丛》2010年第2期。
③ S. Issacharoff and G. Miller, "Will Aggregate Litigation Come to Europe?". In J. Backhaus et al. (eds.), The Law and Economics of Class Actions in Europe: Lessons from America, Edward Elagar, 2012, p.24.

码,甚至不惜滥诉的风险。①

但是也有批评者认为欧盟的改革是不彻底的,如果运用"选择加入"式,可能很多诉讼无法达到要求的人数,或者即便开始了集团诉讼,也无法达到"充分补偿"的目的,更不能有效威慑违法者。② 有些研究者发现"选择退出"机制下使用退出权的个人很少,③而且使用退出权的往往是受损较大的受害人,这也反映了绝大多数"选择退出"式对小额多数的个人特别有益。但是考虑到大陆法系一贯的法律传统和原则,欧盟及其各成员国目前仍然以接受"选择加入"式集体诉讼为主流。

为了进一步鼓励私人执行,欧盟白皮书在"选择加入"式集体诉讼之外还允许消费者组织的代表诉讼,即社会团体具有竞争法上的原告资格,可以代表其成员提起集体诉讼。一般认为,消费者组织等社会团体比单个个人具有更大的积极性和能力,他们组织集体诉讼是更有效的。但从实践来看,在大多数的欧盟成员国,消费者组织都不是非常活跃,他们更愿意选择"跟进式"诉讼,而不会在公共执行案件之外单独提起诉讼。④

值得一提的是,除了欧盟层面上的推进以外,近几年关于集团诉讼的争论在欧盟各成员国都广泛展开。如何更大程度地激励私人执行,是欧盟各成员国面临的共同问题。有许多成员国的做法已经突破了欧委会推荐的范围,迈向更大胆的"选择退出"式集体诉讼。

例如,在集团诉讼的程序设计上,为避免缠诉和滥诉的风险,除荷兰和葡萄牙之外,包括英国在内的多数欧洲国家曾一直采取的都是"选择加入"的模式。比如,英国1998年的《竞争法》就只允许经过批准的机构代表已知的消费者提起代表性赔偿诉讼。2008年,英格兰与威尔士民事司法委员会专门发布报告,建议英国改变法例,采用"选择退出"集团诉讼机制。⑤

2015年3月26日,在获得议会上、下两院的通过后,英国女王御准了英

---

① Roger Van Den Bergh, "Private Enforcement of European Competition Law and The Persisting Collective Action Problem", *Maastricht Journal of European and Comparative Law*, Vol. 20 (12), 2013, pp.26-30.
② S. Issacharoff and G. Miller, "Will Aggregate Litigation Come to Europe?". In J. Backhaus et al. (eds.), The Law and Economics of Class Actions in Europe: Lessons from America, Edward Elagar, 2012, p.23-24.
③ B. Bertelsen et al., "The Rule 23(6) Class Action: An Empirical Study", *Georgetown Law Journal*, Vol.62(4), 1974, p.1123.
④ Roger Van Den Bergh, "Private Enforcement of European Competitiion Law and The Persisting Collective Action Problem", *Maastricht Journal of European and Comparative Law*, Vol.20 (12), 2013, pp.25-26.
⑤ 黄忠:《英国颁布消费者权益新法》,《法制日报》2015年4月14日。

国新的《消费者权益法案》,自 2015 年 10 月 1 日起正式实施该法。该法就不正当竞争诉讼引入了"选择退出"的集团诉讼及和解机制。这将极大地鼓励了竞争法的私人执行,也意味着英国在集团诉讼的观念上开始偏离欧洲的传统认识,更倾向于美国的做法。①

不过,需要注意的是,"选择退出"集团诉讼程序只适用于英国本地的索赔人,在英国以外居住的个人和企业仍然只能采取"选择加入"的模式进行集团诉讼。②另一方面,新的法律还通过在竞争上诉法庭引入快速处理程序及替代性纠纷解决机制,推动私人执行方面更具弹性,进一步迈向美式的"原告友好(plantiff-friendly)"型。

(三) 中国

集团诉讼是反垄断民事诉讼中对消费者,尤其是"小额多数"的最终消费者,在受到垄断行为侵害时给予司法救济的一种有效手段。所谓"小额多数"是指,受害者个体所遭受的损害数额并不大(有时甚至十分微小),但受害者人数却极为庞大,因此垄断损失的总量相当可观。在中国以往的反垄断民事诉讼中已可看到这种迹象,但诉讼大多是单个消费者提出的"小额诉讼"。③

如 2008 年 8 月的"李方平诉网通北京案"中,原告李方平以消费者身份起诉网通,索赔 1 元人民币,理由是作为非北京户籍的消费者受到了垄断经营者的差别待遇,必须先付费,而不能像北京户籍的消费者那样签订后付费的合同。类似案件还有:2008 年 9 月的"刘方荣诉重庆市保险行业协会垄断案"中,原告刘方荣对负责实施卡特尔协议的重庆市保险行业协会提出赔偿保险费损失 1 元和承担公证保全费 1 000 元以及诉讼费的请求;2008 年 9 月的"重庆西部破产清算有限公司诉中国建设银行重庆南坪支行垄断纠纷案"中,原告请求被告赔偿 100 元损失并承担诉讼费用;2009 年 4 月"周泽诉中移动北京等案"中,原告要求判令被告停止滥用市场支配地位强行向原告收取月租费的侵权行为,以及在移动通信服务收费上实行差别待遇的做法,并退还向原告收取的月租费 1 200 元等。④

这种小额多次的消费者诉讼在未来可能成为反垄断的重要组成部分,尤其是互联网行业,面对的都是数以万、千万甚至亿计的用户。而法院一一受理个人单独诉请将不堪重负。大量的受害人针对同一违法行为单独提起损害赔偿诉讼,诉讼程序的无效率对原告、被告和法院来讲,都是非常大的障碍,很难对违法行为起到威慑作用。另一方面,考虑到反垄断诉讼的成本和

---

①② 黄忠:《英国颁布消费者权益新法》,《法制日报》2015 年 4 月 14 日。
③④ 毛晓飞:《析我国反垄断民事救济中的消费者利益保护机制》,《法律适用》2013 年第 2 期。

风险,在没有集团诉讼的保障下,大多数用户或中小企业往往都会放弃起诉,这是目前中国反垄断私人诉讼的现状,私人诉讼很难成为公共执行的有效补充。

《中华人民共和国民事诉讼法》(以下简称《民事诉讼法》)明确规定的群体诉讼形式仅有共同诉讼一种,并未规定真正意义上的集团诉讼形式。《民事诉讼法》第54条和第55条以及《最高人民法院关于适用〈民事诉讼法〉若干问题的意见》第59至64条,规定了共同诉讼中的"诉讼代表人"问题。其中,"人数不确定的代表人诉讼"与集团诉讼最为接近。但是,由"诉讼代表人"进行的共同诉讼仅仅是在人数众多时,由"诉讼代表人"代表一群人进行的一种特殊形式的诉讼,仍然不是集团诉讼。①

关于中国是否要在民事诉讼中引进集团诉讼或集体诉讼,多年来讨论的文献已举不胜举,这也不是本书的重心。就本书有限的视角来说,为了鼓励反垄断的私人执行,引进集团诉讼或集体诉讼,是大势所趋。问题的关键是,中国目前的立法、执法、司法和法律文化,都很难效仿美式集团诉讼,后者是由选择退出式集团诉讼、三倍赔偿、风险代理、证据开示等多项机制共同构建而成的,中国尚不具这样的土壤。比较理想的模式仍然是欧盟所倡导的"选择加入"式集体诉讼。

在本书所针对的互联网领域,允许集体诉讼的理由,除了可能出现"小额多数"案件外,更重要的理由是,互联网垄断行为大量涉及纵向限制竞争,即滥用垄断地位,而且普遍具有隐蔽性和技术特点。在高度动态的竞争和平台经济中,直接用户或下游企业比公共执法机构更容易发现互联网企业的限制竞争行为。事实上,就目前的案例也可以看出,在这个行业私人执行的积极性、效率要远远高于公共执行。鼓励私人执行是互联网反垄断非常重要的一个手段。

在引入"选择加入"式集体诉讼中,中国特别需要解决的几个问题包括:(1)更大范围的公告和通知。目前法院公告能到达的范围非常有限,每个信函通知的方式成本又过于高昂,但是在互联网平台上借助微信或其他与被诉互联网产品最相关的公众平台发布集体诉讼的加入消息,会是更有效的手段。(2)允许风险代理。反垄断民事诉讼具有专业性、复杂性较高的特点,涉及互联网行业的反垄断胜诉率更低,因此为了鼓励专业人士的参与,应当允许律师可以选用风险代理的方式。(3)未能及时登记的受害人仍然有权提起单独诉讼。(4)对同一事由的后续诉讼,应当适用简易程序解决,如前案集体诉讼达成和解的除外。(5)通过法院案例解释与公共执法部门的指

---

① 杜要忠:《采用集团诉讼完善我国证券民事诉讼机制》,《证券时报》2002年8月26日。

导意见,加强对私人执行的引导。

第四节　多元救济的可能

一、救济原则

美国反托拉斯执行有四项核心原理(core rationale):赔偿(compensation)、惩罚(punishment)、发现(detection)和威慑(deterrence)。[①] 某种意义上,美国反托拉斯法上独有的三倍赔偿兼具以上四种功能。它既是对受害者的赔偿,又能一定程度地惩罚违法者,更能鼓励受害者发现和起诉违法行为,因此对违法者的威慑作用也特别大。[②]

对于滥用垄断地位的行为,美国反托拉斯法提供了两类救济方式:强制令(injunctive relief)和赔偿(monetary damages)。[③] 强制令指的是法院可以强制要求被告为或不为某种特定行为。无论是公共执行部门(FTC和DOJ),还是私人,都可以向法院请求强制令。强制令的效果有多方面,可以阻止被告继续违法行为,可以要求被告消除违法行为的后果,也可以剥夺其因违法行为所获得的优势或其他成果。[④]

因此,强制令可以包括结构性救济(structural remedy)和行为性救济(behavioural remedy)。前者包括拆分、重组、解散等影响被告企业组织结构的强制令;后者则诸如禁止出售某项产品、解绑或向第三方企业提供接入。值得一提的是,反托拉斯法的强制令中也包含金钱的衡平救济,即弃利(disgorgement)和返利(restitution),前者指要求原告放弃违法所得,后者指要求被告补偿因其行为受损的受害者。[⑤]

[①] See Benston, "A Comprehensive Analysis of the Determinants of Private Antitrust Litigation, with Particular Emphasis on Class Action Suits and the Rule of Joint and Several Damages", in Lawrence J. White (eds.), *Private Antitrust Litigation: New Evidence, New Learning (Regulation of Economic Activity)*, The MIT Press, 1988, ch.6.

[②] See Brunswick Corp. v. Pueblo Bowl-O-Mat, Inc., 429 U.S. 477 (1997), at 485-486.

[③] 理论上美国反托拉斯法还允许刑事处罚,但是在滥用垄断地位的案件中,至今从未有先例。

[④] See, for example, Untited States. v United Shoe Mach. Corp., 391 US 244, 250 (1968).

[⑤] 在2012年以前,FTC很少申请金钱的衡平救济,在2003年的政策声明中,FTC自限了自己在这方面的权力,认为《联邦贸易委员会法》下这只能适用于极个别的情形;但是到2012年的政策声明中,FTC提出2003年的声明的自我限制超出了法律的本义,它将更多地依赖"弃利"或"返利"的救济方式。See Donald E. Lake III, "FTC Is No Longer DOJ's Little Brother In Antitrust Remedies", http://www.law360.com/articles/650222/ftc-is-no-longer-doj-s-little-brother-in-antitrust-remedies.

金钱的衡平救济与私人赔偿是不同的。只有私人原告能向法院请求民事赔偿,赔偿额也可以达到其所受损失的三倍,加上诉讼费用和合理的律师费用。① 如果自己的营业或财产受到了垄断行为的损害,美国联邦政府和州政府也可以按民事诉讼提请三倍民事赔偿。② 另外,州政府可以发起公共监护人诉讼(parens patriae action),代表本州的居民寻求三倍民事赔偿。③

私人诉讼也能请求强制令。但是强制令往往是补充性的,当私人原告证明损害赔偿不能成为有效的救济手段时,法院也可以在私人诉讼中发布强制令。实践中,这样的情况很少,大多数的私人原告都倾向于金钱赔偿。④ 事实上,在美国绝大多数的大额私人赔偿案件都是对已有否定性结论的公共执行案件的跟进,所以一般也不需要强制令。⑤

欧盟竞争法上所称"救济"一词与美国法的概念有所不同。⑥ 欧盟竞争法依私人执行和公共执行分为两部分:私人执行方面,鼓励"充分的补偿",这意味着对实际损失或可得利益的全额赔偿,但不支持惩罚性赔偿,也不支持对已转嫁的损失的赔偿;公共执行方面,与美国法例相同,强调"惩罚、发现与威慑",区分为1/2003第23条的罚金和禁令(cease and desist remedy),以及第7条的救济。第7条的救济又分为行为性救济与结构性救济,一般情况下,结构性救济是较例外的情况,多用在已经发生的违法并购或并购前审查的情况下。

在1/2003号条例第7(1)条中要求欧委会所实施的行为性或结构性救济应当与违法行为相当(propotionate to),是有效制止该违法行为所必要的。⑦ 为了强调"救济"与"惩罚"的区别,欧盟竞争法将之规定为两条,并且明确要求救济应当与违法行为相当。但是在实际效果上来说,除了不施加金钱罚金外,由法官自由裁量加诸的行为性或结构性救济对被告来说也是一种负担,被告可能也会将之视为一种"惩罚"。⑧

---

① 15 USC Section 15.
② 15 USC Section 15(b);15a.
③ 15 USC Section 15c.
④ See Cf. Cavanagh, "Detrebling Antitrust Damages: An Idea Whose Time has Come?" *Tulsa Law Review*, Vol.61, 1987, p.777.
⑤ Rodger, "Private Enforcement and the Enterprise Act: An Exemplary System of Awarding Damages", *European Competition Law Review*, Vol.3, 2003, pp.103, 105.
⑥ Per Hellstrom, Frank Maier-Rgaud and Friedrich Wenzel Bulst, "Remedies in European Antitrust Law", *Antitrust Law Journal*, Vol.76, 2009, pp.43, 50.
⑦ Council Regulation No 1/2003, 2003 O.J. (L 1)1, 9, art.7(1).
⑧ Per Hellstrom, Frank Maier-Rgaud and Friedrich Wenzel Bulst, "Remedies in European Antitrust Law", *Antitrust Law Journal*, Vol.76, 2009, pp.43, 50.

尽管反垄断法上普遍使用"救济(remedy)"一词,但从某种程度上已经背离了其拉丁文本意中的"治愈"的意思[1],从实践中来看,全球范围内的反垄断执法机构都将禁令和罚金作为主要的救济手段。显然,对具体个案的违法行为的制止不是唯一目标,对所有类似违法行为的威慑也是重要目标。对竞争的"治愈",可能意味着重新平衡竞争参与各方的实力。

正如美国副检察长就微软案的和解向司法部的建议中写道:"一项反托拉斯救济……应当能制止违法行为,阻止它再次发生,并且恢复竞争。阻止再次发生必须包括预防性的措施能防止相似性质的行为。'恢复'要求重建失去的竞争,可能包括不利于反托拉斯违法者并且/或者有利于它的对手的措施。"[2]

二、民 事 赔 偿

在欧盟 2014/104/EU 指令中,规定任何因为违反竞争法行为遭受损失的人都有权请求全额赔偿;这意味着,受到损害的当事人将恢复到未发生侵权行为的状态——相当于赔偿实际损害、利益损失和利息。即使全额赔偿的法律原则就其表面来看是直观合理的,但是由违反竞争法行为导致的损害的计算非常复杂,在任何一个损害赔偿诉讼中都是高度争议的问题。

在损害赔偿诉讼中,很难证明的一点是"损害"的发生或存在。这是跟进的私人诉讼也要解决的主要问题,因为公共执行中不涉及对损害的证明。而依据民事诉讼的基本原则,损害的数额是判决赔偿的基础。在大多数情况下,原告要证明相对于没有被告的行为的情况,与实际发生的情况之间有多大的落差,这是一种假设性的计算(hypothetical calculation),它本身具有很大的不确定性。[3] 在实践中,这样一种推理性的或间接性的证明往往也被接受,但仍然须是合理的[4]。

所以,在大多数反垄断案件中,无法证明精确的损失,但是必须有确切的证据显示存在损害的事实,即损害的事实(the fact of damage or injury in fact)和损害的衡量(measure of damage)二者是不同的。[5] 前者要证明原告的

---

[1] Remedy 来自拉丁语的 remedium,是 mederi 的衍生词,mederi 的意思是"治愈"。
[2] See Charles A. James, "The Real Microsoft Case and Settlement", *Antitrust*, Fall 2001, pp. 58, 60; Carl Shapiro, "Microsoft: A Remedial Failure", *Antitrust Law Journal*, Vol. 75, 2009, pp.739, 740.
[3] See J. Truett Payne Co., Inc. v. Chrysler Motors Corp.451 U.S. 557 (1981).
[4] ABA Section of Antitrust Law, Antitrust Law Developments, VOL.1, 5TH ed., 2002, p.870.
[5] In re New Motor Vehicles Cnadian Exp. Antitrust Litig., 522 F.3d 6, 19 n.18 (1ST Cir. 2008); Nichols v. Mobile Bd.of Realtors, Inc., 675 F. 2d 671, 675 - 76 (5th Cir. 1982).

损害与被告的违法行为之间存在因果关系。后者则是证明具体损害的数额。在美国和其他一些国家,可以任命一个陪审团根据专家证据去判决具体的赔偿额。①

关于具体赔偿数额的证明,在美国,联邦法院适用的是"正当且合理(just-and-resonable)"标准。这个标准被认为要低于其他民事诉讼的证明标准,原告只要满足宽松的正当且合理的推定要求即可。美国联邦最高法院指出:"市场条件如此多样,一般无法就原告在没有被告反托拉斯违法行为时的可能情况给我们以确切的信息。但是……允许做错的一方就他自己引起的损害坚持要求对方提供特定或确实的证据,这样(对原告来说)就太过分了。"②

在关于损害的证明上,中国的规定与美欧等国家的规定基本一致。"损害是指受害人因他人的加害行为……而遭受的人身或财产方面的不利后果(事实上的损害),该不利后果为侵权责任法所认可,受害人一方就该不利后果可以获得侵权责任法上的救济(可救济的损害)。"但是原告仅证明其受到了"不利后果"之事实还不够,原则上"原告应当对损害之存在、损害的种类、范围和程度承担举证责任"③。因此,证明损害的存在和证明损害的数额就成为获得损害赔偿的前提。

在互联网市场,由于市场情况的复杂多变,特别是许多商业形式涉及平台市场,其中一面市场往往还是免费市场,所以损害和损害的具体数额的认定就更加困难,关于损害的证明标准应当更加宽松方为公平。在人人诉百度案中,人人公司提出自从其减少对"百度推广"竞争排名的投入金额后,在一般搜索结果中,百度也将人人所有的九九医药网站的排名大大调低,这使得九九医药网的访问量骤跌,而访问量是目前网上经营者最主要的生存依据。这种关于被告行为发生前后原告状况的明显对比,以此推定二者之间存在因果关系,并且原告受到的损害是存在的,这样的举证应当可以满足"正当且合理"标准。

从某种意义上来说,中国与欧盟的法例在私人执行上都偏重"赔偿功能",而将"威慑"、"阻止"、"惩罚"等功能留给公共执行,这与美国法例有很大的不同。依据中国民法原则对"损害赔偿"的理解,"损害赔偿之最高指导原则在于赔偿被害人所受之损害,俾于赔偿之结果,有如损害事故未曾发生

---

① In re Scrap Metal Antitrust Litig., 527 F.3d 517, 533 (6th Cir. 2008).
② J. Truett Payne Co., Inc. v. Chrysler Motors Corp. 451 U.S. 557, 566-67, 101 S. Ct. 1923 (1981).
③ 张新宝:《侵权责任构成要件研究》,法律出版社 2007 年版,第 120、149 页。

者",从而使受害人的状态恢复到若未曾发生损害事故时的"应有状况",而非发生损害事故前的"原有状况"。① 中国并不承认美国三倍损害赔偿,《反垄断法》上的民事赔偿应当不可超出"充分补偿"这个范畴,但并不是"恢复原状"。

在涉及互联网市场的案件中,损害赔偿不仅应当补偿因违法行为直接受到的损害,还应当补偿可得利益或预期利润的损失。前者例如垄断高价下消费者或下游企业多支付的数额;后者例如因排他性行为失去的市场份额或下滑的同期利润。值得注意的是,如本章第三节论述的"原告资格"一节中提到,许多高价或损失会被转嫁到下游企业或消费者,在允许间接购买者提起民事诉讼的情况下,在对直接购买者的赔偿中应当扣除这个部分。

最后的难题还是会落实到具体数额的计算。在美国的司法实践中,法院认可了多种计算垄断行为损害赔偿的方法,这些方法相互补充,根据案情,可以使用几种方法,以考察它们是否得出相似的损害赔偿数额。② 这些方法通过构建虚拟相反事实间接计算损害赔偿,包括:(1)前后比较法;(2)标杆法(yardstick method),即以一个未受违法行为影响的市场为标杆加以比较;(3)成本推算法(cost-based method)——在垄断高价中这种方法最为常用;(4)市场份额法,即从损失的市场份额推导出可能损失的利润;(5)价格预测法(price prediction),利用计量经济学模型和历史数据,推导出没有违法行为虚拟情况下的价格。③

这些方法适用在具体的互联网案件中,许多数据如销售额、利润等都要灵活计算,体现互联网特点。例如,市场份额的损失可能体现为流量和访问量的损失,在免费端可能体现不出销售额或价格变化,但可以从收费端计算营业收入受到的损失,这中间还必须剔除一些明显的外部因素和自身变化所引起的下降。即使这样,在互联网反垄断案件中,由于动态竞争的存在,数据具有更大的不确定性,因此计算结果的估算成分更大,"正当且合理"标准的适用应当允许充分的弹性。

需要补充的一点是,《反垄断法》第 50 条将适用该条规定的侵权行为限定为"垄断行为"。依该法第 3 条,"垄断行为"是指垄断协议、滥用市场支配地位行为和排除限制竞争的经营者集中三种行为,而不包括该法第五章规定的行政垄断行为。因此,根据字面理解,行政垄断行为的受害人无权依《反垄

---

① 曾世雄:《损害赔偿法原理》,中国政法大学出版社 2001 年版,第 15、16、17 页。
②③ 黄勇:《反垄断法上的损害赔偿及其计算初论》,《中国社会科学院研究生院学报》2009 年第 4 期。

断法》第50条请求损害赔偿,但这并不影响受害人依《国家赔偿法》请求损害赔偿。《国家赔偿法》第2条规定:"国家机关和国家机关工作人员违法行使职权侵犯公民、法人和其他组织的合法权益造成损害的,受害人有依照本法取得国家赔偿的权利。国家赔偿由本法规定的赔偿义务机关履行赔偿义务。"违反《反垄断法》第五章规定的行政垄断行为,无疑符合该条款的规定。

三、行为性救济

如前所述,在欧盟层面,并未设置民事赔偿而留由各成员国法院判决,而欧盟层面所称的"救济"是在罚金之外的执法权限,包括两种形式:行为性救济(behavioural remedy)与结构性救济(structural remedy)。这两种形式的救济都是公共执行的方式,与美国的"强制令"之间有相似之处,也有不同。中国法例在公共执行的救济方式基本参照欧盟体系。本部分虽也会论及美国的"强制令",但将重点阐述欧盟法例及其对中国现状的指导意义。

(一)个案特征的行为性救济

所有的行为性救济都具有强烈的个案特点,是依据具体个案的情形加诸的行为要求,因此在执法与司法实践中行为性救济多种多样,其模式难以概括和具体归类。原则上可以把行为性救济分为两大类:(1)积极性(positive)行为救济,即要求被告为某种行为;(2)消极性(negative)行为救济,即禁止被告为某种行为。

在2004年对微软案所作的决定中,欧委会发现微软具有滥用其在操作系统上主导地位的行为:(1)拒绝向竞争者提供必要的兼容信息,使得后者不能在工作组服务器操作市场上与之有效竞争;(2)将媒体播放器与视窗操作系统捆绑。[①] 针对这两种违法行为,欧委会要求谷歌:(1)公开兼容信息(互换界面的技术信息,而非源代码);(2)提供只有视窗而不与媒体播放器捆绑的产品选择,允许消费者自由选择。

这两种行为性救济,前者针对拒绝接入,拒绝接入是一种排他性滥用行为,直接损害竞争者,所以救济方式是要求垄断者提供给竞争者生产兼容软件必要的信息;后者针对捆绑销售,捆绑销售主要损害消费者的选择权,所以欧委会要求在捆绑产品之外提供不捆绑的产品,恢复消费者的选择权。

在欧委会以往的决定中,滥用垄断地位的违法案件中较多地使用行为性

---

① Case COMP/C‑3/37.792‑Microsoft Corp., Comm'n Decision, 2007 O.J. (L 32) 23 (Mar. 24, 2004). And Case T‑201/04, Microsoft Corp. v. Comm'n, 2007 E.C.R. II‑3601 (Ct. First Instance).

救济：(1) 拒绝供应(refuse to supply)案件，往往涉及接入、授权、信息和某种出口能力等，其主要的救济方式就是强制供应；(2) 违法捆绑案件主要的救济方式是强制解绑；(3) 垄断高价案件主要的救济方式是要求降价或提高供应；(4) 歧视交易案件主要的救济方式是要求非歧视地提供公平合理的交易条件。

显而易见，在大多数情况下，对滥用的行为救济都类似于一种"直觉式(intuitive)"的救济，把某种行为纠正过来，只需反向而行即可。有人将之称为"对滥用的镜像操作(mirroring the abuse)"。[1] 但是在一些更为复杂的情形中，可能要运用多种救济方式，这时执法机构的自由裁量权就会非常重要。行为救济的目的是使得违法行为的影响被清除，使之回到没有违法行为的起点。

有些行为救济则可能引起更大的争议。比如为了恢复竞争(restoration of competition)，在一些封锁(foreclosure)部分市场的滥用案件中，有可能有意削弱违法者的优势，或者赋予竞争者在有限的期间内能与之有效竞争的某种特权，以使得竞争者能有效进入该部分市场。如美国联邦地方法院在苹果电子书案中，要求五大出版商在五年内不得与苹果就电子书签订任何授权协议，这显然是对苹果电子书产品优势的有意削弱。

在捆绑销售的案件中，关于捆绑产品与非捆绑产品的定价问题，仍然可能需要执法机构的监督。如果微软继续将视窗与媒体播放器的产品定价很低甚至免费赠送媒体播放器，那么消费者选择捆绑产品的可能性仍然很大。这种情况下，执法机构可能要求相应的捆绑产品的定价必须在一定的水平以上，使得其他企业的媒体播放器能有效与之竞争。

在互联网反垄断案件中，由于滥用垄断地位的行为以更多隐蔽的形式出现，而且变化很快，在行为救济上更应当强调弹性多元。目前在互联网企业呈现出来的一种趋势是产品的多元化和平台化，多元产品、多面市场之间密切联系，互动复杂。在这种情况下，传统的"镜像式"行为救济往往并不能解决问题，执法机构需要运用更综合的手段，将多产品和多面市场的关联性考虑进去。

在 FTC 与谷歌的和解公告中，谷歌承诺不会不当处理或屏蔽对手的网址；谷歌同意其他网站（如饭店、旅游等）可以选择不被纳入谷歌的纵向搜索，但并不因此影响它们在谷歌核心搜索引擎中的排位；谷歌将给予在线广告主

---

[1] Per Hellstrom, Frank Maier-Rgaud and Friedrich Wenzel Bulst, "Remedies in European Antitrust Law", *Antitrust Law Journal*, Vol.76, 2009, pp.43, 58.

更多的灵活性，在 AdWords 和与之竞争的广告平台上促成竞争；谷歌同意允许竞争者能获得摩托罗拉基于无线产业标准的专利。这些行为性承诺基本上是对谷歌各种可能滥用垄断地位的行为的镜像式救济，但关于产品之间的链接、对谷歌平台的特有优势的削弱，FTC 实际上没有触及。这也是 FTC 谷歌案和解协议被诟病最多的地方。

也正是因为动态竞争的存在，以苹果电子书案为标志，外部监督员的形式可能被更多地采用。在曼哈顿地区法院对苹果电子书的判决中，法官解释启用外部监督员机制的理由是："有效的反托拉斯守法要求公司管理层了解法律的界限；需要授予律师对即使是高级管理层建议的错的行为也有能说'不'的权利；并且促使雇员在错的行为发生时必须说真话和坦白。"[1]

法官认为苹果在诉讼中未能体现出对此案教训的认真态度，也未能就如此故意和明显的违法行为对相关的人员做出机构调整，鉴于本案反映出苹果公司对自己行为的约束缺乏意愿和能力，法官认为有必要设置外部监督员。外部监督员的报酬数额由法官确定，由苹果支付。在具体执行中，苹果对这位外部监督员过度干预公司业务及无端获得高薪抱怨良多。

另外，信息揭示（information disclosure）被认为是非常重要的救济方式。一个产生大量信息的行业，却在救济方式上更多地倚重信息揭示，这个悖论有其合理之处。正是因为在信息爆炸的时代，人们被灌输、引导和诱使接受某些信息的概率反而更大。包括搜索偏向、捆绑打包、后台截取、拒绝接入等行为，都极大地影响了用户的知情与选择权，从而妨碍了有效竞争。另一方面，考虑到互联网市场的动态竞争属性，信息揭示可能是最为轻微的行为救济方式，因此被大多数国家的执法机构所采用。

（二）特例：信息揭示

互联网的一个重要生态模式就是对主流服务产品维持免费以吸引最大数量的消费者，再通过广告收费来贴补支出和营利。因此线上广告是互联网企业赖以生存的基础，也发展到相当大的市场规模。与线下广告最大的不同是，由于点击和切换的便捷和无成本，线上广告极易诱使消费者进入该广告的链接或接受相关信息。几乎所有的网页，无论是新闻门户、搜索引擎、视频娱乐，还是购物网站，都往往在首页以跳窗、闪烁、悬挂、横屏等方式重点显示广告链接，有些甚至故意遮挡网页上的重要内容，一旦错误点击就直接跳转。

因此，线上广告普遍存在的问题就是误导与混淆。比如说在淘宝这样的

---

[1] Memorandum in Support of Plaintiffs' Revised Proposed Injunction，at 8，United States v. Apple, Inc, et al.，(S.D.N.Y 2012)(No.12-cv-2826)(filed Aug. 23, 2013).

购物平台,付费做广告的商品总是会出现在关键词搜索结果的前几位或者靠近相应排序结果,往往以醒目的标识或图片提醒消费者,而不明就里的消费者很可能随手就点开了相应链接。误导和混淆被认为损害了消费者的选择权,也直接地影响了正常的市场竞争。

美国联邦贸易委员会(FTC)消费者保护部对线上广告存在的可能损害消费者的问题早已关注,并在 2000 年发布了广告揭示的指南以指导线上广告的恰当形式。在 2013 年最新的对线上广告揭示的指南中[1],FTC 指出一项合适的广告揭示(disclosure)应当是"清楚(clear)"和"显眼(conspicuous)"的。

为了达到这个目标,对广告的揭示应当做好这样几点:将"广告"标识放置在广告上或靠近广告不致混淆,至少也应当放在链接的首页;该标识不能放置在按经验或实证证实消费者不太看的地方;在消费者点击或选择时再次说明系广告链接;这样的揭示不能用默认条款或同意书来免除;揭示须是简单、浅显、醒目并与广告的相关形式匹配的,如视频广告最好以视频加载形式揭示;等等。

简而言之,并没有统一的格式可以要求线上广告加以遵守,FTC 的指南也仅具有指导力,没有约束力。对于线上广告来说,个案的情况可能会有很大不同,唯一相同的准则是:在线上广告的同时必须明确、有效地让消费者获知这是线上广告,是被付费推广的。否则,就有可能被 FTC 认为是"不公平的(unfair)"或"欺骗性的(deceptive)"损害消费者知情权的行为。[2]

以搜索引擎为例。2002 年 FTC 的消费者保护部发布了一封致搜索引擎的公开信(2002 年搜索引擎信),建议搜索引擎提供商应当充分考虑会误导消费者因而违反《联邦贸易委员会法》第 5 条的可能性,须清晰地显著地将其广告产品和自然搜索结果区分开来。[3] 因此,2002 年后所有在美经营的搜索引擎都自觉地在付费广告产品上明确加注。

但是十年以后,实践又有新的发展,首先是移动终端的搜索成为重点争夺市场,智能手机的屏幕与 PC 屏幕对搜索引擎的要求有很大不同;其次是搜索引擎算法和结果的呈现都不断有所革新;再者大多数搜索引擎提供商不

---

[1] Federal Trade Commission, ".com Disclosures: How to Make Effective Disclosures in Digital Advertising", March 2013, https://www.ftc.gov/sites/default/files/attachments/press-releases/ftc-staff-revises-online-advertising-disclosure-guidelines/130312dotcomdisclosures.pdf.

[2] 15 U.S.C. §57a(a)(1)(B).

[3] Letter from Heather Hippsley, Acting Associate Director for Advertising Practices, to Gary Ruskin, Executive Director of Commercial Alert, June 27, 2002, http://www.wilmerhale.com/uploadedFiles/WilmerHale_Shared_Content/Files/PDFs/06_27_02_Commercial_Alert_Letter.pdf.

断发展和扩张至新的产品领域。因此,联邦贸易委员会在2012年6月再次发表了一封新的致搜索引擎的公开信(2012年搜索引擎信)。①

2012年的信中指出,近些年许多搜索引擎关于付费广告的标识不如过去清晰,特别是将那些广告放在自然搜索结果以上的做法即"头条广告(top ads)"。另一方面,搜索引擎开始同时提供特定或纵向搜索选择,这种服务允许消费者缩小其搜索面,只在相应的信息类别里搜索,如新闻、图片、本地商务或图书等。尽管从理论上来说,特定搜索是另一种组织和呈现自然搜索结果的方式,但它又完全不同于自然搜索,因为它的算法至少部分地基于付费广告的内容。从这种意义上来说,特定搜索有相当大的内容其实是广告。

2012年的信中再次要求,所有付费广告的内容应当以文字框的形式展现,并且底色要与自然搜索完全不同或者加上阴影,文字框要明确加注"推广"或"广告"字样。2012年信强调,"清晰(clarity)"和"突出(prominence)"是广告标识的关键要求。为此,它提出应当包括以下要素:(1)视觉线索:这要求消费者能够一眼识别广告,具体方法可以是加上突出的有边界的阴影,或者明确框出广告,或者两者兼采。(2)打上标签:这要求明确标注是"广告",而且标注须紧靠广告内容,以使消费者足以注意到。

如果比较谷歌和百度的页面,我们会发现FTC的信带来的明显区别。笔者于2016年7月在谷歌的页面搜索了"music"(语言设置改为英语),在百度的页面搜索了"音乐"(语言设置为中文)②。这样的选择是考虑到广告投放和主要市场,而使两者具有更大的可比性。结果请见图6-1、图6-2。

比较而言,谷歌的页面相对干净,虽然自己的视频网站YouTube仍然显示在最上端,但同时提供包括雅虎音乐和MTV等竞争对手的链接,同时也提供图片、百科、社交等页面,显示了谷歌这些年在页面设置上的便利化改进。另一方面,谷歌提供给用户"即搜即得"功能的选择权,用户可以决定是搜索链接,还是直接显示搜索结果,如股票、天气、购物等查询。

百度的页面则是商业广告和任意操纵的大杂烩。整个页面右端都是百度自己的产品,而且以展开的方式显示,不是提供广告链接,这使得用户被引诱点击的概率更高。在第一页显示的十个搜索结果里,百度音乐和百度百科等自己的页面占了4个,其他几个基本都是付费广告主的链接。这个至2016

---

① Mary K. Eagle, Associate Director for Advertising Practices, Bureau of Consumer Protection of Federal Trade Commission, https://www.ftc.gov/sites/default/files/attachments/press-releases/ftc-consumer-protection-staff-updates-agencys-guidance-search-engine-industryon-need-distinguish/130625searchenginegeneralletter.pdf.

② 搜索时间同为2016年7月。

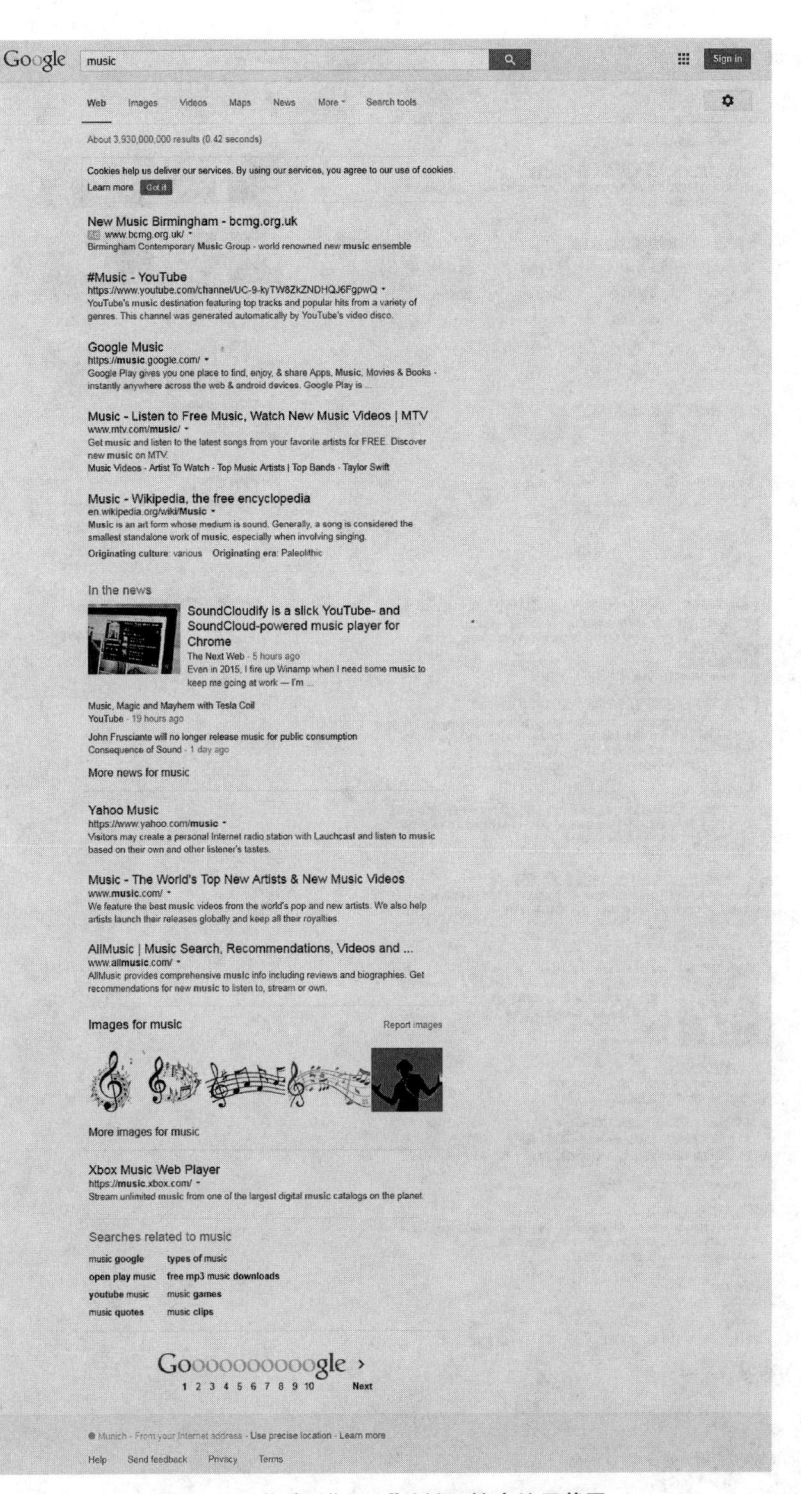

图 6-1 谷歌以"music"关键词搜索结果截屏

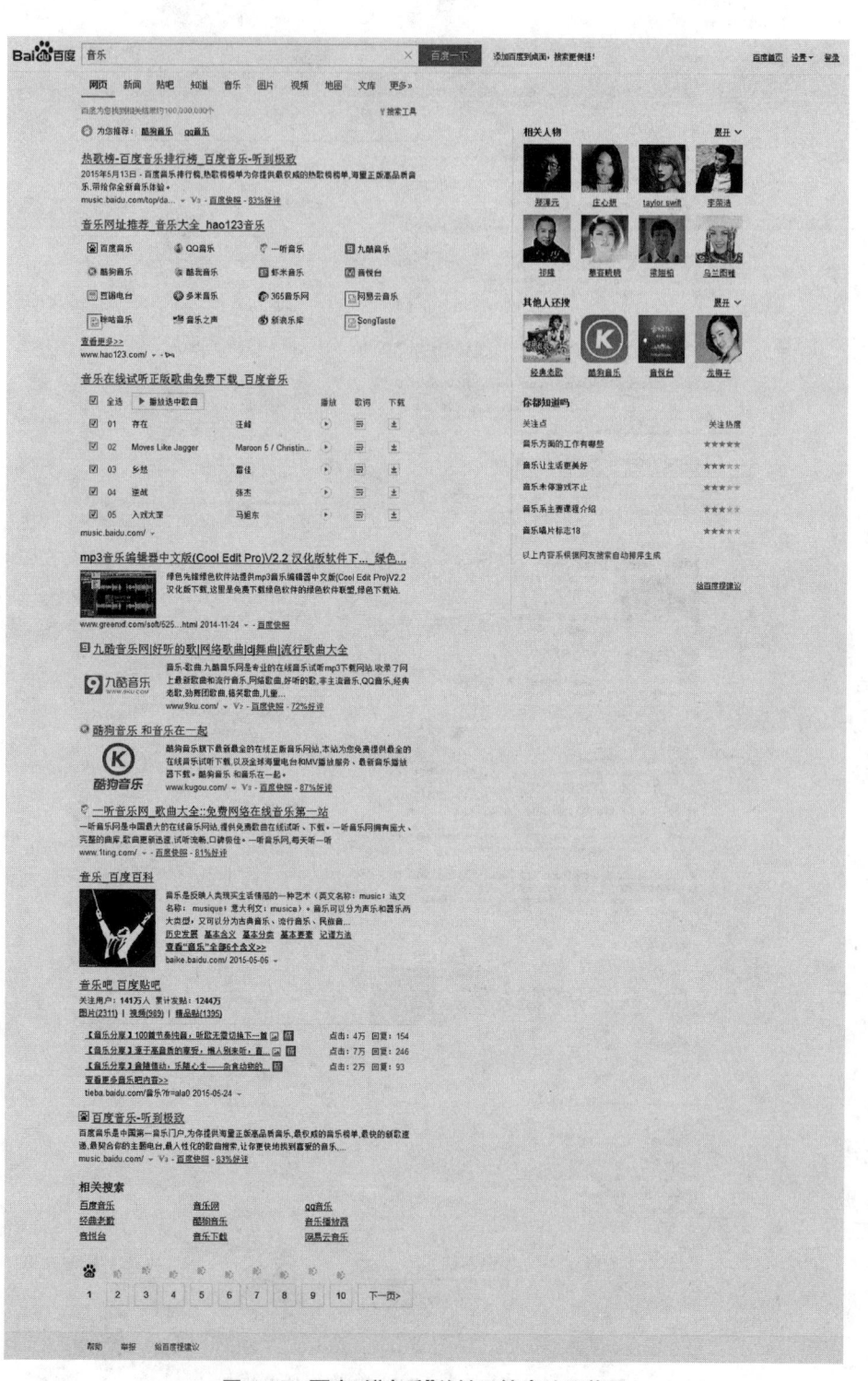

图 6-2 百度以"音乐"关键词搜索结果截屏

年年中完全未受到任何竞争约束的中国最大、世界第二的搜索引擎的算法和结果相关性,长期以来深受诟病。①

因此,信息揭示至少在中国是首先应采取和贯彻的救济手段。第一,要求平台网站必须明确标识什么是自然搜索结果,什么是付费推广结果,这样的标识应当是醒目而易于发现的,同时也能明显区分和容易理解。第二,在用户点击推广链接时,应当以跳窗或其他提醒方式提示正在跳转到付费推广的页面,并再次确认用户是否要点击。第三,对于自己的产品居首的问题,必须控制到一定限度内,推广链接等不应占到页面篇幅的1/3。第四,平台网站必须对广告主的诚信和交易安全情况进行事前审查和验证,否则承担一定限度的连带责任。

更激进的建议则是建立专门的技术委员会(Technical Committee)来监督信息揭示的执行情况。② 通过这样的技术委员会的日常监督,搜索引擎在算法和页面设置上的变化会更快地被发现,被监督的公司必须及时汇报这些变化的依据。这就对他们的行动加诸了很大的约束。理论上来说,具有专业知识的技术委员也显然比纯粹的反垄断律师或法官能更敏锐地分辨出恶意操纵的情况。这种设置实际上借鉴了在证券市场和消费者保护方面的信息披露和第三方监督,但由于涉及被监督公司的商业秘密,其披露和监督的界限仍然有待厘清。

四、结构性救济

(一)欧美的结构性救济

依照欧盟1/2003号条例第7(1)条的规定,欧委会可以为了制止某项违法行为而加诸行为性救济与结构性救济,"结构性救济只能在没有同样有效的行为性救济,或者任何同样有效的行为性救济对当事企业来说将比结构性救济负担更重的情况下加诸"。对1/2003条例的解释的第12条再次强调,只有在当事企业的相应结构具有可能持续地或重复地进行违法行为的重大风险时,才可以对企业的结构要求变更。

但是该条的"同样有效(equally effective)"仍然存在模糊性。结构性救济和行为性救济是完全不同的两种救济形式,作用的原理和途径都有很大不

---

① 魏则西与莆田系医院事件从一个角度反映了这个问题,相关报道见 http://www.bbc.com/zhongwen/simp/china/2016/05/160502_china_hospital_search_engine_baidu.

② Frank Pasquale, "Paradoxes of Digital Antitrust: Why the FTC Failed to Explain Its Inaction on Search Bias", *Harvard Journal of Law & Technology Occasional Paper Series* 14-16, July 2103, http://jolt.law.harvard.edu/antitrust/articles/Pasquale.pdf.

同。结构性救济是对强势竞争者竞争优势的某种实质性的破解,其平衡竞争优势的作用立竿见影;行为性救济则是针对某项特定行为进行的矫正,它不触及竞争力的改变,相对结构性救济对当事企业来说更为温和。[1]

在1/2003条例之前适用的17/62号条例相对并未赋予欧委会明确的行为和结构救济的权力。[2] 现在欧委会可以因"制止一项违法行为(bring such infringement to an end)"而采取包括行为性救济与结构性救济在内的任何救济方式。[3] 在实践中,欧委会走得更远,它所采取的救济不只是为了制止违法行为,还着眼于消除后继影响。[4]

一项结构性救济涉及将违法当事人的一部分资产或业务封停或出售给第三方,[5]它往往与行为性救济一并适用,很少单独适用。结构性救济针对市场结构的改变,而不只是对行为的改变。它必然涉及有形或无形资产的转让,是一次性的(one-off),不需要持续的长期的外部监督。仅就执法成本,可能结构性救济比行为性救济更有效率。[6]

在美欧的实践中,结构性救济主要出现在两类案件中:一是并购前审查[7]。为了消除未来可能限制竞争的疑虑,执法机关要求并购的当事企业将一些竞争性的资产或业务剥离出去。二是涉及网络型企业的反垄断案件,主要有电信、铁路、航空、电力、水力、燃气等行业,对这些基础网络的垄断的破除更多依靠拆分、剥离和重组的手段。这种结构性救济具有很明显的开放市

---

[1] Per Hellstrom, Frank Maier-Rgaud and Friedrich Wenzel Bulst, "Remedies in European Antitrust Law", *Antitrust Law Journal*, Vol.76, 2009, pp.43, 47.

[2] EC Council Regulation 17/1962 (OJ 13, 21 Febraury 1962, pp.204-211).

[3] EC Council Regulation No.1/2003 of 16 December 2002 on the implementation of the rules on competition laid down in Articles 81 and 82 of the Treaty (OJ L1/1, 4 January 2003), Article 7(1).

[4] Case 6/73 and 7/73, Instituto Chemioteraico Italiano S. p. A. and Commercial Solvents Corporatiion v. Commission [1974]ECR 223, §45.

[5] Peters Alexiadis and Elsa Sependa, "Structural Remedies: A Unique Antitrust Tool", *Concurrences Competition Law Journal*, Vol.2, 2013, pp.21, 22.

[6] J. K. West, "Remedies and Sanctions in Abuse of Dominance Cases", *OECD Working Paper*, No.65, 15 May 2007, p.19.

[7] 因为并购往往带来对市场结构的改变,因此结构性救济被认为是针对并购的当事的救济工具。欧委会在它的"并购救济须知(Merger Remedies Notice)"中指出,并购当事企业的结构性承诺,如出售某项商业单元,从并购规制的角度来看,一般是更为理想的,如果该项承诺能恰好阻止因通报的并购而引起的竞争关注,而不需要中期或长期的监督措施。Commission Notice on Remedies Acceptable under the Council Regualtion (EC) No. 139/2004 and under Commission Regulation (EC) No.802/2004 (OJ C 267/1, 22.10. 2008), §15.

场的意图。①

在涉及网络或基础设施的反垄断案件中,还经常运用的一项救济是"准入(access)",被认为介于行为性救济与结构性救济之间,一些学者将这称为"准结构性救济"。②"准入"救济要求拥有"必要设施(essential facility)"(基础设施、技术或平台)的被告必须授权直接或间接的竞争者能够接入、使用该"必要设施",或者能确保其他企业的产品、服务能与其关键性的服务、产品和平台实现兼容。

在欧盟以往的实践中,结构性救济仅适用于并购前审查,并且多由并购当事人自行承诺。在1/2003号条例以后,理论上结构性救济可以适用于欧共体条约第81条和第82条(TFEU第101、102条),尤其是第82条的滥用垄断地位行为。在美国,从《谢尔曼法》开始,对结构性救济的适用范围就没有明确限制,因此在许多滥用案件中都曾适用过结构性救济。值得注意的是,受微软案的争论影响,结构性救济的适用条件和效果在美国近些年来引起广泛争议。

罗伯特·克兰德尔(Robert Crandall)教授检查了1890年到1996年之间美国的所有滥用垄断地位的案件,336件案件中有95起涉及结构性救济,其中63起涉及拆分与剥离(divestiture or dissolution),其他则是准入救济。③尽管使用频率并不低,克兰德尔教授认为其中多数是失败的。依据克兰德尔教授的论证,绝大多数案件中的结构性救济是不必要的,市场结构本身会不断进化调整到更具有竞争性的状态。

依据克兰德尔教授的观点,结构性救济会牺牲规模经济或范围经济,以及效率,通过改变结构也消灭了更能节省成本的组织形式,这种成本的上升或效率的下降也会传递给消费者,使消费者受损。AT&T案就被认为是美国执法史上一件典型的失败的结构性救济的案例。④ 在一些准入救济的案件中,通过强制的接入和竞争对手之间更广泛的价格同盟,相关市场反而被卡特尔化了。

因此,考虑到已有的无效率的执法经验,有学者提出,在结构性救济中,

---

① See OECD, Report on Experiences with Structural Seperation, 2011, http://www.oecd.org/daf/competition/50056685.pdf.
② Peters Alexiadis and Elsa Sependa, "Structural Remedies: A Unique Antitrust Tool", *Concurrences Competition Law Journal*, Vol.2, 2013, pp.21, 22.
③ R. W. Crandall, "The Failure of Structural Remedies in Sherman Act Monopolization Cases", *Joint Center Working Paper*, March 2001, http://www.brookings.edu/~/media/research/files/papers/2001/3/monopoly-crandall/03_monopoly_crandall.pdf.
④ United States v. AT&T, 552 F. Supp.131 (D.D.C. 1982).

必须遵守的三项原则是:(1)如果考虑适用一项结构性救济,前提是它是必要的,即涉案的违法行为无法仅通过行为救济来纠正,从中期(in medium term)来看也无法通过市场的演进来解决;(2)一项结构性救济不能牺牲网络效率(net efficiencies),或者因为破除规模经济而造成的对效率短期的损害,不能明显地大于因为动态效率可得的收益;(3)一项结构性救济本身不能或不可能损害竞争。①

在互联网案件中,由于主要的类型是滥用市场主导地位,因此行为性救济与准结构性救济是最普遍的救济形式。在美欧与微软当年的和解协议中,微软就是成功地以"准结构性救济"代替了结构性救济。实际上,除了并购案件外,结构性救济是被运用得较为谨慎的工具。尽管互联网行业在网络性、客户黏着性等方面,与传统的公用事业、航空、铁路、能源等网络型行业相似,但因为其动态竞争和创新的特点,干预力度过大的结构性救济也不被认为是理想的救济方式。

在欧委会对谷歌的调查中,因为谷歌的优势如此明显,其竞争者都希望游说欧委会通过结构性救济破除谷歌的优势,比如把谷歌的一般搜索业务从纵向搜索业务分离出去。② 这被认为是一种相对行为救济更为有效的"长期措施"。但是考虑到谷歌行为的性质(在美国FTC甚至认为其并未违法),尤其是谷歌作为"必要设施"仍然存在较大争议,欧委会从未在正式场合提到结构性救济在本案的适用可能。

(二)准入救济

在OECD的几份工作报告中,很早就将"准入救济(access remedy)"归类为一种结构性救济,因为它通过引进新的竞争者改变市场结构。③ 但这种说法也有一定争议,因为从传统观念上来说,结构性救济针对的是被告企业的结构,不是市场结构,同样行为性救济针对的也是被告的行为。现在,更多的机构和学者同意将之归类为"准结构性救济",因为其实际做法和影响介于行为性救济与结构性救济之间。④

---

① Philip Marsden, "Article 82 and Structural Remedies After Microsoft", 21 May 2008, pp.8-9, http://www.biicl.org/files/3554_art_82_and_structural_remedies_(marsden).pdf.
② Creg Sterling, "Europeans Have Authority to Seek Google Break Up Though Unlikely to Do So", 23 November 2014, http://searchengineland.com/europeans-authority-seek-google-break-though-unlikely-209528.
③ For example, J. K. West, "Remedies and Sanctions in Abuse of Dominance Cases", *OECD Working Paper*, No.65, 15 May 2007, p.185.
④ For example, Competition Bureau, Information Bulletin on Merger Remedies in Canada (Government of Canada: Ottawa, 2006), Part II.B.

从微软案开始，准入救济就成为互联网滥用垄断地位救济中重要的一种方式。① 从概念本身来看，准入救济应当适用于滥用垄断地位中的拒绝交易行为，但是，其适用的范围其实更广：在一些有意削弱垄断者地位或增加新的竞争者的情况下，执法机构也会考虑适用准入救济。在以信息与技术为主要特点的互联网行业，获得信息或技术的渠道畅通，是进行有效竞争的必要条件，因此准入救济在互联网行业被认为特别有价值。

在 2004 年欧委会与微软的和解协议中，因为要破除微软将操作系统与浏览器、媒体播放器捆绑的滥用行为，欧委会要求微软披露操作系统的界面信息，使得竞争者们能够设计与操作系统兼容的应用程序（包括浏览器和媒体播放器）。② 此后欧委会与本案相关的一些后续程序和罚金决定，都是因为微软未能充分地披露足够数量和类型的信息，使得竞争者无法有效地实现应用软件与微软操作系统的无缝契合。到 2008 年时，微软最终同意向操作系统的用户提供不同的网络浏览器的自由选择。③

显然，尽管倚重准入救济，但似乎效果不太好。监督执行是准入救济中的一个重要命题。2013 年 3 月 6 日，欧盟委员会宣布，因为微软未遵守 2009 年反垄断调查后的和解承诺，即向欧洲的操作系统 Windows 用户提供网络浏览器选择，将按照 1/2003 号条例第 23(2)条对其处以 5.61 亿欧元的罚款。这是欧盟委员会首次对未履行反垄断承诺的行为进行处罚。

2010 年 7 月，谷歌计划收购 ITA，后者是 QPX 软件的提供商，QPX 是一项领先的独立的航空价格搜索与销售系统。谷歌希望通过这项收购获得 ITA 的航空价格搜索技术并将之整合到它的纵向搜索业务中。司法部对该并购进行了事前审查，并特别关注其可能对信息获得渠道造成的损害，因为其他机票纵向搜索商可能会因为 ITA 的被收购，而在使用 QPX 上处于不利的地位。④

在司法部最后的附条件许可中，谷歌被要求保持所有已存在的 QPX 授权协议，同意以实质相似的商业条件与其他企业谈判授权的延期，并且以"公平、合理且非歧视"的原则谈判新的授权。在系统升级上，谷歌被要求以不超过公平、合理且非歧视的价格提供升级，同时还被要求必须授权使用 ITA 正

---

① Spencer Weber Waller, "Access and Information Remedies in High Tech Antitrust", *Loyola University Chicago School of Law Research Paper No.2011-018*, 25 Jul 2011, p.1.
② Commission Decision No.C (2004) 900 of 24 March 2004, Relating to a Proceeding under Article 82 of the EC Treaty, Case COMP/C-3/37.792 Microsoft.
③ Commission Decision No.C (2008) 764 of 27 Feb. 2008.
④ United States v. Google Inc., No 1-11-cv-00688, 2011 WL 1338047 (D.D.C. Apr.8, 2011).

在研发的一项新的软件产品 InstaSearch。最后,谷歌还被要求对 QPX 和 InstaSearch 的升级与维护的每年投入至少不低于过去两年内平均数额。

总体上,从美国司法部、FTC 与欧委会在和解协议、附条件并购许可、同意令等决定中包括的准入救济来看,准入救济的典型方式包括:(1) 以公平和非歧视的条件,持续地向竞争者或客户供应或授权某项重要的资源;(2) 以公平和非歧视的条件,允许竞争者能进入网络;(3) 为使准入有效,应当披露必要的知识产权、商业秘密和技术信息;(4) 建立防火墙或其他设施,防止垄断企业或合并的企业相互使用通过合并或卡特尔而获取的竞争性的敏感信息;(5) 设置特派员、技术委员会、监督员、管制会,或者建立替代性的第三方纠纷解决程序,来处理不可避免会产生的不遵守或其他争议行为。

体现在互联网行业的反垄断诉讼,准入救济更多地采用:

(1) 信息披露。在美国与欧盟对谷歌的诉讼中,大量信息披露要求是向竞争者提供准入所必要的条件。在谷歌收购 ITA 案中,这样的信息披露要求不仅包括现有产品及其未来升级的相关信息,还包括所有在研发的产品的未来信息。在谷歌收购 ITA 案中,美国司法部要求谷歌不得限制航空公司与其他第三方分享相关航班信息,不得因此有意在其系统软件中排除该航空公司信息。

(2) 信息保护或防火墙。这种方法主要运用在并购审查中。对于将要并购的企业,为了防止滥用垄断地位或扩张垄断力的出现,要求在两个公司的商业信息之间建立防火墙,不共享信息优势,以此减弱因并购而导致的垄断地位加强的影响。在谷歌收购 ITA 案、Live Nation 和 Ticketmaster 合并案[1]以及 GrafTech 和 Seadrift Coke 合并案[2]中,当事企业原先处于两个产品市场,为了避免收购后一方的垄断力延伸到另一产品市场,美国司法部都加诸了防火墙要求。防火墙不仅是信息技术上的,可能还涉及两家公司人事、资源、渠道、市场等方面的分隔。

(3) 外部监督。与拆分、剥离、出售、重组等结构性救济不同,准入救济往往需要一段时间的监督以确保被告遵守准入承诺。但是监督必然涉及执法成本问题。司法部曾在派拉蒙公司案[3]和 AT&T 拆分案坚持监督,结果

---

[1] United States v. Ticketmaster Entertainment., No.1: 10 - cv - 00139, 2010 WL 5699134 (D. D.C. Jul. 30, 2010)(Final Judgment).

[2] United States v. GrafTech Int'l Ltd., No.1: 10 - cv - 02039, 2011 WL 1566871 (D.D.C. Mar. 21, 2011)(Final Judgment).

[3] United States v. Paramount Pictures, Inc., 334 U.S. 131 (1948).

耗费了数十年的时间和检察官们成千上万小时的工作。[1] 在微软案中启用了第三方监督，由一个40多人的专门的技术委员会负责监督微软对和解协议的履行情况。技术委员会有专门的办公点，靠近微软公司工作，其所有费用由微软支付，非常昂贵。同样，2005年欧委会也为微软指定了一位英国的计算机科学家作为受托监督人，而该科学家又指定两个教授作为技术顾问。但是有趣的是，2007年欧洲初审法院反对欧委会的此项决定，认为会引起道德风险，并判决微软无须为受托人支付报酬和费用。[2] 之后这位英国科学家以非正式的形式继续为欧委会进行监督，但由欧委会支付相应的报酬。2009年时，欧委会宣布它将更多地使用临时技术顾问，而不是全职的监督员。

（4）替代性纠纷解决机制（Alternative Dispute Resolution，ADR）。ADR指的是诉讼以外的纠纷解决机制，包括仲裁、民间调解等。ADR的优势首先来自其程序利益，即成本低、迅速和便利之特点。在法院的诉讼积压、程序迟延、费用高昂的情况下，ADR可以趋利避害，相对迅速、低廉和简便地解决纠纷，使当事人以较低的代价获得较大的利益。[3] 在准入救济中，关于被告是否履行了在"公平、合理且非歧视"的基础上提供准入的问题，往往在诉讼结束后的若干年仍然会是争议的焦点，为此再上法庭并不是理想的选择。考虑到这种情况的可能性，在准入救济中附带指定的替代性纠纷解决机制，成为欧美法院准入救济内容的一个趋势。在谷歌收购ITA案中，法院的许可令（consent decree）要求，如果谷歌和网上旅行社或机票代理不能在诚实信用的基础上解决纠纷，那么谷歌被要求将争议按美国仲裁委员会（AAA）商事仲裁规则及程序提交仲裁。仲裁主要针对运用ITA软件系统上查询应当支付的所谓的"公平、合理且非歧视的"定价争议，各方都可提交一个价格，仲裁庭将选择其中一个价格，而不做折衷和调整，以促使争议最快解决。[4]

五、中国的实践

如前上述，准结构性救济——准入救济，正在成为互联网或其他滥用垄断地位案件中非常重要的救济手段。准入救济的方式和内容，近些年来也越

---

[1] Symposium, "The Enduring Lessons of the Breakup of AT&T：A Twenty-Five Year Restrospective", *Federal Commssion Law Journal*, Vol.61, 2008, p.1.

[2] Case T-201/04, Microsoft Corp. v. Comm'n, 2007 E.C.R. II-3601, 2007 WL 2693858, II 1278.

[3] 吴延学：《关于不予执行仲裁裁决司法审查的思考》，《山西警官高等专科学校学报》2012年第4期。

[4] United States v. Google Inc., No 1-11-cv-00688, 2011 WL 1338047 (D.D.C. Apr.8, 2011).

来越多地呈现出灵活、多元和综合的特点,法院和执法机构都更多地关注准入救济的遵守和履行问题,强调信息的对称和优势的平均。如本书第四章第二节所述,过去的"必要设施"原则与准入救济主要适用于铁路、航空、电信、公用事业等具有基础网络特征的传统行业,尽管有些互联网或高科技领域的反垄断案件并未直接提及"必要设施"原则,却广泛适用准入救济,这也是对"必要设施"原则非正式的一种演绎。

值得注意的是,"准入救济"相较于结构救济或行为救济,都更侧重于促使更多交易的发生,因此是一种动态的救济方式。为此设计为辅助救济的信息披露、外部监督、ADR等,都是为了令商业活动自身实现平衡与调整,这在以"动态竞争"为特点的互联网行业应当特别适用。至少"准入救济"是比传统结构性救济对商业或市场更友好的救济方式,值得提倡。

在现有的中国的反垄断法律体系中,"准入救济"还未引起重视,目前已有的有限实践主要聚焦行为性救济与结构性救济。行为性救济较为宽泛,三大执法机构都有较大的自由裁量权。结构性救济手段目前只运用于并购前审查案件,即商务部的权限内,而发改委和工商总局在结构性救济方面的权限还未明了。

《反垄断法》第 47 条规定:"经营者违反本法规定,滥用市场支配地位的,由反垄断执法机构责令停止违法行为,没收违法所得,并处上一年度销售额百分之一以上百分之十以下的罚款。"显然,对滥用行为,主要的救济手段是"停止违法行为""没收违法所得""并处罚款"三项,过于简单。如果把"停止违法行为"扩展解释为"防止未来违法行为的再次发生",即像欧盟竞争法一样对"制止"做更宽泛的解释,那么就可以涵盖行为性救济和准入救济;但从法律解释学上来说仍然无法将结构性救济包括进去,因为其本意是对行为的矫正而非结构的调整。从这点来说,中国《反垄断法》对"滥用市场支配地位"并未提供结构性救济的手段。

《反垄断法》第 48 条规定:"经营者违反本法规定实施集中的,由国务院反垄断执法机构责令停止实施集中、限期处分股份或者资产、限期转让营业以及采取其他必要措施恢复到集中前的状态,可以处五十万元以下的罚款。"因此,结构性救济是并购前审查的主要救济手段。

2014 年 12 月 4 日,商务部在 2013 年发布的征求意见稿基础上,正式颁布了《关于经营者集中附加限制性条件的规定(试行)》(以下简称《限制性条件规定》)。在此之前,商务部于 2010 年 7 月 5 日发布了《关于实施经营者集中资产或业务剥离的暂行规定》(以下简称《剥离规定》),为资产和业务剥离类限制性条件制定了初步的实施规则。此次颁布的《限制性条件规定》自

2015年1月5日起施行,并取代《剥离规定》,成为附加限制性条件执法的主要依据。

根据《限制性条件规定》第三条,商务部有权决定附加的限制性条件包括三种类型:结构性条件、行为性条件和二者相结合的综合性条件。其中,结构性条件是指有形资产、无形资产或相关权益的剥离,是对交易结构的永久性调整;行为性条件则包括开放基础设施、许可关键技术、终止排他性协议等,是对交易方未来市场行为的约束。

截至2014年12月31日,在商务部已经公开的24起附条件批准案件中,附加行为性条件的有15起,附加结构性条件的有4起,附加综合性条件的有5起。就行为性救济而言,《限制性条件规定》第三条列举的行为性条件,如开放网络或平台、许可关键性技术以及终止排他性协议等在实践中都曾在案件中予以适用。

例如,谷歌收购摩托罗拉移动案(2012)中附加了在免费和开放的基础上许可安卓平台的条件;微软收购诺基亚案(2014)中附加了许可关键技术的条件;诺华收购爱尔康案(2010)中附加了终止销售和分销协议的条件。此外,以往案件中还曾出现过不得增加持股比例、股权变化必须通知商务部、不得沟通竞争性保密信息、不得将特定产品投放中国市场、不得实质性改变当前商业模式、不得以不合理高价销售产品、遵守FRAND义务、不得进行捆绑销售等行为性条件。

由此可见,在商务部在并购审查的结构性救济中已经大量使用"准入救济",而且强制接入、授权和信息披露义务已经成为高科技公司并购案中主要的救济方式。但与欧美的实践不同的是,商务部只有短短数年的执法经验,还未发现大量的不遵守、不履行的情况,这大概是下一阶段并购救济中会出现的问题。这些问题的解决,必须考虑引进外部监督和诉讼外解决机制。在外部监督上是采用美国例,还是欧洲例?就中国的情况来说,考虑到中华文化中的人情文化和法律意识不高的现状,还是以欧洲例为主,即由商务部付费采用临时技术顾问,即使其意味着一笔不小的财政投入。

如前所述,尽管单从立法上来看,发改委、工商总局是否有施加准入救济的权限并不明了,实践中其实已有逾越。这种逾越不是通过执法机构的单方面处罚决定,而是由当事企业提交承诺书实现的。在发改委对高通的调查中,高通承诺进行整改的条件包括:高通将会为旗下3G和4G基础专利提供不捆绑其他专利的独立授权选择;在专利授权谈判时,公司将会提供一份详细的专利清单;如果高通寻求与中国某家被许可方进行交叉授权谈判,公司将会在谈判中保证诚信和提供公平权益。这实际上就是一种典型的"准入救济"。

综上所述,"准入救济"已经成为互联网行业和其他高科技行业滥用垄断地位行为的重要的救济手段,在中国就立法本身来说对此规定还十分模糊,应当通过对"制止违法行为"的扩展解释来完善此部分的立法缺失。结构性救济依法条本身来看,不能成为滥用垄断地位行为的救济手段,但这并不符合目前国际实践的通例。作为必要的威慑手段,可将结构性救济纳入法定救济手段,但须在行为性救济不足以纠正问题后方可谨慎适用。总的来说,中国目前反垄断法的救济手段仍然过于单一,承袭的是过去行政法的思路,并未能完全契合反垄断的开放式特点。在互联网反垄断案件中,如何进一步提升救济方式的创新和多元,将是未来的重要命题。

第七章　结论及对中国的个案建议

[导读] 互联网反垄断难题最终可以归结为两个方面：价值问题和操作问题。虽然在第一章和第二章都有阐述和分析价值问题，本书的主要篇幅还是集中在操作问题。反垄断在互联网产业的适用是有必要的，但应当特别注意限度。限度的把握，更应关注在具体认定环节和执行、救济上的变通、弹性和余量。在全球互联网反垄断中已经出现了一些方法和结论趋同的势头，应当引起中国反垄断执法和司法的重视。但中国的互联网产业和目前的反垄断实践仍存在许多特殊性，在具体借鉴和学习国外经验和做法时也要辩证考量。

第一节　价值问题：反垄断在新经济中的限度

必须承认，竞争行为与垄断行为之间的界限仍然是模糊的，在反垄断法和经济学理论中，这两种提法存在微妙的区别，可能指向相互矛盾的实践做法：(1) 依靠竞争性的市场，当市场竞争不足时加以干预；(2) 允许市场更加自由地决定经济活动的形式与结构，特别是当市场竞争的"优胜者"最终成为垄断者的时候。①

首先应明确的是，反垄断法与科技创新并不是相悖的，二者关注的角度完全不同。反垄断法崇尚自由竞争，试图破除一切阻碍有效竞争的商业做法，以维护所有主体参与市场竞争的公平机会。反垄断法并不一定谴责垄

---

① 小贾尔斯·伯吉斯著：《管制和反垄断经济学》，冯金华译，上海财经大学出版社2003年版，第253页。

断,除非垄断是通过人为排挤和设障形成的。另外,即使垄断的形成本身合法,如果滥用垄断地位进行人为排挤和设障,那么垄断者的这些行为也将受到反垄断法禁止。因此反垄断法的作用往往是在垄断形成以后发挥,对垄断者选择行为方式是一种威慑和扼制,被称为"达摩克利斯之剑"。

科技创新在所有国家都是得到支持和鼓励的,大多数国家都制定法律保护专利发明和专有技术,这些发明和技术的所有人依法享有一定期限的专属权,任何人不得侵犯。对科技创新的鼓励自然导致一些人在某些技术上的有期限的垄断地位。如果这些技术是关键性的,那么就可能使得这些人在某个行业具有垄断地位。这种合法形成的垄断是受到法律保护的。微软就是这样的例子,它对 Windows 技术的专有权使得它在个人计算机操作系统领域具有绝对的优势。

美国经济学家熊彼特在 20 世纪 70 年代即已提出[1],大企业最可能创新,因为创新需要长期的巨额资金投入,小企业一般无力负担。熊彼特于是青睐垄断市场结构,认为在这种市场内,主导厂商经常面临对其技术优势的竞争,如果它希望保持其地位,就必须将一部分垄断利润重新投资到新产品的研究和成本更低的新生产工艺的开发上。依据熊彼特的观点,不完全市场在垄断方面的缺点——产量的降低——可以被垄断利润所资助的研究开发的优点所抵消。

事实上,研究与开发(R&D)活动一向是豁免适用反垄断法的,即研发活动中发生的联合、共谋等行为并不受到反垄断法的禁止。研发是一项充满风险和需要一定成本投入的活动,同时,先进的研发成果能为小企业和个人提供进入某个行业和成功的机会。为了鼓励研发,美国反托拉斯法从 20 世纪 80 年代开始即有意识地将研发活动排除在反托拉斯法适用范围之外。在实践中,大企业的研发力度和成果都远远超过小企业的单独或联合研发力度和成果,最先进的最富有突破性的科技成果往往是由大企业提供的。尽管如此,大企业仍是反托拉斯执法的主要对象。

问题的关键回到了这样的命题:一方面,反垄断法并不禁止因为先进的研发成果而获得的市场垄断地位,但是如果滥用这样的垄断地位,特别是造成了其他市场上的障碍的,就可能受到反垄断法的规制;另一方面,反垄断法对滥用垄断地位者的惩罚措施中,常常包括一些直接限制其垄断地位的措施,既然这样的垄断地位是通过技术创新合法取得的,那么对之限制显然有

---

[1] 约瑟夫·熊彼特:《资本主义、社会主义和民主主义》,商务印书馆 1979 年版,第 102—103 页。

损技术创新的动力,有违反垄断法的初衷。

于是,在针对微软这样的先进技术企业的反垄断案件中,经济学家和法官产生了重大的分歧:经济学家指责法官的判决缺乏经济学基础,盲目压制了创新的动力和热情,一些经济学家甚至完全否定此类诉讼的必要性;法官认为微软的行为确实违反了反托拉斯法,应当受到惩罚,为了消除其对市场竞争造成的障碍,一些限制其垄断地位的措施是不可避免的。

对微软案的争论后来上升到关于美国反托拉斯法合理性的争论。事实上,新经济引起了前所未有的对反垄断必要性的质疑。经典的评论类似这样:"在《谢尔曼法》110年的执法历史中,期待该法能有原则的、统一的和促进竞争的执行,无异于'等待戈特'。它理论上应该可以做到,但几乎不能相信它会做到;即使它做到了,也没理由相信它会持久。"[1]

这就是关于微软案的价值争议,从侧面又反映了僵直的法律与灵活的经济生活之间可能存在的冲突。法律规定一种行为模式,它具有普遍性和概括性,试图将价值多元的现实生活现象固定化;而经济活动是多变的,其价值在当时和在更长的时间里可能都是难以判断的。当法律千篇一律的行为模式套用在经济活动上的时候,就容易让人产生是否恰当的疑虑。

当新经济全面推进到互联网经济时,关于法律的僵化与市场的动态多变之间的矛盾就更为突出了。以往,竞争法专家们会强调竞争的不同功能:提高消费者福利;提高分配、生产与动态效率;限制市场力量;鼓励小企业;支持公平的收入分配;确保经济自由;对抗失业;提高国际竞争力,等等。[2] 现在,熊彼特提出的"创新"成为竞争政策的重要目标之一。这种创新的能力直接与一个国家产业的国际竞争力相联系,因此是效率的组成部分。[3] 过去对垄断力的忌惮、对小企业的特别支持、对分散结构的推崇,实际上都在举国鼓励创新的命题下有所减弱了。

总之,反垄断法如果要试图干预互联网市场的垄断问题,应当明确不去过多触及创新的雷区。首先,因为创新而获得的垄断地位不应谴责;其次,创新过程中的许多合谋或共同行为,以联合研发行为为典型,应当豁免于反垄

---

[1] David B. Kopel, *Antitrust after Microsoft: The Obsolescence of Antitrust in the Digital Era*, The Heartland Institute, 2001, p.159.

[2] See Massimo Motta, *Competition Policy: Theory and Practices*, Cambridge University Press, 2004; and Oliver Budzinski, "Monoculture versus diversity in Competition Economics", *Discussion Paper of the Department for Economics Uniersity of Duisburg-Essen*, 2007.

[3] Gisela Linge, "Competition Policy, Innovation, and Diversity", 28 Jan 2010, https://papers.ssrn.com/sol3/papers.cfm?abstract_id=1543725.

断法;再者,对被指控为滥用市场垄断地位的行为,应当运用"合理规则"[1]综合考量,并更多地考虑其效率抗辩;最后,在选择救济手段时,应当注意其在合理范围内,不应过多地破除其创新获得的成果,以保护创新的动力。

另一方面,必须承认,由于全球化的推进,产业政策和国际竞争力的培育,几乎是每个国家宏观战略中都必须考虑的重要因素,竞争政策也不可能完全脱离宏观战略。在 IT 与互联网行业,美国已经占据世界最领先的位置,[2]从微软、IBM、苹果,到谷歌、推特、facebook、亚马逊、eBay 等,在没有国境的互联网市场,美国公司形成的网络效应和垄断惯性在近十余年无人能敌。欧洲一意培育自己的操作系统、浏览器、网上出版等,但几乎无法单凭产业竞争与美国企业争夺垄断地位。

在这种情况下,实践中的许多反垄断案件,都或多或少地印上了产业政策和扶持本国国际竞争力的印记。美国与欧盟就谷歌同样的行为会得出截然不同的结论,并不令人意外。包括中国、印度在内的新兴大国,也正走在培养"本国冠军(national champions)"的道路上。这体现在更多地对跨国垄断企业提起反垄断调查,对并购案件更严格地审核,以及对本土高科技企业较少主动执法,在反垄断民事诉讼中对原告加诸较高的证明责任等。

越来越多的国家,特别是发展中国家,逐渐放弃或放松对外资的准入前审批程序,对所有管制部门的日益放宽也是趋势。在这种情况下,反垄断被更多地倚赖,某种程度上反垄断承担了一定产业政策的作用。产业政策的影响导致反垄断执法与司法中的偏向,是全球化的今天几乎不必讳言的现实。而反垄断执法的冲突和歧视,对国际贸易与投资来说都可能加诸不必要的成本,造成资源配置扭曲的后果(尽管没有一个民族国家真正具有这样的全球关怀,关注全球利益而不是本国利益)。无论如何,理性地说,从全局和长远利益来看,反垄断的目标应当是有局限的,它与产业政策之间的界限应当是清晰的并对后者有所制约。

---

[1] 要求在证明存在法律规定的行为的同时还要证明其产生或可能产生限制竞争的后果。与"本身违法规则"对应,后者指的是在判定违法时只须证明某个行为属于法律规定的数类行为,而无须证明它对竞争确实存在限制性危害。

[2] 美国作为互联网行业的发源地,在互联网基础域名、IP 资源分配和互联网根服务器等基础资源上占有统治地位。在核心技术上,微软、苹果、谷歌的操作系统,无论是在桌面端或是移动端,都占据世界的垄断份额,这导致中国企业和用户时刻面临风险。2003 年,美伊战争期间,美国政府就曾停止对伊拉克的域名申请和解析,伊拉克在互联网世界里被彻底"清除";2008 年,微软以"保护知识产权"为由,使无数用户的桌面操作系统"黑屏",充分显示了对全球互联网的控制能力。凭借对资源和核心技术的控制,美国互联网企业在全球互联网世界拥有强大的"先发优势",使中国互联网企业提升国际竞争力面临巨大阻碍。

第二节 操作问题：互联网反垄断的具体困难

从 21 世纪以后,在世界上反垄断执法主要国家,包括欧美等发达国家,以及中国、印度等新兴市场国家,反垄断调查的焦点日益集中在三个行业:互联网、电信与能源。这三个行业都体现出很强的规模效应特征,代表着当前阶段竞争与垄断的一种典型模式,也代表着世界市值最高的企业的主要行业类型。而相较于电信与能源这些传统反垄断重心领域,互联网领域的反垄断提出了许多新的命题,也引起了极大的争论。

纵观世界范围内主要竞争执法机关近三至五年来的反垄断调查与司法判例,可以发现三个明显趋势:

(1) 不同法域之间的视角和结论的差异是非常明显的。尽管不同国家的执法或司法机关有可能处理的是完全相同或相似的案件,却可能得出截然不同的结论,比如美国与欧盟对谷歌的分头调查。而且,由于互联网企业都是跨国经营的,其市场往往覆盖全球,这种管辖权之间的冲突更为普遍,但是各管辖权之间协调的意愿却不强。①

(2) 反垄断全球化的另一个后果是游说活动的国际化。在谷歌案可以清楚地看到这个趋势。相较于十多年前的微软案,谷歌案中集中了经济学家、法学家、行业协会、政府官员、非政府组织、媒体等各种游说力量,观点拉锯非常激烈,也极大地影响了美国联邦贸易委员会、司法部与欧盟议会、委员会的态度。在作为新兴市场的中国和印度,在关于标准必要专利的调查与审判中,跨国公司同样试图进行游说活动。在中国的奇虎 360 诉腾讯案中,双方都动用了跨国咨询公司和经济学家的证词与意见。这种游说活动的公开和常态,虽也有利于提升透明度和公正性,但也可能对正常的反垄断执法与司法造成干扰。

(3) 承诺与和解(commitments and settlements)成为主要的结案形式。②反垄断执法机关意识到,竞争与创新的更迭速度要远大于多年前,冗长反复的执法和司法程序无助于纠正已经发生的垄断行为,他们现在更青睐能快捷

---

① 关于反垄断的管辖权冲突与协调,请参看王中美著:《竞争规则的国际协调》,人民出版社 2005 年版。
② 以欧委会为例:2003 年至 2014 年,欧委会处理结案并生效的决定有 43 项,其中 28 项是以承诺的方式和解结案,15 项是以禁令结案,和解比例占到约 2/3。

务实地解决纠纷和诉求的方法,承诺与和解于是更多地被执法机关所接受,被告们也普遍愿意以这种方式避免罚金和高昂的诉讼成本。

这三个趋势都能反映出面对新领域内的垄断问题,反垄断机关适时做出的调整,以及面临的新挑战。首先,面对同一企业的同一市场行为,各国甚至同一国家联邦和地方做出截然相反的结论,说明了新经济垄断问题的模糊性,无论是从经济学还是法学角度,都可能存在完全不同的解读,这也要求反垄断行动本身要相对谨慎。

以今天的谷歌案为例,尽管谷歌通过安卓、YouTube 和 Google+早已将势力扩张至移动互联网、视频和社交领域,其野心远超当日的微软,美国联邦贸易委员会的态度却十分克制。谷歌的许多行为在反垄断专家眼里看来都是典型的限制竞争行为,如谷歌的搜索排序将自己的产品优先列行——这必定挤压了其他竞争产品;利用与安卓的捆绑,迅速占领移动互联网的搜索引擎市场。但另一方面,谷歌在很多领域贡献了最新的研发成果,以不惜血本的投入和并购引领了在人工智能、交互网络以及应用制造领域的升级和创新。

正如前文所指出,谷歌的做法是典型的新经济企业倾向,即"赢家通吃",它们会不断地巩固自己的垄断地位,并时刻关注市场的任何潜在创新动向,它们越强大,越有能力创新,于是变得更强大。熊彼特的"创造式破坏"的辩护在新经济中是特别适用的。美欧反垄断执法者在近些年所表现出的谨慎,很大程度上是基于对新经济动态竞争特点的认识。辩证认识这些新经济中的垄断地位,一定程度地扼制和威慑,而不是直接破除和干预,可能是反垄断目前比较恰当的态度。

其次,互联网经济最大的特点是提供信息或组织信息,其拥有的信息渠道远超传统行业,这意味着对其反垄断调查,也可能被信息轰炸,被政治与社会舆论过多影响。对于建立在本身就在不断发展和演绎的经济学理论基础上的反垄断法来说,其专业性和复杂性都不易为普通互联网用户所了解,非专业的情绪表达,以及来自原被告雇用的专家和媒体的偏袒,都给反垄断执法和司法增加了巨大的压力。

在一些新兴市场国家,如中国,反垄断从一开始就不是独立的一项执法权力,它分属于已有的三个部门,而这三个部门原则上与其他行业主管部门在级别上是一样的。这就导致了像发改委要调查中国电信与中国联通的宽带垄断定价问题,信息产业部就会出手干预。还有,至今为止国内对互联网行业只有反垄断民事诉讼,没有公共执行,因为互联网是国家战略规划中具有战略发展地位的七个新兴行业之一,扶持而不是打压是政府部门近些年的取向。

争议、分歧、民族保护、部门保护、地方保护等,都成为反垄断执法与司法中不和谐的音符。某种意义上,这种干扰是不可避免的,随着企业,特别是大企业越来越适应反垄断,就会越来越多地希望对过程和结果加诸压力。在这种情况下,信息公开要优于暗箱操作。尽管案情的公开会引起更多的讨论和干扰,但力量的公开博弈好过于执法机关闭门平衡。这点在透明度较低的新兴市场国家尤其值得提倡,公开有哪些干预的力量和分歧,有助于树立权威和公正。

最后,互联网经济在大多数国家都是以私营企业为主体,虽然垄断已经成为普遍现象,但其发展过程中仍然表现为激烈竞争和不断创新的特点。迥异于传统行业,执法机关在面临这些行为的垄断与救济问题时,会面临许多知识与技术上的欠缺,而且执法的效率问题也可能成为互联网竞争与创新的阻碍,因此更多地考虑企业主动提出的承诺方案,以和解的形式尽快地结案和给出定论,不失为一种务实的选择。

第三节 中国个案的特殊情况

1993年,中国成立国家经济信息化联席会议,负责领导国家公用经济信息通信网建设。1997年,制定《国家信息化"九五"规划和2010年远景目标》,将互联网列入国家信息基础设施建设,提出通过大力发展互联网产业,推进国民经济信息化进程。2002年,颁布《国民经济和社会发展第十个五年计划信息化专项规划》,确定中国信息化发展的重点包括推行电子政务、振兴软件产业、加强信息资源开发利用、加快发展电子商务等。[1]

2002年11月,中国共产党第十六次全国代表大会提出,以信息化带动工业化,以工业化促进信息化,走出一条新型工业化路子。2005年11月,制定了《国家信息化发展战略(2006—2020年)》,进一步明确了互联网发展的重点,提出围绕调整经济结构和转变经济增长方式,推进国民经济信息化;围绕提高治国理政能力,推行电子政务;围绕构建和谐社会,推进社会信息化等。[2]

2006年3月,全国人民代表大会审议通过《国民经济和社会发展第十一个五年规划纲要》,提出推进电信网、广播电视网和互联网三网融合,构建下

---

[1][2] 《中国互联网状况》,《信息安全与通信保密》2010年第7期。

一代互联网,加快商业化应用。2007年4月,中国共产党中央政治局会议提出"大力发展网络文化产业,发展网络文化信息装备制造业"。2007年10月,中国共产党第十七次全国代表大会确立"发展现代产业体系,大力推进信息化与工业化融合,促进工业由大变强"的发展战略。2010年10月,《国务院关于加快培育与发展新兴战略产业的决定》中将新一代信息技术产业列为国家的新兴战略产业。

通过从中央到地方的各项政策和措施,可以说在短短二十年的时间内,中国互联网企业获得全面发展。在政府信息公开、电子商务、信息文化产业等方面,互联网经济都大有可为。2014年,国务院发布《国务院关于促进信息消费扩大内需的若干意见》。《意见》提出信息消费增长的主要目标为:到2015年,信息消费规模超过3.2万亿元,年均增长20%以上,带动相关行业新增产出超过1.2万亿元,其中基于互联网的新型信息消费规模达到2.4万亿元,年均增长30%以上。信息消费已经成为近年来最活跃的消费热点,成为拉动中国经济增长新动力。[①]

2015年3月,在第十二届全国人大第三次会议上,国务院的政府工作报告中指出新兴产业和新兴业态是竞争高地,要实施高端装备、信息网络、集成电路、新能源、新材料、生物医药、航空发动机、燃气轮机等重大项目,把一批新兴产业培育成主导产业。要制定"互联网+"行动计划,推动移动互联网、云计算、大数据、物联网等与现代制造业结合,促进电子商务、工业互联网和互联网金融健康发展,引导互联网企业拓展国际市场。

2016年底国务院印发《"十三五"国家信息化规划》,提出"十三五"时期是信息化引领全面创新、构筑国家竞争新优势的重要战略机遇期,是中国从网络大国迈向网络强国、成长为全球互联网引领者的关键窗口期,是信息技术从跟跑并跑到并跑领跑、抢占战略制高点的激烈竞逐期,也是信息化与经济社会深度融合、新旧动能充分释放的协同迸发期,必须加强统筹谋划,主动顺应和引领新一轮信息革命浪潮。

2017年底发改委发布通知,为贯彻落实"十三五"规划《纲要》,加快推进"互联网+"行动、人工智能发展规划、数字经济发展等重大部署,2018年,国家发展改革委将组织实施"互联网+"、人工智能创新发展和数字经济试点重大工程。可以预见,未来的两三年,由国家大力扶持、财政投入,重点发展互联网行业,是国家重大政策方针。

在这样全面扶持、保护并上升至国家战略的背景下,谈中国互联网产业

---

① 《中国互联网状况》,《信息安全与通信保密》2010年第7期。

的垄断与反垄断,似乎不合时宜。很多人质疑中国要走科技兴国的道路,要培育本土企业的创新力,就要适当鼓励垄断或者宽容垄断。特别是考虑到信息技术企业涉及国家安全、信息传播和公共管理等方面,竞争乱象一定要加以扼制,市场结构的稳定是应当着力加以维护的。在信息行业管理者眼中,垄断比激烈竞争显然是更稳定的市场结构。

我们在第二章和本章前两节反复论述过这样的价值讨论,它并不应当再成为需要论证的命题,至少它不能作为论据当然地否定反垄断存在的必要。正如第二章中所展示的,从 2010 年以后,中国互联网行业的垄断结构日趋稳定并不断巩固,大企业越大越强。以搜索引擎为例,百度的全球年营收仅次于谷歌,后者的收入来自欧美等市场,而百度的营收基本只来自中国内地一个地理市场。单从规模和利润来看,BAT(百度、阿里巴巴、淘宝)都是全球前几名的互联网企业,但全球化程度都很低,在国外的使用量仍是依靠中国的旅游者、留学人员和移民支撑。对国家战略来说,关键的问题不是发展不够快、企业不够大,而是一旦将中国市场从全球市场剔除出去,中国互联网整体产业的国际竞争力其实并不高。

从某种意义上来说,反垄断并不一定与产业政策相悖:反垄断有助于维护产业健康有效的竞争秩序,促使更多的创新和提供进入的动力;反垄断针对的是滥用行为,而不是垄断地位本身,现代反垄断中都非常慎用结构性救济,特别是在新经济案件中;反垄断可能被用于抵制跨国大企业,培育本土企业,即实现基于民族主义的歧视(当然这在大多数情况下并不应当是反垄断的应有用途)。

奇虎 360 诉腾讯案成为最高院受理的第一个反垄断案件,说明即使在中国,反垄断仍是初级阶段,互联网也起步较晚,但并不影响反垄断的关注焦点与美欧等发达国家几近同步。事实上,中国互联网企业成长的速度、规模、市场结构的固化、垄断行为的层出不穷,一点也不落后于发达国家。对中国来说,缺乏反垄断经验,缺乏反垄断人才,又立即要面对非常复杂的互联网反垄断案件,在初期必然会出现力不从心的各种问题。

但是,这种空白和欠缺经验也可能成为优势。中国没有美国 100 多年的反托拉斯经历,也未曾像欧美在历史上处理过钢铁、石油、铁路等传统托拉斯案件,这也并不完全是坏事。空白的经历不会对现在的实践造成束缚,比如,当美国人还在讨论"必要设施原则"是否可以适用于互联网,是否会有悖于其最初意旨,中国法院却完全可以也已经按"FRAND"原则来处理标准必要专利。

简单来说,中国个案的特殊情况包括以下几点:(1)互联网产业政策十分强势,培育国家竞争力的愿望十分迫切;(2)互联网市场起步晚,但发展快,垄断结构形成方面完全符合发达国家的规律,而且基本同步;(3)因为特殊的中文市场,而与外部分隔,形成单独的地理市场;(4)公共执行方面几乎空白,仅有的几起调查中也非常虚弱,多受掣肘,对互联网产业有所偏袒;(5)私人执行方面势头正猛,民事诉讼大量出现,但败诉率极高;(6)执法机构与法院在处理互联网反垄断方面,尽管正在学习和引进诸如"动态竞争"、"SSNIQ"等新方法新概念,总体来说还比较粗糙,造成一些决定和判决事后争议很大。

这些特殊情况与前面论及的互联网反垄断的普遍困难,构成了中国互联网反垄断的现状。发展互联网已经成为了国家战略,互联网产业的投资潮正日益高涨,一个没有约束而又与外部分隔的市场可能会产生怎样的问题,当年的"新经济泡沫"提供了某种参考。规范竞争,以竞争促进发展,是中国互联网产业的正确方向,而这中间既不可否定反垄断的作用,也不能错用反垄断。

第四节 对中国的个案建议

本书所研究的"互联网企业"如第一章所述,包括两类企业:互联网服务提供商(ISP)和互联网内容提供商(ICSP)。本书所述主要内容和拣选的主要案例集中于ICSP,但也部分涉及ISP的垄断与反垄断问题,如中国发改委曾对中国电信和中国联通的宽带定价发起反垄断调查。

互联网产业本身呈现出创新与动态竞争主导的特点,而互联网企业则有明显地追求和维持垄断地位、扩大规模效应、增强用户黏着性、广泛运用垄断杠杆的趋势。与传统市场相比,高新技术与互联网行业表现出对复杂的技术溢出、网络效应、规模经济、标准化和兼容性的依赖,这对反垄断执法提出了许多新的挑战。

按照传统的反垄断理论,集中的市场结构和高利润的定价权力,都意味着对消费者权益的损害,都是应当破除的。但是在新经济中,某个时间点上所体现的这样的垄断特征,是这些行业的常态,强行干预可能是逆市场规律而行。更重要的是,在这些行业中垄断是与创新的动力相伴相生的,创新一定程度地弥补了高利润对消费者权益的损害。

所以,互联网反垄断的首要准则应当是:灵活、宽容的标准和全面、动态的考量。这意味着,在立法、执法和司法中都要考虑反垄断的价值问题。首先，考虑到互联网产业的动态竞争问题，除非是持续一段合理时间以上的垄断行为，否则原则上应当不加干预；其次，考虑到网络效应、平台市场和免费的特点，对垄断地位的考量和滥用行为的确认，都应采用更综合、灵活和纵向历史时段衡量的标准；再次，对限制竞争的影响的评价，应当采取更动态的视角，允许效率抗辩；从次，在执法和司法效率上，要求高效、节约与克制；最后，应当纳入更多元的救济手段，鼓励信息披露和多方监督。

全世界都在发展互联网行业，都在争夺信息时代的主导权，这不仅关乎经济增长，而且关乎国家安全和意识形态控制。即便如此，不要把"反垄断"当然地放在"发展互联网行业"的对立面。反个别企业的"垄断行为"，并不会使整个行业凋敝，美国一百多年的反垄断历史，从来没有出现过反垄断能摧毁一个行业的案例。如果因为行业政策是"支持"，就从公共执行中将"本国互联网行业"圈出去，这种观念基于的逻辑本身是错误的。

不必讳言，反垄断是一项顺应时势而可张弛的工具，但它不应成为行业政策的从属，也不能任性用于贸易保护主义。本书再三强调的是，有些问题可能需要通过科技创新或市场需求发生变化才能破除，反垄断是一项应当自限的工具，历史经验显示，过多过频使用反垄断，其负面效果很大，都很快需要修正。相应地，为了培养本国的大企业，用反垄断打击外部竞争，却对本土企业将反垄断束之高阁，这样形成的所谓"大企业"和"国家竞争力"也是经不起一点风浪和波折的。

最重要的一点是，私人执行已经风生水起，这也反映了中国的互联网行业虽然发展时间短，但已快速发展到垄断问题较为突出的阶段。不管公共执行多么不情愿，互联网已经在中国成为重点的反垄断领域。与美欧等发达国家法域不同，中国反垄断法立法晚，判例少，执法经验也有不足。正如前述所指出，这对中国的互联网反垄断实践来说有好有坏。好处是不受成见约束，能更融通地纳入新的标准和做法。坏处是实践初期会呈现出立法缺失、操作粗糙、逻辑混乱和前后、上下不一致的问题。

在中国已有的一些反垄断诉讼中，如最高院对奇虎360诉腾讯的终审判决、广东省高院对IDC的判决、北京市一中院对Robots协议的判决以及发改委对高通的决定等，虽称不上精致完善，但都有许多可圈可点的大胆尝试。同样，在这些已有判例和实践中，也忽略了或无法妥善地解决诸如双边市场、垄断性歧视、原告举证责任等一些疑难的问题，也会在一些方面如市场垄断地位的确认、证据的获得、滥用的评价等，被传统思路阻碍而使得判决不符合经济学理性，因此经不起推敲。

对于中国的个案建议，本书在每一章具体问题中其实都有详细的阐述和论证。为了便于读者易观全貌,也为了本书最终落足点的完整性,我们将这些针对具体问题的建议重新梳理后,汇总如下(每一点建议的基础、国际比较、依据和解释,都请翻至前文细读):

一、双边或平台市场的界定问题

建议采用"综合方法",最高院对奇虎360诉腾讯案的终审判决可以作为参照。一般应首先划定一个较小的范围,确定该平台的核心产品,如"在线搜索市场"和"在线搜索广告";然后考虑其他产品的替代性,尤其是不同的客户群、产品特点、技术特征等;再依次扩大相关产品市场。同时,在第二步认定市场影响力时则须超出核心产品的范围,考虑平台市场的特殊性,将两面市场的联系纳入。这种划定双边或平台市场的方法,充分考虑了不同市场端之间的关系,将之作为一个整体。

传统的"假定垄断者"或SSNIP方法在互联网垄断案件中很难适用,因此有些情况下宜用"定性"方法来确定市场垄断地位。同时,界定相关市场时,需要考虑在可预见的未来具有现实可能性的市场反应和变化,例如需要考虑假定垄断者的行为持续适当的一段时间后(例如一年)的市场反应和变化,以正确判断其是否受到来自其他方面经营者的竞争制约。[①] 具体来说,双面市场下产品市场界定的逻辑,可以归纳如下:

假设涉案企业有A产品与B产品,A产品免费,B产品收费;A产品的用户数是B产品收费的依据,用户规模越大、锁定效果越明显,B产品的定价则越具有任意性;如果涉案企业在A产品上的市场地位对B产品的销量、规模和价格等具有根本性的影响力,则应当认定二者是相关联的;因此,如果涉及企业在B产品上的市场行为,那么相关产品市场应当界定为"与A产品相关的B产品"而不是"B产品",这样才能将A产品对B产品的影响力充分考虑进去。如果没有充分的数据衡量"与A产品相关的B产品"的市场集中度,那么一般可以推定涉案企业如在A产品上具有垄断地位,可以延伸到它在"与A产品相关的B产品"的市场地位。

二、市场份额的计算

根据国家工商总局2010年12月31日发布的《禁止滥用市场支配地位的规定》第10条,市场份额是指一定时期内经营者的特定商品销售额、销售

[①] 金毅、焦珊:《奇虎诉腾讯滥用市场支配地位纠纷上诉案二审判决》,《科技与法律》2014年第12期。

数量等指标在相关市场所占的比重。这一条在互联网行业不具有适用性,应当变通适用。由于互联网许多产品是免费提供的,因此销售量不是主要指标,网站的访问量、跳转点击率、年度营收占比、产品下载安装数等都可以作为横向比较的指标。

在双边和平台市场,流量有时很难区分产品来计算,这与前述产品市场的界定问题相关,紧密或无缝捆绑的产品应当整体计算市场份额。另外,考虑到互联网动态竞争的特点,企业的市场份额有可能波动较大,这种情况下,对某一时点的市场份额的衡量是不够的,应当同时参考前后较长一段时间的市场份额的变化情况,在评价是否具有垄断地位时将之纳入。

三、市场支配地位的认定

从现有的案例来看,对于互联网企业市场支配地位的认定,国内法院普遍存在逻辑上的混乱。在数起案例中,法院以动态竞争为理由,否定了市场份额在认定市场支配地位中的主要作用,并以其他一些依据,将一些市场份额超过半数以上的企业认定为不具有市场支配地位。这样的主流观念和做法是不正确的。

市场份额仍然应当是认定互联网企业是否具有市场支配地位的主要指标,除非有推翻性的证据。因为访问量、营收等市场份额能反映互联网企业在相关市场上所具有的规模效应、客户锁定等方面的能力,所以具有半数以上市场份额的企业,一般应当被认定为具有市场支配地位,除非有证据显示其市场份额极不稳定。定价、产品替代性、创新难度、市场进入壁垒等,仍然是辅证,并不足以推翻长期占据半数以上市场份额这个事实所反映的垄断地位。

在市场份额不太显著或表现变动较大的情况下,才应当结合其他因素来考虑。这些其他因素可以包括:互联网企业是否控制关键设施或关键技术、互联网企业的创新能力、互联网企业投入的研发成本、其他企业对该互联网企业的依赖程度、互联网软件的兼容性、国家对互联网产业的政策等。

四、必要设施原则的引入

在中国的反垄断立法中引入必要设施原则(EFD)是可行的,对互联网和知识产权方面的垄断案件尤其必要。但前提条件是一定要严格适用,这种严格适用体现为必须同时满足以下四项条件:(1)该设施是相关市场有效竞争的必要条件。如果拒绝该设施的使用,将严重损害竞争。(2)其他使用者复制或重建该项设施是不可行或不现实的。这有可能基于技术、成本或法律权利上的限制。(3) 设施的开放使用在商业上是可行的。(4) 拒绝开放没有正当的商业理由。正当理由通常包括：保护品牌和商誉；出于技术安全考虑；维持使用效率；开放使用将带来成本大幅升高；以及维持技术标准一致等。

在互联网领域，考虑到法院普遍对技术问题并不擅长，强制干预某项互联网服务提供的条件、价格甚至结果，都可能适得其反，效果比不干预更差。互联网行业具有动态竞争特点，能够稳定地构成"必要设施"的互联网产品是非常有限的。目前，可能较多涉及 EFD 的是知识产权的垄断问题，如对标准必要专利的强制许可。

就 EFD 在国内的适用来说，最关键的问题是救济方式的特殊性：能否对受到知识产权法保护的知识产权进行强制许可？就目前国内的立法来看，对于是否可以施加强制许可令，由哪个部门，是国家市场监督管理总局还是知识产权局来施加，二者如何协调等，都没有定论，有待法律细则和司法解释的进一步解决。毫无疑问，尽管这是一个敏感问题，对于中国这个新兴经济大国来说却是不可回避的问题。

五、滥用的认定

在互联网行业中，最主要的垄断行为是"滥用市场垄断地位"，包括垄断者捆绑销售、歧视定价、排挤竞争者、纵向固定价格、拒绝接入和其他阻止竞争等。又分为两类行为：排他性行为和盘剥性行为。在互联网行业中，以排他性行为居多。而互联网排他性行为的特点是运用垄断杠杆。因为免费模式的存在，很难断定其对消费者权益的直接伤害。但如果着眼于其对水平、上游、下游市场的竞争的影响，则更易判断垄断杠杆的全面影响。

互联网垄断行为的技术特征明显，加大了举证难度，也使得如何恰当地予以纠正和救济成为难题。以后台技术实施的某些捆绑、排他或歧视交易具有更大的隐蔽性或迷惑性，对反垄断当局和民事诉讼的私人都提出了挑战。搜索歧视、平台市场的捆绑、标准必要专利等，都需要以完全不同的视角去判断。因此，必要的细分性的企业行为指导意见和解释，可能是下一阶段立法中一个重要的内容。

六、效率抗辩的纳入

对互联网企业垄断行为的分析必须考虑"效率抗辩"。互联网往往体现为一种更替频率较快的创新性毁灭和垄断者积极创新的常态，即具有垄断和竞争并存的特点，是一种动态的具有高度竞争性的垄断。在这种情况下,对某一个时段的垄断行为所具有的效益与损害应当综合考虑,美国"芝加哥学派"提出的"效率抗辩"在这个行业的反垄断案件中具有较大的启示意义。

互联网环境下的杠杆行为具有动态、复杂、多变、便捷等显著特点,也因此具有更大的隐蔽性和侵略性,[①]在互联网市场垄断杠杆的广泛运用,往往旨在进入甚至垄断新的产品市场,它的排他意图是突出的。但同时在效率抗辩上往往也能提供充足的理由,比如许多网络用户确实青睐一站式服务,用户体验大幅提升。考虑到正反两方面的影响,对互联网的垄断杠杆行为应当综合考察,不仅应在判断其合法性上须反复衡量,而且应谨慎考虑什么样的救济手段是最为有效的。

七、公共执行的透明度

中国《反垄断法》基本同欧盟体制,以公共执行为主,不支持三倍赔偿,不支持集团诉讼,也未明确规定公共执行中的调查结果有多少可以为私人执行所援引。事实上,由于执法经验仍处初级阶段,信息的公开和透明目前仍是中国反垄断公共执法中的重大缺陷,私人执行也无从得知政府调查中掌握的信息和相应的具体结论。

在中国,普遍情况是反垄断的公共执行太强势,监督力量不足。对于行政执法机构的反垄断决定,法院应当可以做出实质性审查和完全推翻的行政诉讼裁判,这几乎是大多数国家的通例。另一方面,公共执行的权限之间存在交叉,既可能引起管辖冲突,又可能导致结论不一致,需要进一步厘清或限定。

最重要的一点是,必须大幅提高公共执行的透明度和公开性。公共执行与私人执行之间,在程序的衔接、证据的开示和互用、听证与第三方介入、结论与跟进诉讼等方面,都需要进一步厘清。这个问题在目前的中国执法、司法实践中特别突出。互联网行业的私人执行将更多地依赖成功的公共执行。

八、对私人执行的特别支持

私人执行方面存在的问题(如滥诉和恶意诉讼等),也是许多大陆法系国家偏重公共执行,并且不支持惩罚性赔偿的重要原因。但是考虑到反垄断诉讼的复杂性,以及可能给原告造成的举证困难和诉讼成本,仍然有必要在私人执行方面提供一定的便利性。事实上,关键的问题仍然是条件的平衡和执

---

① Benjamin Edelman, "Does Google Leverage Market Power Through Tying and Bundling?" *Journal of Competition Law & Economics*, Vol.11(2), 2015, pp.365, 398-399.

行的限度。对原告资格、举证责任、诉讼程序、救济手段等方面都可以加以限制,以尽量减少滥诉的情况,同时也应当考虑到私人执行对公共执行的必要补充作用,鼓励私人在合理的范围内行使自己的权利。

仅以集团诉讼为例。在本书所针对的互联网领域,允许集体诉讼的理由,除了可能出现"小额多数"案件外,更重要的理由是,其垄断行为大量涉及纵向限制竞争,即滥用垄断地位,而且普遍具有隐蔽性和技术特点。就目前的案例也可以看出,在这个行业私人执行的积极性、效率要远远高于公共执行。鼓励私人执行是互联网反垄断非常重要的一个手段。

比较理想的模式仍然是欧盟所倡导的"选择加入"式集体诉讼。中国特别需要解决的几个问题包括:(1)更大范围的公告和通知。目前法院公告能到达的范围非常有限,信函通知的方式成本又过于高昂,在互联网平台上借助微信或其他与被诉互联网产品最相关的公众平台发布集体诉讼的加入消息,会是更高效的手段。(2)允许风险代理。反垄断民事诉讼具有专业性复杂性较高的特点,涉及互联网行业的反垄断胜诉率更低,因此为了鼓励专业人士的参与,应当允许律师可以选用风险代理的方式。(3)未能及时登记的受害人仍然有权提起单独诉讼。(4)对同一事由的后续诉讼,应当适用简易程序解决,如前案集体诉讼达成和解的除外。(5)通过发布法院案例解释与公共执法部门的指导意见,加强对私人执行的引导。

九、救济手段的多元化

准结构性救济——准入救济,正在成为互联网或其他滥用垄断地位案件中非常重要的救济手段。准入救济的方式和内容,近些年来也越来越多地呈现出灵活、多元和综合的特点,法院和执法机构都更多地关注准入救济的遵守和履行问题,强调信息的对称和优势的平均。

在现有的中国的反垄断法律体系中,"准入救济"还未引起重视,目前有限的实践主要聚焦行为性救济与结构性救济。行为性救济较为宽泛,三大执法机构都有较大的自由裁量权。结构性救济手段目前只运用于并购前审查案件。

应当通过对"制止违法行为"的扩展解释来完善此部分的立法缺失。结构性救济依法条从本身来看不能成为滥用垄断地位行为的救济手段,但这并不符合目前国际通例。作为必要的威慑手段,可将之纳入法定救济手段,但须在行为性救济无效后方可谨慎适用。总的来说,中国目前反垄断法的救济手段仍然过于单一,承袭的是过去行政法的思路,并未能完全契合反垄断的开放式特点。在互联网反垄断案件中,如何进一步提升救济方式的创新和多元,将是未来的重要命题。

参考文献

1. 程贵孙、陈宏民、孙武军:《双边市场视角下的平台企业行为研究》,《经济理论与经济管理》2006年第9期。
2. 范愉:《集团诉讼问题研究》,北京大学出版社2005年版。
3. 郭跃:《美国反垄断法价值取向的历史演变》,《美国研究》2005年第1期。
4. 郭政雄:《关键设施原则在竞争法上之应有定位:以基础设施理论为中心》,台湾交通大学科技法律研究所硕士论文(2014)。
5. 侯强:《独占交易的经济分析与反垄断政策》,《产业经济研究》2007年第1期。
6. 胡丽:《互联网企业市场支配地位认定的理论反思与制度重构》,《现代法学》2013年第2期。
7. 黄人杰:《我国互联网企业的国际竞争力研究》,《经济纵横》2015年第4期。
8. 黄伟、韩桂珍:《3Q大战反垄断终审判决中相关市场界定与市场支配地位认定的相关问题》,《科技与法律》2015年第1期。
9. 黄勇:《反垄断法上的损害赔偿及其计算初论》,《中国社会科学院研究生院学报》2009年第4期。
10. 杰里米·阿塔克等:《新美国经济史:从殖民地时期到1940年》,中译本下册,中国社会科学出版社2000年版。
11. 卡洛斯·克里亚:《知识产权与竞争法:探讨与发展中国家相关的一些事务》,ICTSD研究报告中文第一期(2005年8月)。
12. 克伍克·怀特:《反托拉斯革命》,林平、臧旭恒等译,经济科学出版社2007年版。
13. 李剑:《反垄断法下核心设施的界定标准:相关市场的视角》,《现代法学》2009年第6期。
14. 理查德·A.波斯纳著:《反托拉斯法》(第2版),孙秋宁译,中国政法大学出版社2003年版。
15. 刘宁元:《中外反垄断法实施体制研究》,北京大学出版社2005年版。
16. 罗伯特·利坦、卡尔·夏皮罗:《90年代美国政府的反托拉斯政策》,《比较》2003年第8期。
17. 綦书纬:《违反欧共体反托拉斯规则的损害赔偿白皮书》,《经济法论丛》2010年第2期。

18. 孙玉明：《论证据交换制度在司法中的运用》，《理论界》2013 年第 12 期。
19. 万宗瓒：《欧盟反垄断私人诉讼制度的最新发展及启示》，《法学杂志》2013 年第 7 期。
20. 王建明、朱凌：《美国民事诉讼证据开示程序及其对我国证据制度的借鉴》，《江南论坛》2009 年第 12 期。
21. 王健：《欧盟竞争法的私人执行》，《欧洲研究》2006 年第 5 期。
22. 王磊：《必要设施视角下的搜索结果操纵行为管制——来自美国航空公司计算机订票系统案的启示》，《东北财经大学学报》2013 年第 1 期。
23. 王晓晔：《我国反垄断行政执法机构多元化的难题》，《经济法研究》2007 年第 1 期。
24. 王晓晔、张素伦：《SNNIP 测试法运用于互联网行业的思考》，《法制日报》2013 年 9 月 18 日 B2。
25. 王中美著：《公用服务业的垄断与反垄断》，上海社会科学院出版社 2012 年版。
26. 王中美：《竞争规则的国际协调》，人民出版社 2005 年版。
27. 王中美著：《美国反托拉斯法精解》，上海交通大学出版社 2011 年版。
28. 小贾尔斯·伯吉斯著：《管制和反垄断经济学》，冯金华译，上海财经大学出版社 2003 年版。
29. 薛兆丰：《捆绑销售能撬动垄断吗（反垄断专题之十七）》，《经济观察报》2007 年 8 月 17 日。
30. 杨严炎：《当今世界群体诉讼的发展趋势》，《河北法学》2009 年第 3 期。
31. 叶明：《互联网行业市场支配地位认定新思路》，《中国社会科学报》2013 年 6 月 26 日第 467 期。
32. 叶若思等：《关于标准必要专利中反垄断及 FRAND 原则司法适用的调研》，《知识产权法研究》2013 年第 11 卷。
33. 约瑟夫·熊彼特：《资本主义、社会主义与民主》，吴良健译，商务印书馆 2004 年版。
34. 臧旭恒：《从哈佛学派、芝加哥学派到后芝加哥学派》，《东岳论坛》2007 年第 1 期。
35. 曾世雄：《损害赔偿法原理》，中国政法大学出版社 2001 年版。
36. 张吉豫：《标准必要专利"合理无歧视"许可费计算的原则与方法》，《知识产权》2013 年第 8 期。
37. 张江莉：《互联网平台竞争与反垄断规制》，《中外法学》2015 年第 1 期。
38. 张小强：《网络经济的反垄断法规制》，法律出版社 2007 年版。
39. 张新宝：《侵权责任构成要件研究》，法律出版社 2007 年版。
40. 朱彤：《可竞争市场理论述评》，《教学与研究》2000 年第 11 期。
41. Ahlborn, C. & D. S. Evandsm, "The Microsoft Judgment and Its Implications for Competition Policy Towards Dominant Firms in Europe", *Antitrust Law Journal*, Vol. 75, No.2, 2009.
42. Alexiadis, P. & E. Sependa, "Structural Remedies: A Unique Antitrust Tool", *Concurrences Competition Law Journal*, Vol.2, 2013.
43. Amato, G., *Antitrust and The Bounds of Power*, Oxford: Hart Publishing, 1997.

44. Anderman, S., "Does the Microsoft Case offter a New Paradigm for the 'Exceptional Circumstances' Test and Compulsory Copyright Licenses under EC Competition Law?", *The Competition Law Review*, Vol.1, No.2, December 2004.
45. Areeda, P. E., "Essential Facilities: An Epithet in Need of Limiting Principles", *Antitrust Law Journal*, Vol.58, 1989.
46. Argenton, C. & J. Prüfer, "Search Engine Competition with Network Externalities", *Journal of Competition Law & Economics*, Vol.8, No.2012.
47. Arnold, T., "The Symbols of Government", in M. & F. Cohen eds., *Readings in Jurisprudence and Legal Philosophy*, Beardbooks, 1951.
48. Au, T. H., "Anticompetitive Tying and Bundling Arrangements in the Smartphone Industry", *Stanford Technology Law Review*, Vol.16, No.1, 2012.
49. Balto, D. A., "Networks and Exclusivity: Antitrust Analysis to Promote Network Competition", *Geo. Mason L. Rev.*, Vol.7, 1999.
50. Barbur, P. T. & J. J. Clarke, "Antitrust Standing and the New Economy", *The National Law Journal*, November 28, 2011.
51. Bergh, R. V. D., "Private Enforcement of European Competition Law and The Persisting Collective Action Problem", *Maastricht Journal of European and Comparative Law*, Vol.20, 2013.
52. Bertelsen, B. et al., "The Rule 23(6) Class Action: An Empirical Study", *Georgetown Law Journal*, Vol.62, 1974.
53. Boberg, K. B. & F. M. Collison, "Computer Reservation Systems and Airline Competition", *Tourism Management*, Vol.6, No.3, 1985.
54. Bork, R. H. & J. G. Sidak, "What Does The Chicago School Teach About Internet Search and the Antitrust Treatment of Google", *Journal of Competition Law & Economics*, Vol.8, No.4, 2012.
55. Bork, R. H., *The Antitrust Paradox: A Policy at War with Itself*, New York: The Free Press, 1978.
56. Brietzke, P. H. & R. Bork, "The Antitrust Paradox: A Policy at War with Itself", *Valparaiso University Law Review*, Vol.13, No.2, Winter 1979.
57. Candeub, A., "Behavioral Economics, Internet Search, and Antitrust", *Journal of Law and Policy for the Information Society*, Vol.9, No.3, 2014.
58. Carlton, D. & A. S. Frankel, "The Antitrust Economics of Credit Card Networks, *Antitrust Law Journal*", Vol.68, No.2, 1995.
59. Carlton, D. W., "A General Analysis of Exclusionary Conduct and Refusal to Deal — Why Aspen and Kodak are Misguided", *Antitrust Law Journal*, Vol.68, 2001.
60. Chapman, D. H., *Molting Time for Antitrust: Marker Realities, Economic Fallacies, and European Innovations*, New York: Praeger Publishers, 1991.

61. Clapes A. L., "Blinded by the Light: Antitrust Analysis of Computer Industry Alliances", *Antitrust Law Journal*, Vol.61, No.3, 1993.
62. Crane, D. A., "Search Neutrality as an Antitrust Principle", *Geo. Mason L. Rev.*, Vol.19, No.5, 2012.
63. Davis, H. S. & W. F. Sullivan, "Antitrust Issues in the Electronic Age: Practical Considerations for Firms That Do Business on the Web", *Banking Financial Services Policy Review* Part., Vol.19, No.1, 2000.
64. Economides, N. & I. Lianos., "A Critical Appraisal of Remedies in the E. U. Microsoft Cases", *Columbia Business Law Review*, Vol.2, No.2010.
65. Edelman, B., "Does Google Leverage Market Power Through Tying and Bundling?" *J. of Competition L. & Econ.*, Vol.11, No.2, 2015.
66. Eilmansberger, T., "Dominance-The Lost Child? How Effects-based Rules Could and Should Change Dominance Analysis", *European Competition Journal*, Vol.15, 2006.
67. Evans, D. S., "Antitrust Issues Raised by the Emerging Global Internet Economy", *Northwestern University Law Review Colloquy*, Vol.102, 2008.
68. Evans, D. S., J. Padilla and C. Ahlborn, "The Antitrust Economic of Tying: A Farewell to Per se Illegal", *Antitrust Bulletin*, Vol.69, April 2003.
69. Evans, D. S. & R. Schmalensee, "Markets with Two-sided Platforms, Competition Law and Policy", ABA Section of Antitrust Law 2008, 2008.
70. Evans, D. S. & R. Schmalensee, "Some Economic Aspects of Analysis in Dynamically Competitive Industries", *National Bureau of Economic Research*, Working Paper 8268, Cambridge, MA 02138, May 2001.
71. Evans, D. S., "The Antitrust Economics of Free", *John M. Olin Law & Economics Working Paper No.555*, May 2011.
72. Evans, D. S., "Two-sided Market Definition", in *Market Definition in Antitrust: Theory and Case Studies*, ABA Section for Antitrust Law, March 2012.
73. Evrard, S. J., "Essential Facilities in The European Union: Bronner and Beyond", *Columbia J. of European L.*, Vol.10, 2003.
74. Filistrucchi, L., "A SSNIP Test for Two-Sided Markets: The Case of Media", *NET Institute working paper No.08-34*.
75. Foer, A. A., "E-Commerce Meets Antitrust: A Primer", *Journal of Public Policy & Marketing*, Vol.20, No.1, 2001.
76. Fox, E. & L. A. Sullivan, "Antitrust Retrospective and Prospective: Where Are We Coming From? Where Are We Going?", *New York University Law Review*, Vol.62, 1987.
77. Friedman, M., "Policy Forum: The Business Community's Suicidal Impulse", *Cato Policy Report*, Vol.21, No.2, March/April 1999.

78. Gasser, U., "Regulating Search Engines: Taking Stock and Looking Ahead", *Yale Journal of Law & Technology*, Vol.9, 2006.
79. Glick, M. A., D. J. Cameron and D. G. Magnum, "Importing the Merger Guidelines Market Test in Section 2 Cases: Potential Benefits and Limitations", *Antitrust Bulletin*, Vol.42, 1997.
80. Goldfein, S. & J. Keyte, "EU and Google: Study in Divergence for Antitrust Enforcement", *New York Law Journal*, Vol.253, No.90, 12 May 2015.
81. Goldman, E., "Search Engine Bias and the Demise of Search Engine Utopianism", *Yale J. L. & Tech.*, Vol.8, Spring 2006.
82. Hakim, D., Microsoft, "Once an Antitrust Target, Is Now Google's Regulatory Scold", *N. Y. Times*, 15 April 2015.
83. Hansen, H. C., "Robinson-Patman Law: A Review and Analysis", *Fordham Law Review*, Vol.51, 1983.
84. Haucap, J. & U. Heimeshoff, "Google, Facebook, Amazon, eBay: Is the Internet Driving Competition or Market Monopolization", *DICE Discussion Paper No.83*, 2013.
85. Hellstrom, P., F. Maier-Rgaud & F. W. Bulst, "Remedies in European Antitrust Law", *Antitrust Law Journal*, Vol.76, 2009.
86. Hovenkamp, H., M. D. Janis, & M. Lemley, "Unilateral Refusals to License in the US", in Lévêque, F. and Shelanski, H. (eds.), *Antitrust, Patents and Copyright: EU and US Perspectives*, Cheltenham/Northampton, 2005.
87. Hovenkamp, H., R. Bork & V., "Integration: Leverage, Forclosure, and Efficiency", *Antitrust Law Journal*, Vol.79, No.3, 2014.
88. Hruska, A. C., "A Broad Market Approach to Antitrust Product Market Definition in Innovative Industries", *Yale Law Journal*, Vol.102, 1992.
89. Hylton, K. N. & M. Salinger, "Tying Law and Policy: A Decision Theoretic Approach", *Antitrust Law Journal*, Vol.69, 2001.
90. Iansiti, M., "Six Years Later: The Impact of the Evolution of the IT Ecosystem", *Antitrust Law Journal*, Vol.75, No.3, 2009.
91. Issacharoff, S. & G. Miller, "Will Aggregate Litigation Come to Europe?". In J. Backhaus et al. (eds.), *The Law and Economics of Class Actions in Europe. Lessons from America*, Edward Elagar, Cheltenham, 2012.
92. James, C. A., The Real Microsoft Case and Settlement, Antitrust, Fall 2001.
93. Jenkins, G. T. & R. W. Bing, "Microsoft's Monopoly: Anti-Competitive Behavior, Predatory Tactics, and The Failure Of Governmental Will", *Journal of Business & Economic Research*, Vol.5, No.1, 2007.
94. Jorde, T. M & D. J, Teece, "Innovation and Cooperation: Implications for Competition and Antitrust", *J. of Econ. Perspectives*, Vol.4, 1990.

95. Kaplow, L., "Why (Ever) Define Markets?" *Harvard Law Review*, Vol.124, 2010.
96. Kattan, J., "Antitrust Analysis of Technology Joint Ventures: Allocative Efficiency and the Rewards of Innovation", *Antitrust Law Journal*, Vol.61, No.3, 1993.
97. Kopel, D. B., *Antitrust after Microsoft: The Obsolescence of Antitrust in the Digital Era*, The Heartland Institute, 2001.
98. Lang, J. T., "Defining Legitimate Competition: Companies' Duties to Supply Competitors and Access to Essential Facilities", *Fordham International Law Journal*, Vol.18, 1994.
99. Lemley, M. A., "Intellectual Property Rights and Standard-setting Organizations", *California L. Rev.*, Vol.90, 2002.
100. Letwin, W., *Law and Economic Policy in America: The Evolution of the Sherman Antitrust Act*, New York: Random House, 1965.
101. Liebowitz, S. J. & S. E. Margolis, *Winners, Losers, & Microsoft: Competition and Antitrust in High Technology*, Oakland: Independent Institute, 1999.
102. Linge, G., "Competition Policy, Innovation, and Diversity", 28 Jan 2010, https://papers.ssrn.com/sol3/papers.cfm?abstract_id=1543725.
103. Manne, G. & J. Wright, "Google and the Limits of Antitrust: The Case Against the Case Against Google", *Harv. J. L. & Pub. Pol'y*, Vol.34, Winter 2011.
104. Marshall, A., *Principles of Economics (1st edition)*, London: Macmillan and Co., Ltd, 1890.
105. Mcgee, S., "New Economy Sours on Venture Capitalists", *Wall Street Journal*, Jan. 2, 2001.
106. McKenzie, R. B., *Trust on Trial: How the Microsoft Case is Reframing the Rules of Competition*, Cambridge, MA: Perseus Books, 2000.
107. Merton, R. K., "The Matthew Effect in Science: The Reward and Communication Systems of Science are Considered", *Science*, Vol.159, No.3810, 1968.
108. Mowery, D. C. & T. Simcoe, "Is the Internet a U.S. Invention? — An Economic and Technological History of Computer Networking", *Res. Pol'y*, Vol.31, 2002.
109. Pasquale, F., "Paradoxes of Digital Antitrust: Why the FTC Failed to Explain Its Inaction on Search Bias", *Harvard Journal of Law & Technology*, Occasional Paper Series 11-12, July 2013.
110. Pitkow, J., et. al., "Personalized Search", *Communications of the ACM*, Vol.45, No.9, Sept. 2002.
111. Pitofsky, R., D. Patterson & J. Hooks, "The Essential Facility Doctrine Under Untied States Antitrust Law", *Antitrust Law Journal*, Vol.70, 2002.
112. Posner, R. A., "Antitrust in the New Economy, John M. Olin Law & Economics Working Paper No. 106", The Law School, The University of Chicago,

September 2001.

113. Posner, R. A., *Antitrust Law*, The University of Chicago Press, 2001.
114. Posner, R. A., "The Chicago School of Antitrust Analysis", *University of Pennsylvania Law Review*, Vol.127, April 1979.
115. Rochet, J. C. & J. Tirole, "Two-sided Markets: A Progressive Report", *The RAND Journal of Economics*, Vol.37, No.3, 2006.
116. Schwartz, E. B. & M. Rees, "Private Antitrust Enforcement in Europe: Are American-Style Class Actions on the Way? Andrews Litigation Reporter", *Antitrust*, Vol.15, October 2007.
117. Shapiro, C., "Microsoft: A Remedial Failure", *Antitrust Law Journal*, Vol.75, 2009.
118. Sidak, J. G. & D. J. Teece, "Dynamics Competition in Antitrust Law", *Journal of Competition Law & Economics*, Vol.5, 2009.
119. Stross, R., *Planet Google: One Company's Audacious Plan to Organize Everything We Know*, New York: Free Press, 2007.
120. Taladay, J. & J. Carlin, Jr., "Compulsory Licensing of Intellectual Property under the Competition Laws of the United States and European Community", *George Mason Law Review*, Vol.10, 2002.
121. Venit, J. S. & J. J. Kallaugher, "Essential Facilities: A Comparative Law Approach", *Annual Proceedings of Fordham Corporate Law Institute*, 1994.
122. Waller, S. W., "Access and Information Remedies in High Tech Antitrust", *Loyola University Chicago School of Law Research Paper No.2011-018*, 25 Jul 2011.
123. Waters, D., "Why the Future is in Your Hands", BBC News, Feb. 18, 2008.
124. Waters, R. & A. Barker, "Ebay Chief's comments add weight to Google's Brussels Case", *Financial Times*, 26 April 2015.
125. Wright, J., "One-sided Logic in Two-sided Markets", *Review of Network Economics*, Vol.3, No.1, 2004.
126. Zhang A. H., "Using A Sledgehammer to Crack A Nut: Why China's Anti-Monopoly Law was Inappropriate for Renren v. Baidu", *Competition Policy International*, Vol.7, No.1, 2010.
127. Zingales, N., "Product Market Definition in Online Search and Advertising", *The Competition Law Review*, Vol.9, No.1, March 2013.
128. Zittrain, J., "The Un-Microsoft Un-Remedy: Law Can Prevent the Problem that It Can't Patch Later", *Conn. L. Rev.*, Vol.31, 1999.